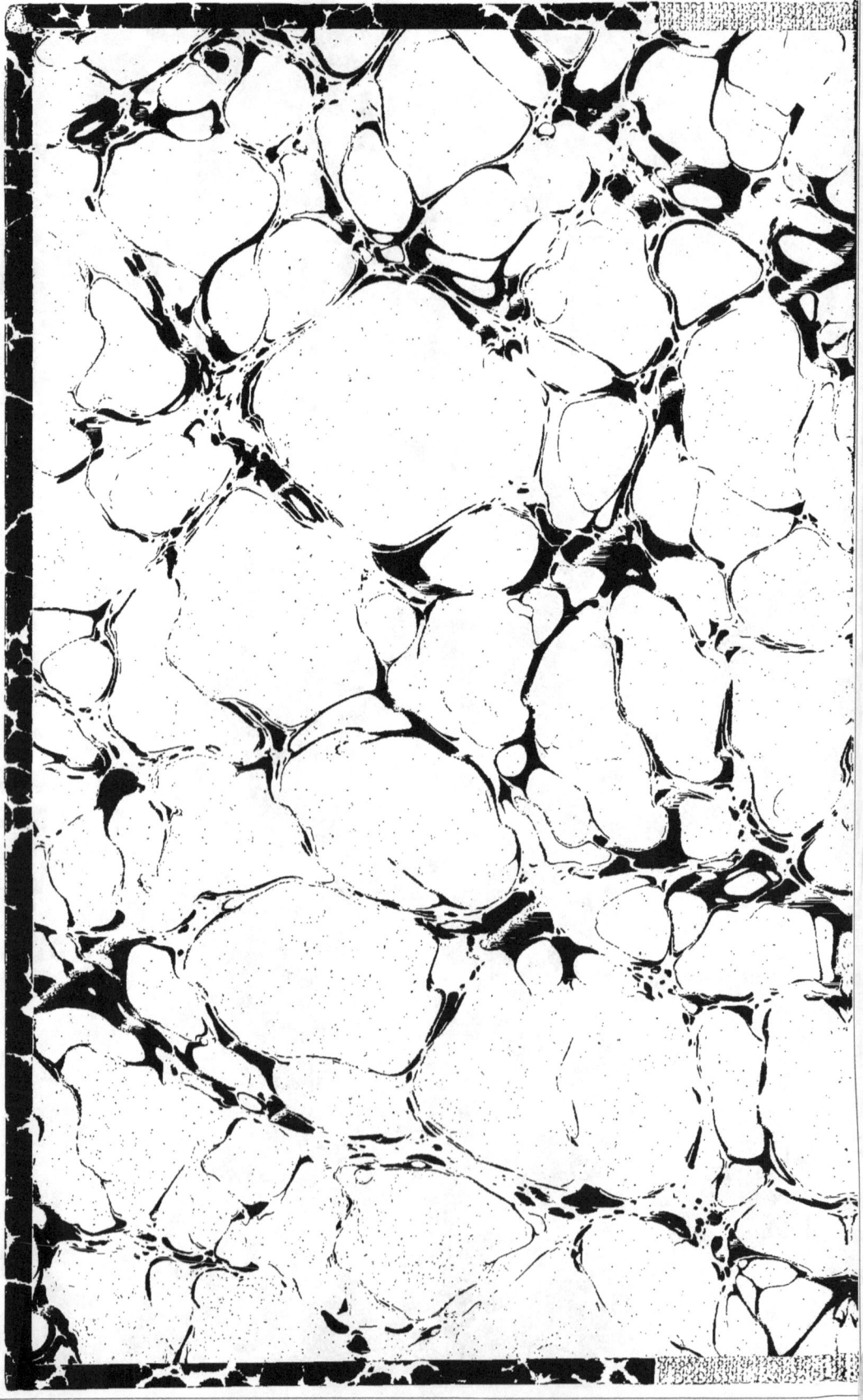

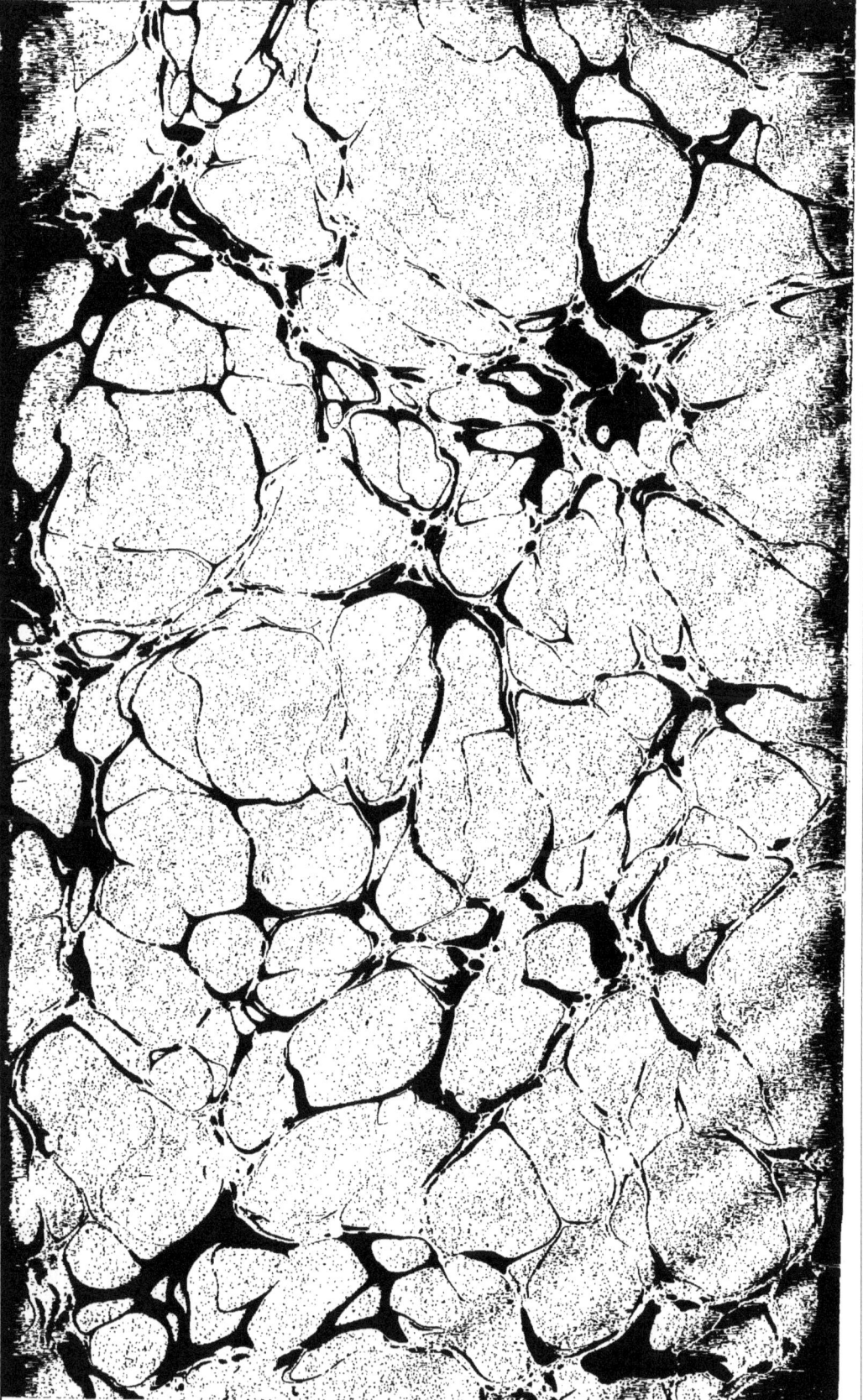

ÉTUDE
SUR
MASSILLON

THÈSE
POUR
LE DOCTORAT ÈS LETTRES

PRÉSENTÉE A LA FACULTÉ DES LETTRES DE CLERMONT-FERRAND

PAR

l'abbé ATTAIX

LICENCIÉ ÈS LETTRES DE LA FACULTÉ DES LETTRES DE CLERMONT-FERRAND
PROFESSEUR DE RHÉTORIQUE AU COLLÈGE DE BILLOM

TOULOUSE
IMPRIMERIE A. CHAUVIN ET FILS
RUE DES SALENQUES, 28

1882

ÉTUDE
SUR
MASSILLON

THÈSE

POUR

LE DOCTORAT ÈS LETTRES

PRÉSENTÉE A LA FACULTÉ DES LETTRES DE CLERMONT-FERRAND

PAR

l'abbé ATTAIX

LICENCIÉ ÈS LETTRES DE LA FACULTÉ DES LETTRES DE CLERMONT-FERRAND,
PROFESSEUR DE RHÉTORIQUE AU COLLÈGE DE BILLOM.

TOULOUSE
IMPRIMERIE A. CHAUVIN ET FILS
RUE DES SALENQUES, 28

1882

TOULOUSE. — IMPRIMERIE A. CHAUVIN ET FILS, RUE DES SALENQUES, 28.

A MONSEIGNEUR BOYER

ÉVÊQUE DE CLERMONT

*Cui cuncta sancta jura
debere me voluit Deus.*
S. Paulinus ad Ausonium. Epist.

HOMMAGE

DE RESPECT ET DE FILIALE VÉNÉRATION

B. ATTAIX.

PRÉFACE

Voici une nouvelle étude sur Massillon. Elle a l'honneur de paraître sous les auspices de Monseigneur l'évêque de Clermont, qui a bien voulu en accepter l'hommage, en mémoire de l'un de ses plus glorieux prédécesseurs. Elle est bien modeste. On ne pourrait la comparer aux savantes publications dont Massillon a été déjà l'objet. Mais elle a une excuse toute naturelle.

Il revenait à un prêtre du diocèse de Clermont de s'occuper aussi du plus illustre peut-être des évêques de l'Eglise d'Auvergne. Tout, dans cette province, rappelle l'œuvre et le nom de Massillon. Il bénit et instruisit nos pères. Le clergé d'aujourd'hui garde encore les saintes traditions qu'il inspirait à ses prêtres. Notre cathédrale retentit des suprêmes accents de son admirable éloquence. Avec quel respect ne revoyons-nous pas les résidences qu'il embellit et où il habita ! Les anciens rituels des églises paroissiales, les missels édités par ses soins et sous son nom nous ont transmis les touchantes prières, qu'il mettait sur les lèvres de ses diocésains. Il visita jusqu'à la dernière et la plus modeste de nos paroisses, répandant partout sur son passage les bienfaits et les consolations.

D'ailleurs ne reste-t-il rien à dire sur ce grand évêque, sur cet illustre orateur, sur ce charmant écrivain ? Il nous semble, au contraire, que bien des points sont encore, sinon ignorés, du moins mal éclaircis.

Ainsi nous avons tenté de mettre de plus en plus en lumière la beauté de son caractère et son éminente vertu. Son administration épiscopale a surtout attiré notre attention. A l'aide de documents nouveaux et précis, des *procès-verbaux* des visites pastorales, conservés au grand séminaire de Montferrand, nous avons retracé l'état de l'Auvergne dans la première moitié du dix-huitième siècle ; fixé de notre mieux les anciennes limites du diocèse de Clermont ; rappelé la plupart des faits administratifs, et décrit autant que possible la vie intérieure de Massillon.

Considéré comme orateur, nous avons établi qu'à raison des circonstances il dut omettre le dogme et ne prêcher que la morale.

Enfin, de son style, nous avons relevé les traits généraux et particuliers ; et nous avons indiqué ce qui paraît, dans sa diction, le rapprocher des écrivains du siècle de Louis XIV et de ceux de l'âge suivant.

Les trois parties de ce travail peuvent être ramenées à cette double conclusion : comme prêtre et évêque, Massillon se montre le digne héritier de Bourdaloue et de Bossuet ; comme orateur et écrivain, quoiqu'il reste de leur école, il dévie un peu de leur tradition et subit, comme à son insu, l'influence de son temps. C'est ce que M. H. Martin paraît dire dans son *Histoire de France* : « Héritier de Bourdaloue et consacré en quelque sorte par Bourdaloue lui-même, Massillon a fait entendre aux vieux jours de Louis XIV des accents nouveaux et pleins d'émotion. »

Nous publions à la fin plusieurs lettres inédites et quelques documents nouveaux ; nous les devons, pour la plupart, à l'aimable obligeance de M. Cohendy, archiviste du département du Puy-de-Dôme. Nous lui offrons ici nos sincères remerciements.

Les lettres sont pleines d'intérêt ; elles témoignent de l'esprit ferme et sage qui distinguait Massillon, de sa longanimité et de son amour de la paix, de son dévouement pour ses prêtres, de sa charité à l'égard de ses diocésains, de sa bonté pour tous.

Les autres documents ne sont pas moins instructifs, au point de vue de l'histoire du clergé et de l'Auvergne à cette époque.

Telle est cette humble et modeste étude sur Massillon. Puisse-t-elle agréer à tous ceux qui honorent la mémoire de l'illustre évêque de Clermont !

PREMIÈRE PARTIE

BIOGRAPHIE DE MASSILLON

CHAPITRE PREMIER.

DE LA NAISSANCE DE MASSILLON A SA PROMOTION AU SIÈGE DE CLERMONT.

ARTICLE PREMIER.

De sa naissance à sa venue à Paris.

§ 1.

Ses premières années.

Le 24 juin 1663, à la plus belle époque du grand siècle, naissait à Hyères, en Provence, Jean-Baptiste Massillon. Pour accroître l'éclat de son mérite et de son génie, un panégyriste (1) a pu exagérer l'obscurité de ses parents et la médiocrité de leur fortune. La vé-

---

(1) D'Alembert, *Eloge de Massillon*.

rité est que sa famille appartenait à la bourgeoisie ; son père exerçait l'office de notaire. On aperçoit encore à Hyères la maison où il vit le jour. Elle est, pour le temps, d'assez belle apparence.

Ses premières années s'écoulèrent tranquilles et heureuses dans sa ville natale. Il grandit sous le beau ciel, à la brise embaumée, au milieu des riantes campagnes de sa douce patrie. Sans doute il allait souvent sur les bords de la mer, dont les flots agités l'instruisaient déjà de l'inconstance de notre propre cœur, qu'il devait plus tard si bien connaître. Ces premières impressions furent profondes, et toujours il garda le souvenir de la Provence et de la Méditerranée. On aime aussi à surprendre, dès cette époque, les marques de sa vocation naissante à l'éloquence. Un jour, au sortir d'un sermon, racontent ses historiens (1), il réunit autour de lui ses camarades d'enfance et leur refit, à sa manière, le discours qu'ils venaient d'entendre. Ainsi préludait le futur orateur du roi Louis XIV.

Aussi beau qu'il était éloquent, la nature avait donné à Massillon des traits réguliers et nobles, un regard doux et bienveillant. Sa figure imposante respire la bonté comme aussi l'énergie (2). Son imagination était vive et brillante, riche et sage, juste et élevée ; un peu lent d'abord, son esprit

---

(1) L'abbé Bayle.
(2) Tel il apparaît dans un de ses portraits qu'a bien voulu nous offrir un descendant de sa famille, M. l'abbé Daniel, du clergé de Toulon.

« ne se développait que par degrés ; mais quand il était animé, il se parait des couleurs les plus brillantes et les plus naturelles (1). » Sensible à la douleur et à la souffrance, tendre pour ses amis, indulgent à tous, il se conciliait aisément la vénération et l'amour.

Aucun incident ne signala son premier âge : il donnait une partie de son temps au petit collège de la ville d'Hyères, tenu par les Oratoriens, et une autre à l'église Saint-Paul et à la maison paternelle.

§ 2.

Son entrée à l'Oratoire.

Le monde eût reçu volontiers dans ses rangs le jeune Massillon ; on concevait de lui les plus belles espérances. Mais il préféra se consacrer à Dieu et entrer en religion. En 1678, il était au collège des Oratoriens de Marseille ; et trois ans après, le 10 octobre 1681, attiré par la grâce et encouragé par ses maîtres, il entrait à l'*Institution* d'Aix, se destinant au sacerdoce, dans l'illustre société de l'Oratoire. Il avait dû lutter d'abord contre son père, qui voulait garder près de lui son fils aîné, qu'il destinait à être son successeur : il méprisa aussi les charmes trompeurs des faux biens du monde, et les vains

---

(1) Mémoires du cardinal de Bernis.

avantages qu'on faisait briller à ses yeux. Mais si rien, quoiqu'il fût encore à la fleur de ses dix-huit ans, ne put le séduire et le détourner de sa vocation sainte, il n'en souffrit pas moins dans son cœur, et la *Paraphrase des Psaumes* nous apporte des échos de cette double lutte : « Faut-il, grand Dieu ! que ceux qui ont le bonheur de vouloir se consacrer à vous ne trouvent que des contradictions dans leurs proches selon la chair, et que nos plus dangereux ennemis soient presque toujours ceux de qui nous tenons la vie ? J'avoue que leurs oppositions me troublent et m'attristent ; l'affection et le respect ne me permet pas de voir sans douleur la peine que je leur cause. Je voudrais pouvoir concilier les égards que je leur dois avec la soumission que vous demandez de moi ; mais dès qu'il n'est pas possible de leur plaire qu'en vous désobéissant, vous êtes, ô mon Dieu, mon premier père, c'est de vous que je tiens cette âme immortelle destinée à vous glorifier dans l'éternité ; c'est à vous seul à qui j'en dois rendre compte. Aussi, grand Dieu ! tous les efforts que mes proches feront pour vous la ravir et la sacrifier à leurs vues humaines seront inutiles ; ils échoueront dans leurs entreprises injustes (1). » Et quelques lignes plus loin il ajoute : « Non, Seigneur, en vain on me fait
» espérer de grands établissements dans le monde...
» je connais l'illusion et la fumée de tous ces vains

---

(1) *Paraphrase morale des Psaumes*, ps. XXVI.

avantages... aussi, grand Dieu! la seule chose que j'aie toujours désirée, c'est que je puisse me cacher dans le secret de votre maison pour le reste de ma vie... ouvrez-moi les portes de votre sanctuaire (1). »

Quels nobles et généreux sentiments! Quel touchant sacrifice! Il n'eut jamais de regrets de cette sublime détermination. Il s'estima toujours heureux d'avoir fui les dangers du monde : la retraite convenait à son âme méditative et si pieuse; il goûtait dans la solitude les fruits si doux de la piété chrétienne, et plus tard « les vains titres, les dignités (2) » n'égalèrent pas dans son cœur sa petite cellule de religieux.

Après un an de retraite à la maison d'Aix, il alla étudier la théologie au séminaire d'Arles, où il devait demeurer deux ans, du 23 septembre 1682 au 19 septembre 1684. Son maître fut Quiqueran de Beaujeu, qui devint plus tard évêque de Castres. A cette école, il puisa le goût de la théologie et l'amour de la littérature. Il fit en peu de temps de rapides progrès, et on prévoyait déjà la gloire future du jeune oratorien. Son biographe, le père Bougerel, dit qu'il se distingua par la solidité et la pénétration de son génie. Il rapporte qu'un homme de mérite, envoyé dans le Languedoc prêcher la controverse, aurait passé par Arles et se serait arrêté dans la mai-

---

(1) *Paraphrase morale des Psaumes*; ps. XXVI.
(2) Lettre au père Maure.

son de l'Oratoire; charmé du jeune Massillon, il lui aurait dit, en le quittant, de continuer comme il avait commencé et qu'il deviendrait un des premiers hommes du royaume. Cet homme de mérite ne serait-il pas Bourdaloue, envoyé par le roi, en 1685, prêcher à Montpellier les nouveaux convertis? Mais alors, au lieu d'Arles, ce serait à Pézenas qu'il aurait tenu ce propos.

L'année suivante, en effet, Massillon professa la cinquième au collège de Pézenas, et, un an après, la quatrième; en 1687 et en 1688 il enseigna successivement les humanités et la rhétorique à Montbrison (1).

L'Oratoire, connaissant son talent, eût voulu déjà l'appliquer à la prédication. Mais Massillon, d'une vertu modeste et craintive, redoutait le ministère extérieur et un genre de vie qui l'aurait ramené dans le monde. Il écrivit donc au supérieur de l'ordre, le père Sainte-Marthe : « Je considère que je ne suis dans la congrégation que pour être utile, et comme mon talent et mon inclination m'éloignent de la chaire, j'ai cru qu'une philosophie ou une théologie me conviendrait mieux. »

Les supérieurs le nommèrent à Riom, à une chaire de philosophie. Les pères de l'Oratoire avaient trois maisons en Auvergne : une *résidence* à Clermont, un *prytanée* à Effiat, un collège à Riom. Mais Massillon ne put se rendre au poste qu'on lui avait

---

(1) Registres de l'Oratoire d'après M. Blampignon.

assigné ; il fut retenu au grand séminaire de Vienne pour y enseigner la théologie. « C'est là, dit M. Blampignon, qu'en 1690, il reçut le sous-diaconat et le diaconat, et qu'il fut ordonné prêtre en 1691, à l'âge de vingt-huit ans. »

L'archevêque de cette ville, M. de Villars, eut bientôt reconnu les heureuses qualités et les beaux talents du jeune maître de théologie ; il l'admit dans son intimité et l'invita souvent à prêcher en sa présence (1). Aussi, après la mort du prélat, fut-il chargé de prononcer son oraison funèbre. Ce discours excita les plus vifs applaudissements ; la province n'était guère accoutumée à entendre des Massillon, même à leur début. On admira dans cette œuvre l'ampleur de la phrase, la noblesse du style, la délicatesse des sentiments, l'ingénieux emploi de l'Ecriture sainte. Mais l'orateur, encore un peu novice à la grande éloquence, s'y plaît trop aux brillantes figures de rhétorique. De même aussi, formé à l'école austère de l'Oratoire et saisi du sublime idéal qu'il s'était fait du sacerdoce et de l'épiscopat, il montre une sévérité tout apostolique, et qui parfois paraîtrait même un peu intempestive. A la vérité, il devait réaliser plus tard cet idéal d'un saint pontife.

Le renom de son talent lui avait valu, vers le même temps, l'honneur de louer M. de Villeroi, archevêque de Lyon ; mais il avait aussi déjà, ce qui doit nullement étonner, éveillé la critique et la mal-

---

(1) *Oraison funèbre de messire de Villars*, exorde.

veillance à son endroit. Comme son séjour dans la même ville durait depuis six ans, de 1689 à 1695, les supérieurs le retirèrent de Vienne et le nommèrent à la *résidence* de Lyon.

§ 3.

Sa retraite à Septfonts.

Il partit pour Lyon vers la fin de l'année 1695, et il y resta jusqu'au 23 juin de 1696 (1). Ce fut alors que désireux de rompre à jamais avec le monde, et fatigué sans doute des ennuis qu'il avait éprouvés, le jeune oratorien quitta tout à coup l'Oratoire et courut s'ensevelir en Bourbonnais, dans l'abbaye et la trappe de Septfonts. Le fait de cette retraite ne peut être mis en doute : les biographes s'accordent sur ce point, et le vénérable abbé de la Trappe nous a assuré lui-même que son monastère garde encore aujourd'hui la tradition du séjour de Massillon. Il demeura quelques mois dans cette solitude, occupé tout entier non à pleurer ses fautes, car il pouvait défier la calomnie, et ses mœurs publiques ne s'étaient jamais écartées de la droiture et de l'équité que le monde lui-même exige (2), mais à retremper son âme dans les eaux saintes de la grâce et de la piété chrétienne. Les austères trappistes trouvaient encore à s'édifier de

(1) Délibérations de l'Oratoire.
(2) *Paraphrase morale des Psaumes*, ps. VII.

ses exemples. C'est ainsi que la Providence fortifiait sa vertu, en vue de sa rentrée prochaine dans le monde. « Pendant son noviciat, raconte d'Alembert, le cardinal de Noailles adressa à l'abbé de Septfonts, Eustache de Beaufort, dont il respectait la vertu, un mandement qu'il venait de publier. L'abbé, plus religieux qu'éloquent, mais conservant encore au moins pour sa communauté quelque reste d'amour-propre, voulait faire au prélat une réponse digne du mandement qu'il avait reçu. Il en chargea le novice ex-oratorien, et Massillon le servit avec autant de succès que de promptitude. Le cardinal, étonné de recevoir de cette Thébaïde un ouvrage si bien écrit, ne craignit point de blesser la vanité du pieux abbé de Septfonts, en lui demandant qui en était l'auteur. L'abbé nomma Massillon, et le prélat lui répondit qu'il ne fallait pas qu'un si grand talent demeurât caché sous le boisseau. Il exigea qu'on fît quitter l'habit au jeune novice; il lui fit reprendre celui de l'Oratoire et le plaça dans le séminaire de Saint-Magloire, à Paris, en l'exhortant à cultiver l'éloquence de la chaire, et en se chargeant, disait-il, de sa fortune, que les vœux du jeune oratorien bornaient à celle des apôtres, c'est-à-dire au nécessaire le plus étroit et à la simplicité la plus exemplaire (1). »

Le père Bougerel rapporte en un récit plus simple et avec moins de circonstances : « Instruit que le père

---

(1) D'Alembert, *Eloge de Massillon*.

de La Tour avait été élu supérieur général de l'Oratoire, Massillon lui écrivit, et ce père le fit revenir dans le sein de la Congrégation. »

Du reste, la raison de ce retour importe assez peu ; il suffit de savoir qu'il était à Paris, le 4 octobre 1696, directeur au séminaire de Saint-Magloire (1).

Ce rapide aperçu de la jeunesse de Massillon montre déjà sa généreuse piété et son éminente vertu. En voyant son renoncement absolu à tous les avantages terrestres, son peu d'estime pour la fausse gloire du monde, la ferveur de sa charité qui le porte à embrasser toutes les macérations de la pénitence, sa simplicité d'apôtre, suivant l'expression de d'Alembert, n'est-on pas en droit de conclure qu'il fut le fidèle disciple de ces illustres prêtres qui s'appellent Vincent-de-Paul, de Bérulle, de Condren, Olier, de Rancé, Bossuet et Bourdaloue, dont les vertus éclatantes honoreront à jamais l'Eglise? A son tour il est l'ornement de cette Eglise de France qui, au dix-septième siècle, « possédait tout ce qui plaît à Dieu et tout ce qui captive les hommes, la vertu, la science, la noblesse et l'opulence (2). »

(1) Registres de l'Oratoire.
(2) J. de Maistre, *Du Pape*.

Article 2.

Massillon à Paris.

§ 1.

Ses débuts dans la chaire.

Le cardinal de Noailles, en nommant Massillon second directeur au séminaire de Saint-Magloire, lui assignait un poste de confiance et honorait ses talents et sa vertu. L'état particulier de Saint-Magloire rendait encore plus délicat le choix des ecclésiastiques appelés à diriger cette maison. C'était, en effet, une école d'éloquence religieuse, et de plus à ce séminaire affluait alors la jeune et brillante noblesse qui aspirait aux saints ordres. Massillon s'y lia d'amitié avec les abbés de Louvois et de Rohan-Soubise, qu'il devait retrouver plus tard.

Il fut chargé, comme directeur, d'adresser aux jeunes clercs des conférences sur l'état ecclésiastique : il s'acquitta de ce soin avec zèle, éloquence et piété, et ses discours eurent le plus légitime succès. On a conservé huit seulement de ces instructions : elles sont animées d'un accent de liberté vraiment apostolique. Car, si l'orateur se rappelle qu'il parle aux fils des premières familles de France, qui deviendront un jour de riches abbés et de puissants prélats, en leur traçant leurs devoirs il ne s'inspire pas moins des sublimes exigences de l'Evangile et de la haute vertu que requiert le sacerdoce.

Ces heureux débuts indiquaient la voie de Massillon, et si lui-même était encore indécis, ses supérieurs ne pouvaient plus hésiter ; ils le désignèrent donc, en 1698, pour aller prêcher le carême à Montpellier. Par son aménité et son éloquence, il y gagna l'estime et l'affection de l'évêque, Colbert de Croissy.

A son retour du Midi, il alla se reposer à Raray, maison de campagne de l'Oratoire, près de La Fère, dans le diocèse de Meaux. Il y rencontra le célèbre père Malebranche, qui le distingua et qui le présenta au propriétaire du château voisin, le savant marquis de l'Hospital. Au sein de cette charmante solitude, il se préparait à monter enfin dans les chaires de la capitale. Aussi l'année suivante fut-il appelé à la résidence principale de l'Oratoire à Paris ; et pour imposer à son talent une dernière épreuve, le père de La Tour le chargea de la station du carême à la chapelle de la rue Saint-Honoré. L'éloquence du jeune orateur surpassa l'attente du public, à s'en rapporter au témoignage d'un contemporain. « Ce mercredi, 8 avril 1699. — J'ai ouï aujourd'hui le père Massillon, pour la première fois de ma vie. Je reprends ma lettre où je l'ai interrompue le matin, pour vous dire que ce prédicateur est charmant par sa solidité, son onction, son ordre, sa netteté et sa vivacité d'élocution, et au milieu de tout cela, par son incomparable modestie. Il prêcha sur l'évangile de demain, qui est la femme à qui il fut beaucoup pardonné, parce qu'elle avait aimé beaucoup. Ce fut, sans citer que très peu de Pères, la substance et comme le tissu de tout ce qu'ils ont de plus beau, plus fort et plus décisif, fondé sur l'Ecriture qu'il possède admirablement. Vous concevez sur cela, Monsieur, le désir de l'entendre. Vous l'entendrez, si Dieu nous donne la consolation de vous voir après Pâques; car on croit qu'il continuera de prêcher dimanches et fêtes jusqu'à la Pentecôte (1). »

Tel fut son succès, que la renommée de ses sermons parvint jusqu'à la cour, et que le roi voulut l'entendre l'Avent même de cette année 1699. Dangeau écrit dans son journal, à propos du premier sermon devant le roi : « L'après-dînée, Sa Majesté et toute la maison royale entendirent le sermon du père Massillon, qui commence à être en grande réputation; ensuite ils assistèrent aux vêpres et au salut. »

C'est dans cette circonstance qu'il fit au prince un compliment si heureux qu'il excita dans l'assemblée, rapporte l'abbé Maury, malgré la gravité du lieu, un mouvement involontaire d'admiration. A la fin de la station, Louis XIV, pour le remercier, lui adressa un de ces mots gracieux dont le grand roi avait le secret : « Mon père, lui dit-il, quand j'ai entendu les autres prédicateurs, j'en ai été fort content : pour vous, lorsque je vous entends, je suis très mécontent de moi-même. » Il lui exprima même, à la fin du ca-

---

(1) Correspondance de M. Vuillart à M. de Préfontaine. Sainte-Beuve, *Port-Royal*.

rême de 1704, le désir de l'entendre tous les deux ans.

De l'année 1699 jusqu'en 1718, Massillon ne discontinua de prêcher à Paris, dans les différentes églises. Outre la chapelle de Versailles, dont il tint la chaire le carême de 1701 et de 1704, les paroisses Saint-Honoré, Saint-Eustache, Saint-Paul, Saint-Gervais-en-Grève, Saint-Roch, Notre-Dame, Saint-Sulpice, Saint-Leu, les Quinze-Vingts, Saint-Germain-l'Auxerrois, la cour de Lorraine, l'entendirent tour à tour. La foule se portait à ses sermons; on se pressait dans les églises où il était annoncé. Voici un propos assez piquant relaté par Mme de Marcey : « Ce *diable* de Massillon, disait une femme du peuple, remue tout Paris quand il prêche. » Et l'enthousiaste M. Vuillart écrit dans sa correspondance qu'à l'église de Saint-Gervais, où prêche Massillon, les chaises sont louées quinze sols et les moindres douze, au lieu qu'à Saint-Etienne, où est le père Maure, les loueuses de chaises sont réduites à n'en prendre que quatre sols.

Pendant vingt ans Massillon vécut à Saint-Honoré, illustre prédicateur et modeste oratorien. Louis XIV, qui s'était promis de l'entendre tous les deux ans, le laissait dans l'oubli. Il fut cependant appelé à prononcer l'éloge funèbre de deux princes de la maison royale : du prince de Conti en 1709, et en 1711 du grand Dauphin. Dans ces œuvres, Massillon porte la sévérité de ton et de jugement qui caractérisait déjà ses premières oraisons funèbres : il flétrit les mauvaises mœurs chez les grands avec une parfaite indépendance. Ainsi fit-il encore plus tard dans l'oraison funèbre de Louis XIV. On lui a reproché cette sévérité; on a prétendu que cet esprit de critique l'avait empêché d'atteindre à la haute éloquence. Pour nous, nous ne saurions nous en plaindre : si le genre de l'oraison funèbre en a souffert, la vérité y a gagné, nous semble-t-il; elle a pris la place de l'enthousiasme de commande d'autrefois, sous lequel il arrivait de cacher bien des vices pour ne célébrer que le prestige de la naissance ou l'éclat de qualités supposées. De plus, le goût changeait, et la critique sévère rentrait aussi dans cette sorte d'ouvrage avec son impartialité égale pour tous.

A part ces circonstances un peu plus solennelles, Massillon vivait humble et caché, employé au saint ministère. L'été, il allait prendre quelques jours de vacances à la campagne, soit à Raray, soit chez son ami le financier Crozat à Montmorency, ou encore au château de Montataire sur les bords de l'Oise, chez le marquis de l'Esparre, dont la femme était une Bussy-Rabutin. « J'ai vu sur les bords de l'Oise, dit un panégyriste de Massillon, un de ces séjours solitaires où il vécut et d'où sont sorties tant d'instructions sublimes pour les peuples et pour les rois. On n'y prononce encore son nom qu'avec un respect tendre; tout y est plein de son souvenir. La chambre qu'il habita, les bocages où il médita, sont montrés avec un intérêt mêlé d'admiration; au bord d'une riante prairie, ses regards donnaient sur un château, antique demeure et prison du plus infortuné de nos rois (1). »

Les jours de loisir écoulés, il revenait à Saint-Honoré reprendre les graves et saintes occupations de la direction des âmes et de la prédication, mêlé en même temps aux affaires et aux discussions du moment et victime souvent de l'exagération des partis.

§ 2.

Est-il janséniste ?

Le jansénisme troublait alors les consciences. Mais nous n'hésitons pas à le déclarer, Massillon fut toujours éloigné de cette erreur. A la vérité, durant ses premières années à Paris, il sembla un peu donner dans le parti janséniste. Le cardinal de Noailles le protégeait et l'aimait : il était lié avec Colbert de Croissy et l'abbé de Louvois. Mais la reconnaissance et l'amitié expliquent bien ces relations, et il eût été difficile à cette époque de n'avoir des rapports qu'avec des hommes d'opinions parfaitement orthodoxes. De plus, tandis que les partisans de la *grâce prédominante* étaient les adversaires déclarés de la Compagnie de Jésus, Massillon, au contraire, lui rendait justice. La marquise d'Huxelles écrivait, le 7 juillet 1705, à M. de la Garde : « Vous avez dû converser avec M. de Florensac dans ce fameux hôtel de Rambouillet. Il faut vous marquer son affliction : elle fut telle au

---

(1) Gaillard, *Panégyrique de Massillon*. Allusion à Charles VI.

moment de la mort de Mme sa femme, qu'il prit son épée pour s'en percer le cœur. Le père Massillon l'arrêta et le mena au noviciat des Jésuites. On admire encore qu'un prêtre de l'Oratoire l'ait conduit là. »

Il est vrai, on prendrait pour un indice de principes jansénistes la sévérité de sa doctrine ; mais, comme nous le remarquerons plus loin, il adoucit souvent, à la fin de ses sermons, ses premières déclarations. Lorsque parut, le 8 septembre 1713, la Constitution *Unigenitus*, condamnant les erreurs de Quesnel qui reproduisaient celles de Baïus et de Jansénius, à l'exemple de la grande majorité de l'épiscopat, Massillon s'empressa de donner son adhésion sans aucune restriction mentale. De plus, dans ses sermons, il réprouve souvent la doctrine des opposants sur la grâce : « Si nous périssons, c'est toujours la faute de » notre volonté et non pas le défaut de la grâce (1). » Dans l'oraison funèbre de Louis XIV il loue Fénelon « d'avoir laissé un exemple qui sauverait à l'Eglise bien des scandales, et détourné par la candeur et la promptitude de sa soumission les éclairs et les foudres de l'Eglise qui le menaçaient. » Et, tandis que le Souverain Pontife, en 1717, lui donnait avec bonheur l'institution canonique, il la refusait à nombre d'autres évêques nommés (2).

Dans son amour pour l'Eglise, Massillon souffrait de ces divisions et de ces querelles, qui se pro-

---

(1) Sermon : *Délais de la conversion.*
(2) *Mémoires* de l'abbé Dorsanne.

duisaient au grand détriment du bien spirituel des âmes. Il eût souhaité le prompt rétablissement de la paix. Aussi fut-il choisi pour ménager un accord entre les évêques de Bissy et de Rohan, chefs alors du clergé de France, et le cardinal de Noailles, qu'on déplorait de voir engagé et retenu dans les tristes intrigues du jansénisme. Il multiplia, pour cette délicate mission, les soins et les démarches; mais son éloquence et sa douceur échouèrent contre les indécisions du cardinal qui, sur les conseils de son vicaire général, l'abbé Dorsanne, ou de quelque autre ardent janséniste, reprenait le lendemain ce qu'il avait concédé la veille, et s'enfonçait à nouveau dans ses premières irrésolutions. Enfin, et comme dernière preuve de la pureté de sa doctrine, nous devons dire un mot des colères qu'il excita contre lui dans le parti janséniste.

Le roi Louis XIV était mort, et avec ce prince avait cessé le long oubli dans lequel avait été laissé le pieux et illustre orateur : le 7 novembre 1717, Massillon fut préconisé évêque de Clermont. C'était la récompense de ses vertus et des longs services qu'il avait rendus à l'Eglise. Le nouvel évêque était pauvre, et le banquier Crozat fit les frais de ses bulles. Le sacre eut lieu dans la chapelle du château, en présence du jeune roi, et les prélats consécrateurs furent le cardinal de Fleury, ancien évêque de Fréjus, et MM. de Tressan et de Caumartin, évêques de Nantes et de Vannes. Malgré son désir, Massillon ne put se rendre aussitôt en Auvergne, retenu à Paris pour le carême de 1718 à la cour, et par les affaires de la *Constitution*. Il s'agissait en effet de faire accepter la bulle *Unigenitus*; et l'intérêt général de l'Eglise de France devait primer tous les autres. Massillon consentit donc, à son grand regret, à rester éloigné quelque temps de son diocèse. Comme nous l'avons vu, il fut chargé d'amener le cardinal de Noailles à recevoir la *Constitution*. Il échoua auprès de l'archevêque, conseillé par Dorsanne et d'autres jansénistes. Mais s'il ne parvint pas à persuader le cardinal, il réussit à merveille à s'aliéner les prétendus défenseurs de la grâce; désormais les jansénistes ne virent plus en lui qu'un ennemi dont il fallait ruiner le crédit et la réputation. Massillon dut d'abord quitter l'Oratoire, et il fut contraint de se retirer chez son ami, le financier Crozat. Ce n'était là que le commencement de la persécution, et bientôt tout le parti conspira à répandre sur son nom les plus odieuses calomnies. Insister sur les misérables récits de Mathieu Marais, les indignes couplets ramassés par Maurepas, les suppositions malignes du marquis d'Argenson, ce serait à pure perte ternir la gloire du nom de Massillon. Tout cela ne mérite que le dédain et l'oubli. Il suffira de dire que ces injurieux soupçons ne commencèrent à se produire que le jour où Massillon travailla à l'acceptation de la bulle. Jusqu'à ce moment, ses mœurs avaient été celles d'un saint, sa prédication celle d'un grand orateur; mais il accepte la bulle, il s'entremet pour la faire recevoir, dût-il ruiner les espérances du parti : il n'est plus dès lors qu'un médiocre prédicateur et un vil hypocrite. « Ce père Massillon, à présent évêque, a prêché pendant vingt ans à Paris, avec un applaudissement extraordinaire. On le regardait comme un apôtre. Mais on connaît à présent (ainsi on avait mis vingt ans à le connaître!) que c'était un faux apôtre et un déclamateur, qui a joué la religion; j'y ai été trompé comme les autres et séduit par son bel esprit et son exacte prononciation, qui pénétrait l'âme (1). »

Mathieu Marais ne sait pas même présenter avec art ses insinuations perfides; il ajoute en effet : » Il s'est poussé à la cour, il a prêché devant le roi de jolis petits sermons, courts, polis et gracieux; on lui a donné un évêché, et aussitôt on a vu le père de l'Oratoire plus jésuite qu'un Jésuite même et tout à fait dans l'intrigue de la *Constitution*. » Or précisément Massillon était nommé évêque depuis au moins cinq mois, quand il prêchait *ces jolis petits sermons du Petit-Carême*. La *Constitution!* voilà la raison secrète de toutes ces rancunes et de tant d'indignités : ajoutez-y aussi la feuille des bénéfices, qui était au pouvoir des orthodoxes. « Il s'établit une chambre ecclésiastique, composée du cardinal de Rohan, du cardinal de Bissy, de l'ancien évêque de Fréjus, précepteur du roi et de l'évêque de Clermont, autrefois le père Massillon de l'Oratoire. Ils auront la feuille des bénéfices, et il n'y aura que leurs amis, c'est-à-dire ceux de la *Constitution*, qui en auront (2). »

(1) Mathieu Marais : *Mémoires*, t. I, p. 487.
(2) *Id., ibid.*, t. I.

Maintenant qui pourrait ajouter foi à ce que répètent les chansons de Maurepas? Ces tristes couplets attestent au moins la légèreté de leur auteur, et ne sauraient nuire à l'intégrité de ceux qu'ils attaquent. On chansonnait alors tout le monde. A cette époque de la Régence, de toute notre histoire peut-être la plus fatale aux mœurs publiques, où sont les hommes marquants, les femmes illustres dont on n'ait cherché à déshonorer le nom par quelque épigramme licencieuse? La société perdait alors de plus en plus la dignité des mœurs. Vicieux soi-même, on ne voulait admettre l'innocence de nulle démarche, d'aucune relation, et on supposait partout l'existence de fautes et de crimes. C'est ce même public qui criait au scandale sur ce que des *dévotes* auraient envoyé à Massillon, le soir de sa nomination, de petites sommes de leurs épargnes pour contribuer à payer les bulles. Et quel mal y aurait-il à ce que de pieuses personnes, que Massillon avait dirigées dans les sentiers de la vertu pendant vingt ans, lui eussent témoigné leur reconnaissance par un léger sacrifice?

Nous regardons comme tout à fait superflu de reproduire les nombreux et éclatants hommages rendus à sa vertu par des contemporains désintéressés ou par des écrivains postérieurs, qu'on ne peut taxer de partialité en sa faveur. L'abbé Dorsanne, Duclos, Saint-Simon dans leurs *Mémoires*, Henri Martin dans son histoire, s'accordent à proclamer ses vertus apostoliques.

§ 3.

Le Petit Carême.

Le duc d'Orléans, régent de France, avait confié à Massillon, déjà évêque, la station du carême de 1718, dans la chapelle des Tuileries. Il s'agissait ainsi d'instruire un enfant royal de huit ans, Louis XV, dont une dame de la cour faisait alors ce portrait : « Vous avez vu à Versailles le petit roi, le joli triomphe de la grâce enfantine dans l'hermine et la pourpre.., ces yeux lumineux et noirs.., cette petite mine ronde.., le charme d'un Joas, la face bourbonnienne en sa fleur et sa lumière dernière... vous n'imagineriez pas autrement l'espièglerie couronnée, dont le portrait dit bien le bon plaisir d'un royal enfant terrible. »

Cet enfant, le dernier rejeton de nos rois, et, comme le disait Massillon, la dernière étincelle du flambeau éteint de David, était alors l'espérance de la nation et le bien-aimé pupille de tous ses sujets; la France s'intéressait au salut de ce nouveau Joas. Mille fois bénie eût été sa mémoire, s'il eût répondu à l'amour de son peuple. Que ne fût-il docile aux leçons de cet autre Fénelon qui lui enseigna ses devoirs!

En montant dans la chaire des Tuileries, Massillon éprouvait une double impression. D'un côté, il se rappelait tous les souvenirs du règne de Louis XIV, avec ses grandeurs et ses désastres; de l'autre, il voyait le triste état de la cour du Régent. Ces deux sentiments lui inspirèrent ses leçons au jeune roi. Du passé il répudie les longues guerres, et il conseille au prince de les éviter et d'aimer la paix. « Sire, regardez toujours la guerre comme le plus grand fléau dont Dieu puisse affliger un empire (1). » Il déplore les calamités qui avaient si longtemps pesé sur la nation, et il prêche à son royal auditeur que la gloire et la félicité d'un roi consistent surtout à procurer le bonheur de ses sujets. Mais le grand roi avait aussi laissé de pieux exemples à ses successeurs; il avait toujours entouré la religion du plus saint respect. Massillon n'omet point de proposer à l'imitation du jeune enfant la piété de son auguste bisaïeul.

Du présent que pouvait dire l'orateur ? Il ne devait que gémir sur les funestes conséquences des passions et de l'impiété chez les grands. Telle fut la double source où Massillon puisa ses enseignements. Ce qui domine surtout dans cette œuvre, c'est sa tendre affection pour le jeune prince. Ces sermons du *Petit Carême* sont comme une effusion de la tendresse de son cœur. On ne saurait trouver une plus onctueuse et plus touchante éloquence. « Grand Dieu! s'écrie-t-il dans la péroraison de son dernier discours, si ce n'étaient là que mes vœux et mes prières, les dernières sans doute que mon ministère, attaché désormais par les jugements

---

(2) *Petit Carême*, 8ᵉ sermon, 2ᵉ partie.

secrets de votre Providence au soin d'une de vos Eglises, me permettra de vous offrir dans ce lieu auguste, si ce n'étaient là que mes vœux et mes prières; et qui suis-je pour espérer qu'elles pussent monter jusqu'à votre trône? Mais ce sont les vœux de tant de saints rois qui ont gouverné la monarchie, et qui, mettant leurs couronnes devant l'autel éternel aux pieds de l'Agneau, vous demandent pour cet enfant auguste la couronne de justice qu'ils ont eux-mêmes méritée. »

Ces beaux et touchants discours ouvrirent à Massillon les portes de l'Académie française; son discours de réception fut plein de bon goût et de délicatesse, et tous en admirèrent la politesse et l'esprit.

Tous ces honneurs, qui venaient couronner sa carrière d'orateur à Paris, touchaient peu notre pieux évêque. Sa pensée était à Clermont : en toutes circonstances, à la cour comme à l'Académie, il parlait de cette Eglise dont la Providence lui avait confié le soin et il lui tardait de gagner son diocèse. Enfin, le 12 février 1721, il lui fut donné de partir pour l'Auvergne.

CHAPITRE II.

MASSILLON A CLERMONT.

Le savant Le Tellier, abbé de Bourgueil, avait refusé l'évêché de Clermont, devenu vacant, en 1715, par la mort de François Bochard de Saron, et la subrogation, en 1717, d'Illiers d'Entragues, aumônier du roi, à Louis de Polastron, mort évêque de Lectoure. Eloigné de la cour de Versailles et de Paris, relégué au fond de la province d'Auvergne, peu connue alors, l'abbé de Louvois se serait cru disgracié et comme dans un lieu d'exil. Massillon, au contraire, arriva plein d'amour pour cette pauvre mais illustre Eglise, et dans son administration épiscopale comme dans sa vie privée, il se montra toujours le digne pasteur de son peuple, surtout si l'on songe à l'état particulier où se trouvait, à cette époque, le diocèse de Clermont.

Article premier.

Etat du diocèse de Clermont sous l'épiscopat de Massillon.

§ 1.

Etendue du diocèse.

L'évêché de Clermont, en 1715, était un des diocèses les plus étendus de France. Le pape Jean XXII, l'année 1317, en avait détaché une partie de la haute Auvergne pour former l'évêché de Saint-Flour; mais, malgré ce démembrement, l'Eglise de Clermont comprenait encore, à l'époque où nous sommes, un vaste territoire. Elle s'étendait sur la basse Auvergne tout entière, sur une grande partie de la haute Auvergne et du Bourbonnais, et poussait même des pointes à l'ouest dans le *pays* de *Combraille* et le *Franc-alleu;* à l'est dans la *généralité* de Lyon. Elle était comprise dans la généralité de Riom et celle de Moulins. Disons, en passant, que la généralité de Riom, qui embrassait la haute et la basse Auvergne, était divisée en six *pays d'élection* : les élections de Riom, de Clermont, d'Issoire, de Brioude, de Saint-Flour et d'Aurillac. Les évêques de Clermont avaient donc affaire, en même temps, avec l'intendant de Moulins et l'intendant de Clermont; et, en effet, il reste des lettres de Massillon à M. Trudaine, inten-

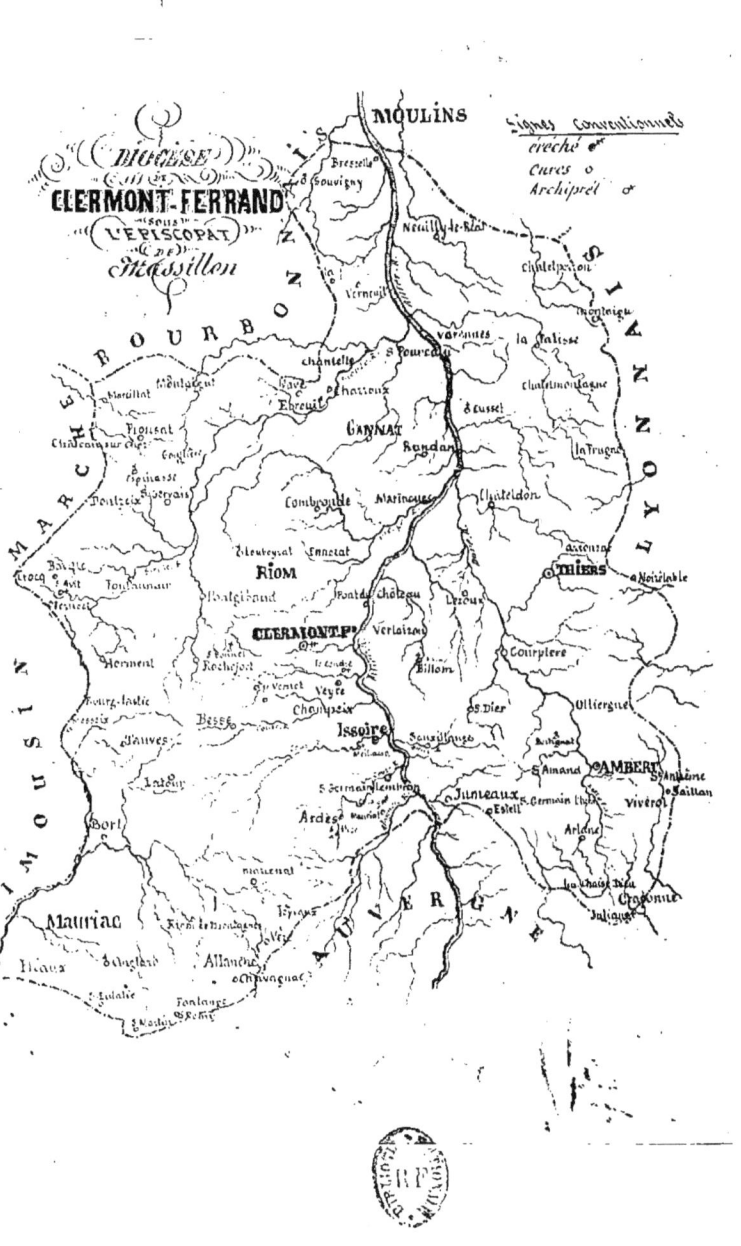

dant d'Auvergne, et à M. de Laporte, intendant du Bourbonnais.

Clermont (1), au sud-ouest des fertiles plaines de la Limagne, était à peu près le point central du diocèse. Au sud, la limite était formée par les rameaux les plus rapprochés du Plomb-du-Cantal et une petite rivière, à l'ouest par la Dordogne, le Chavanon, le Cher; à l'est par les monts du Forez et de la Madeleine. Au nord, le diocèse allait presque jusqu'à Moulins, à travers les vastes plaines au milieu desquelles coule l'Allier, grossi de la Sioule et de la Dore. Et pour indiquer les limites du diocèse d'une manière plus précise encore, il était compris dans une circonscription dont la ligne de contour passait par les lieux suivants, en supposant qu'on parte de Pleaux, dans la haute Auvergne et qu'on se dirige d'abord à l'est : Pleaux, Loupiac, Sainte-Eulalie, Saint-Martin, Saint-Rémi, Fontanges, Falgoux, Chavagnac, Allanche, Vèze, Leyvaux, Boussenargues, Ardes, Mauriac, Esteil, Saint-Germain-l'Herm, La Chaise-Dieu, Julianges, Saillant, Saint-Anthème, Noirétable, Arconsat, La Prugne, Château-de-Montagne, Montaigu, Châtel-Perron, Neuilly-le-Réal, Bressolles, Souvigny, La Feline, Verneuil, Charroux, Nades, Montaigu, Marcillat,

---

(1) Nous lisons dans un ancien annuaire :
« L'évêché de Clermont était le premier suffragant de Bourges, d'après une bulle d'Urbain II. Trente-cinq de ses évêques sont reconnus pour saints. Il a donné à l'Eglise deux papes, un assez grand nombre de cardinaux, une foule innombrable d'archevêques, évêques et écrivains de premier ordre. Son clergé s'est fait remarquer dans tous les temps par son goût pour la piété et les sciences. »

Château-sur-Cher, Dontreix, Basville, Crocq, Fernoël, Messeix, Bort, Mauriac. Il suffit de jeter un coup d'œil sur la carte générale pour se rendre compte de l'étendue de ce diocèse, dont certaines parties étaient d'un accès si difficile. Il s'y trouvait sept cent cinquante-huit paroisses réparties entre quinze *archiprêtrés*, dont voici les noms : archiprêtré de Clermont, annexé à la cure du Cendre ; de Limagne, à la cure d'Espinasse; de Souvigny, à la cure de Saint-Maurice; de Cusset, à la cure de Saint-Cyrgues et de Sainte-Juliette-de-Sansac; de Billom, à la cure de Saint-Loup de Billom; du Livradois, à la cure de Bertignat ; de Sauxillanges, à la cure de Collanges; d'Issoire, à la cure de Meillau; de Merdogne, à la cure de Sainte-Marguerite-du-Vernet; d'Ardes, à la cure de Saint-Alyre; de Rochefort, à la cure de Saint-Bonnet; d'Herment, à la cure de Saint-Avit; de Mauriac, à la cure de Saint-Thiers d'Anglars; de Blot, à la cure de Loubeyrat ; de Menat, à la cure de Gouttières. Ces quinze archiprêtrés étaient à la disposition de l'évêque avec leur annexe. On peut voir que les évêques n'annexaient pas leurs archiprêtrés à des cures de premier ordre ; cela venait de ce que ces cures étaient en la possession des chapitres ou des ordres religieux, indépendants, ou peu s'en faut, de l'autorité épiscopale. Et même l'archiprêtré de Souvigny, n'ayant aucune paroisse à la nomination de l'évêque, était attaché à la paroisse de Saint-Maurice, qui était en dehors de son ressort. A ces huit cents paroisses il faut ajouter les *bénéfices* religieux; or on comptait trente-trois chapitres, vingt-neuf abbayes et deux cent quatre-vingt-quatre prieurés. Des chanoines, obéissant d'ordinaire à la règle de saint Augustin, possédaient les prébendes ou semi-prébendes des chapitres. Quant aux abbayes et aux prieurés, ils appartenaient aux différents ordres religieux de Saint-Benoît, de Cluny, de Cîteaux, des Carmes *déchaussés*, des Prémontrés, de Saint-Maur, au commandeur de Saint-Jean de Malte; quelques-uns aux établissements d'éducation, au collège de Billom, aux séminaires de Clermont. Les seuls religieux de La Chaise-Dieu, ordre de Saint-Benoît, avaient plus de quatre-vingts bénéfices. Les principales abbayes étaient celles de Sainte-Alyre-ès-Clermont, de l'Eclache, de Sainte-Claire, de Mozac, dans l'archiprêtré de Clermont; d'Ebreuil, de Neufontaines, dans l'archiprêtré de Limagne; de Manglieu, de Sainte-Marie-du-Bouchet dans celui de Billom; La Chaise-Dieu, dans celui du Livradois.

Les chapitres les plus importants étaient ceux de la Cathédrale, d'Artonne, de Montferand, de Billom, de Pont-du-Château, de Saint-Germain-Lembron, de Notre-Dame-d'Orcival. Ces abbayes, ces chapitres et ces prieurés possédaient quelquefois d'assez vastes domaines. Mais, outre ces établissements, il y avait encore, dans un certain nombre de paroisses, des associations de prêtres vivant sous le même toit et suivant la même règle, portant le nom de *communautés*. Elles se composaient d'ordinaire de prêtres nés dans la paroisse et appelés en ce temps du nom de *Filleux*. Ils partageaient avec le curé les soins, les honneurs et les avantages du ministère pastoral, conformément aux ordonnances épiscopales.

§ 2.

Etat religieux du diocèse.

A la tête de l'administration diocésaine était l'évêque, assisté de vicaires généraux et entouré de plusieurs conseils : *officialité, chambre ecclésiastique, chambre du conseil, synode*; l'officialité, chargée de connaître des affaires délictueuses du clergé, et composée d'un official et de deux promoteurs; la chambre ecclésiastique, dont les fonctions étaient de gérer les finances du diocèse, et comprenant un chanoine de la cathédrale, deux abbés, deux prieurs et deux curés du diocèse; la chambre du conseil, traitant les affaires générales et décidant les cas de conscience, et formée des vicaires généraux; le synode, qui s'occupait de l'administration des paroisses, et auquel prenaient part les curés du diocèse.

L'évêque nommait aux archiprêtrés; quant aux curés, il donnait à tous l'institution canonique, mais il n'avait la présentation des sujets que dans un petit nombre de paroisses. On distinguait en effet plusieurs sortes de curés : les *curés primitifs*, les *curés réguliers*, les curés nommés directement par l'évêque. Il n'y a aucune difficulté pour ces derniers.

On appelait *curé primitif* un prêtre qui avait été jadis chargé du soin d'une paroisse, mais qui la faisait desservir par un autre prêtre nommé *vicaire perpétuel*, auquel il donnait une *portion congrue*, c'est-à-dire une part suffisante des revenus de la cure. En Auvergne, beaucoup d'abbés, de chapitres, de monastères étaient devenus curés primitifs, par suite de l'union des cures à ces communautés. Ils jouissaient de certains privilèges ; ils célébraient le service divin dans la paroisse les quatre fêtes solennelles, et surtout ils présentaient les sujets à la nomination de l'évêque. Les *curés réguliers* étaient des religieux établis dans une cure sous la juridiction de l'évêque, par les abbayes ou les monastères qui tenaient cette paroisse en commende. On n'en comptait qu'un petit nombre, et ils appartenaient aux chanoines réguliers de l'ordre de Saint-Augustin ou des Prémontrés.

La plupart des curés d'Auvergne étaient *à portion congrue*, ne recevant qu'une faible part des revenus des biens de leur église : les abbayes, les monastères, les chapitres, comme curés primitifs, étaient les gros décimateurs de la paroisse : il arrivait même que des cures étaient pourvues par des abbesses, et pour ne citer qu'un exemple entre plusieurs, la prieure de Marsat nommait aux cures de Giat, de Fernoël et de Voingt. Cela venait souvent de ce que des femmes avaient succédé à un monastère d'hommes. D'autres fois c'étaient les seigneurs qui faisaient ces nominations : ainsi les paroisses de La Rodde, de Messeix appartenaient au seigneur de La Tour. Sans doute, ces choix étaient soumis à l'évêque ; mais souvent il devait agréer des sujets qu'il n'aurait pas nommés lui-même. De là une autorité moindre pour l'évêque sur ces curés qui ne dépendaient pas directement de lui et que parfois il ne connaissait pas.

Les églises de campagne se ressentaient de la situation précaire faite à leurs pasteurs. Massillon en rencontra plusieurs, dans ses visites pastorales, mal pavées et menaçant ruine ; quelquefois la lampe du sanctuaire ne brûlait pas tous les jours, on l'allumait seulement le dimanche ; ailleurs, les vases sacrés avaient perdu leur dorure ; les cimetières, n'étant pas clos de murs ou même d'une simple palissade, donnaient passage à tout venant. La plupart, dénuées de tout bien, n'avaient pas de fabrique. C'était aux gros décimateurs à faire les réparations ; n'étant pas sur la paroisse, ils les ignoraient ou les négligeaient souvent ; et pour les y contraindre, l'évêque se voyait dans la nécessité d'interdire l'église ou le cimetière, et même de les dénoncer au procureur royal du présidial le plus proche. Les œuvres saintes de l'église, comme les confréries du Très Saint Sacrement établies presque partout, et, suivant le mot usité, les *reinages* ou associations pieuses, en l'honneur d'un saint ou du patron de l'Eglise, se soutenaient par les seules libéralités des fidèles. Ces institutions religieuses dégénéraient quelquefois en abus :

ici, les jeunes gens dissipaient en amusements les revenus de la confrérie; là, comme à Auterive, on exécutait chaque année, le jour de la fête, des danses autour de la chapelle de Fonsalive; à Saint-Amant, la procession nocturne des *Pénitents* du jeudi et du vendredi saint était l'occasion de nombreux désordres; quelquefois les *Pénitents* élevaient autel, comme à Billom, Issoire, contre l'église paroissiale, et se déclaraient indépendants du curé; à Saint-Sandoux une association de cette sorte s'arrogeait le privilège, la veille de l'Ascension, de sonner la grosse cloche toute la nuit et d'aller chanter en procession des *Libera me*, à travers les hameaux, aux trois fêtes de la Pentecôte, de saint Jacques et de saint Vernis. Il est inutile d'ajouter que Massillon supprima quelques-uns de ces usages plus ou moins étranges, si chers cependant à la dévotion populaire (1).

L'évêque de Clermont ne pouvait guère lui-même venir au secours de ces pauvres églises de campagne. Le chiffre de son revenu net s'élevait à 19,112 livres (2). Mais, à la tête d'un si vaste diocèse, il lui était impossible de prélever quoi que ce fût sur cette somme; au commencement de son épiscopat, Massillon se vit réduit à une extrême nécessité, et il reste de lui une lettre au Régent dans laquelle il remercie le prince d'un envoi d'argent qu'il lui avait fait, lequel l'avait tiré de cette pénurie.

---

(1) Pour tous les détails qui précèdent et ceux que nous allons ajouter, voir les procès-verbaux des visites pastorales de Massillon.
(2) Voir les documents inédits.

Aussi, pour soulager la misère des nécessiteux, la charité chrétienne avait déjà, dans bon nombre de paroisses, fondé des établissements de bienfaisance, connus alors sous le nom de *Charités* ou de *bureaux de charité*. Une pareille institution, à cette époque, en 1720, mérite d'être signalée. Il y avait des charités à Colamines, Thiers, Chanonat, Le Crest, Montferrand, Monton, Romagnat, etc; leur dotation consistait en setiers de froment ou de conseigle; celle de Romagnat jouissait d'un revenu de 400 livres. Le curé et les habitants nommaient deux administrateurs qui devaient chaque année rendre leurs comptes; les revenus étaient distribués aux pauvres en présence et de l'avis du curé. A Saint-Saturnin, les dames de Saint-Vincent de Paul tenaient la *Charité*. Disons à la gloire de Massillon qu'il multiplia et développa d'aussi précieux établissements. Il s'informait de leur existence dans les différentes paroisses, et les relevait s'il y avait lieu; il chargeait la conscience de ses curés de la distribution impartiale des biens des *Charités*; il exigeait un compte rigoureux des administrateurs, dans ses visites pastorales, et ne souffrait aucune dilapidation.

Au point de vue purement religieux, on peut dire que tous les habitants se montraient fidèles aux pratiques de la vie chrétienne. Chaque année, à Pâques, ils remplissaient à peu près tous le devoir pascal prescrit par l'Eglise. On pouvait compter ceux qui restaient en retard. Massillon enjoignait aux curés d'exhorter les endurcis à s'approcher de la table sainte, de lire au prône le décret du concile de Latran, de menacer les coupables des interdits et des peines canoniques; et lui-même, quelquefois, faisait venir les récalcitrants et leur adressait les avis convenables. La pureté des mœurs était partout en honneur. On voyait très rarement des familles déshonorées par le vice ou des désordres scandaleux. C'est à peine si Massillon trouva, dans le cours de sa première visite pastorale, deux unions illégitimes, à Plauzat et à Condat, et il prit aussitôt les moyens d'y remédier.

Tous fréquentaient assidûment les offices divins et la messe de la paroisse, où se faisaient les prières du prône et l'instruction; Massillon favorisait ces usages si chrétiens. Ayant appris que les habitants de Chadrat ne venaient pas à la messe de paroisse, il prescrivit au *communaliste* qui disait la messe à leur village de faire un catéchisme tous les dimanches, d'assez bonne heure pour que le peuple pût venir à temps à l'office de paroisse. Dans ses visites, il s'informait toujours si les cabaretiers observaient les lois qui leur défendaient de donner à boire pendant l'office divin, et si les consuls et le syndic du lieu veillaient à cette mesure de bonne police Elle était presque partout observée, sauf dans de rares localités. Dans ce cas, il menaçait les coupables du procureur du roi. C'était dans le même dessein qu'il montrait une si grande sévérité pour les chapelles particulières de châteaux. Il s'en faisait apporter les titres de fondation et de dotation, et les examinait lui-même:

s'il manquait quelque pièce nécessaire, ou si même la chapelle ne se trouvait pas en un état convenable et décent, il y jetait l'interdit : ce fut le sort d'un grand nombre de ces petites églises; et, pour n'en citer que quelques-unes, il interdit les chapelles des châteaux de Lavaur, Saint-Cyrgues, Coppel, sur la paroisse de Saint-Julien; celles des châteaux de Censat, de La Chaise; au château de La Palisse, il défendit qu'on dît la messe à l'heure de celle de paroisse; etc. Toutes ces sages mesures, concourant avec l'esprit chrétien des populations, rendaient la religion florissante en Auvergne; et dans quelques paroisses où le protestantisme avait conservé jusque-là des adeptes, de nombreuses conversions se produisirent, et on vit à Maringues, par exemple, plusieurs huguenots revenir à l'Eglise catholique.

L'évêque avait de dignes et dévoués coopérateurs dans les membres du clergé. En effet, la très grande majorité des prêtres des paroisses, des curés, tenaient une conduite régulière et édifiante; et s'il s'en rencontrait de loin en loin quelques-uns qui fussent un sujet de scandale pour leurs paroissiens, Massillon se montrait inflexible à leur égard, et sur les plaintes des habitants il les condamnait à un ou trois mois de séminaire à Thiers, pour y reprendre l'esprit de leur état; ils n'en sortaient que sur une lettre du supérieur, attestant leur retour à une vie meilleure. Mais, une fois encore, on en compte à peine quelques-uns qui se soient attiré ces peines;

et une si infime minorité de prêtres peu édifiants ne proclame que d'une manière plus éloquente la dignité et la vertu du clergé d'Auvergne.

Plus riches, et n'ayant pas à supporter le poids du jour et de la chaleur comme les simples curés, quelques ecclésiastiques des chapitres séculiers étaient parfois moins vertueux. Massillon apporta la réforme dans leurs maisons ; dès sa première visite pastorale, il ne manqua pas d'en envoyer quelques-uns retremper leur vertu à la source du sacerdoce.

Les procès-verbaux des visites de Massillon fournissent encore des détails intéressants sur l'état et le mode de l'instruction en Auvergne. Outre le grand et le petit séminaire de Clermont, où se préparait aux saints ordres la jeunesse cléricale, dirigés par les prêtres de Saint-Sulpice, outre le séminaire de Thiers, confié à la direction des prêtres du Saint-Sacrement, et sans compter les maisons des missionnaires de Notre-Dame de l'Hermitage dans les montagnes du Forez, et de Salers au milieu des monts de la haute Auvergne, il y avait pour l'instruction secondaire le florissant collège de Billom, dirigé par les Pères Jésuites, les établissements des Dominicains de Clermont, des Bénédictins de Saint-Alyre et de Mozac, des Jésuites de Mauriac, de Clermont, le Prytanée d'Effiat, le collège de Riom aux Pères de l'Oratoire, que soutenaient les dons de la congrégation et les subventions de la ville, le collège de Thiers dans les édifices du grand séminaire.

Quant à l'instruction primaire, il paraît qu'il n'y avait alors qu'un fort petit nombre d'instituteurs ; on ne trouve des maîtres d'école que dans quelques paroisses plus importantes : à Cusset, à Champeix, à Lezoux, à Maringues qui en possédait même deux, à Montferrand. Mais il y a un fait particulier à noter, tout à fait à l'honneur de l'Eglise : les curés des paroisses et même d'autres ecclésiastiques tenaient école ; à Ardes, les prêtres communalistes faisaient la classe aux garçons ; ils la faisaient aussi à Saint-Saturnin, à Vic-le-Comte ; à Plauzat, c'était le curé. On peut en conclure que les enfants des campagnes, en plusieurs lieux, recevaient la première instruction des curés eux-mêmes. Les maîtresses d'école étaient encore plus rares : les procès-verbaux ne mentionnent que celles de Champeix, de Lezoux. Mais dans plusieurs localités les religieuses Ursulines ou les Dames de la Charité instruisaient les petites filles ; presque partout c'étaient des femmes recommandables par leur probité et leurs bonnes mœurs. Enfin, à cette époque de foi, il devait régner dans chaque maison une tradition d'instruction religieuse : chaque mère de famille se serait fait un crime de ne point apprendre le catéchisme à son enfant. Ainsi les leçons du foyer domestique, les éléments enseignés par les pieuses femmes des villages, les quelques écoles des instituteurs et institutrices, ou celles qu'ouvraient çà et là les monastères, les curés et les prêtres *communalistes*, formaient l'ensemble de l'instruction primaire en Auvergne dans la première moitié du dix-huitième siècle. Massillon, dont la sollicitude ne négligeait nulle affaire importante pour le peuple, n'omettait point celle de l'enseignement. On aime à le voir à Cusset appeler en sa présence le maître d'école et lui adresser les plus bienveillantes recommandations. A celui de Lezoux, il observe qu'il ne doit pas enseigner les petites filles, comme aussi il interdit aux maîtresses d'école d'accepter dans leur classe les jeunes garçons.

Mais au contraire, les matrones de hameaux ne manquaient nulle part : chaque village comptait deux ou même trois sages-femmes, nouveau trait de mœurs qu'on ne saurait oublier. A cette époque où les médecins n'étaient guère connus encore dans les campagnes, la nécessité exigeait qu'on multipliât la présence de ces utiles personnes. Combien de fois, sans leur concours, la vie et le salut éternel des enfants eussent été compromis! Massillon leur portait un intérêt particulier : il s'informait toujours de leur degré d'instruction, les interrogeait lui-même, comme il fit à Chauriat et à Beaumont, et s'assurait qu'elles savaient conférer validement le baptême.

Telle était l'image d'une paroisse d'Auvergne au commencement du dix-huitième siècle. Toute vie, tout mouvement se concentrait dans l'Eglise et en partait. Au milieu du bourg ou du village s'élevait la maison de Dieu. Avec son clocher, à l'éclatante sonnerie, dont les volées joyeuses retentissaient le jour et la nuit aux grandes solennités; avec ses autels, ses statues, ses reliques des saints, trop souvent l'unique trésor du modeste sanctuaire; avec ses fêtes qui étaient les seules fêtes du pays, et qui ne laissaient pas de dégénérer quelquefois en danses et en excès; avec ses confréries, aux costumes et aux décors antiques, qui enrôlaient toute la paroisse; avec ses « *reinages*, » réservés aux jeunes gens et aux jeunes filles, qui portaient la statue vénérée du saint patron à la procession du jour de sa fête, l'église donnait le branle à toute la paroisse. Près du temple s'ouvrait le champ des morts, dont l'embellissement consistait en l'unique entretien des murs de clôture, et où les pieux fidèles venaient chaque dimanche s'agenouiller et prier sur les tombes de leurs ancêtres. Non loin était l'humble presbytère du pasteur. Nul ne contestait son autorité. Par son instruction et son caractère sacré, il s'élevait au-dessus de tous ses paroissiens. La localité ne possédait ni maître d'école ni médecin. Seules quelques matrones vénérables distribuaient les remèdes les plus vulgaires, seules quelques femmes âgées et pleines de probité enseignaient le catéchisme aux enfants. Le prêtre connaissait tout son peuple : il savait ceux qui ne fréquentaient pas les offices, il veillait à la fermeture des cabarets pendant le prône; pourquoi d'ailleurs auraient-ils été ouverts, tous les habitants étant réunis à l'église? S'il dominait ces laboureurs, il n'oubliait pas que d'ordinaire il sortait de leurs rangs; son état de fortune n'était guère préférable au leur; aussi ne pouvait-il ni concevoir pour eux du mépris et du dédain, ni même exciter leur envie. Pauvre comme eux, il était réduit à une *portion congrue* qui le défendait à peine de la misère ; comme eux il dépendait des mêmes décimateurs, et, d'une certaine façon, du seigneur de l'endroit. Il se mettait à l'entière disposition des paroissiens, et chantait les offices à l'heure la plus commode pour eux. Parfois encore il se constituait le maître d'école. Heureux les parents dont il admettait les enfants au presbytère ! Le curé était donc le chef ou plutôt le pasteur et le père de la paroisse ; et son troupeau, il devait le nourrir de la parole sainte, l'édifier par ses exemples, le sanctifier par les grâces et les secours des sacrements, tandis que de leur côté les populations chrétiennes pouvaient en toute bonne foi et en toute religion rendre témoignage, en présence de l'évêque, de la vie et des mœurs de leur curé. La religion gardait ainsi tout son prestige, toute son action sur le peuple d'Auvergne. Lorsque le pontife de cette catholique province visitait les paroisses de son diocèse, les fidèles, suivant les expressions mêmes de Massillon, se préparaient à le recevoir « comme Notre-Seigneur Jésus-Christ, comme le pontife des biens éternels, qui allait élever au milieu de leurs églises le trône de sa grâce (1). »

Nous ajouterons, en finissant ces considérations sur l'état de l'Auvergne à cette époque, que la foi et la religion offraient à ces populations un adoucissement

(1) Mandement pour la troisième visite générale de son diocèse.

à leurs misères et à leurs souffrances. Ce pays, aujourd'hui riche et où règne partout une certaine aisance, était alors une des provinces les plus pauvres de France. Dans sa lettre au cardinal de Fleury, Massillon a tracé des tableaux bien tristes des maux des habitants. « Non, Monseigneur, écrit-il, c'est un fait certain que dans tout le reste de la France, il n'y a pas de peuple plus pauvre et plus misérable que celui-ci ; et que c'est à un point que les nègres de nos îles sont infiniment plus heureux qu'eux ; car, en travaillant, ils sont nourris et habillés, eux, leurs femmes et leurs enfants ; au lieu que nos paysans, les plus laborieux du royaume, ne peuvent, avec le travail le plus opiniâtre, avoir du pain pour eux et pour leur famille et payer leurs subsides (1). » Assurément, on excuserait Massillon de tomber un peu dans l'exagération, car il se proposait dans cette lettre d'attendrir le cœur du vieux cardinal de Fleury. Néanmoins on ne peut nier que la plupart des habitants ne souffrissent de la pauvreté et de la misère. En présence de ses curés, qui évidemment connaissaient l'état des choses, et que des exagérations ne pouvaient induire en erreur, Massillon parle toujours de la triste situation des campagnes. Et comment pouvait-il en être autrement? Cette province, placée au centre de la France, n'entretenait aucune relation commerciale avec les pays voisins ou étrangers. Les douanes arrêtaient toute circulation

---

(1) Lettre de Massillon au cardinal de Fleury.

aux limites de la province, qui était sans « commerce et sans débouchés. » Ainsi le pays devait se suffire ; de même il ne retirait jamais rien d'un excédent de récoltes ; les bonnes années, tout allait assez bien ; les années mauvaises, les habitants ne pouvaient échapper à la famine : c'est ce qui arriva en 1738 et en 1739. L'excès de ces maux inspira à Massillon sa lettre si connue au ministre Fleury. De plus, l'Auvergne était surchargée d'impôts. « Ils sont poussés à plus de six millions, que le roi ne retirerait pas de toutes les terres d'Auvergne, s'il en était l'unique possesseur (1). »

C'est un fait certain, avec le même chiffre de population qu'aujourd'hui, ou peu s'en faut, il y avait une moindre étendue de terres livrées à la culture. Bien des coteaux sont aujourd'hui d'excellents vignobles, lesquels jadis étaient de maigres pâturages. Dans ces conditions, le pays ne pouvait qu'être pauvre ; c'est ce qui explique pour lors la rareté du numéraire et, par suite, sa valeur exagérée.

Encore une fois, bénies étaient les années d'abondance, trois fois malheureuses celles où la récolte manquait ! Il n'est donc pas étonnant que les populations, dépendant ainsi chaque année de la main de Dieu, qui règle les saisons, implorassent avec tant d'ardeur les faveurs et la clémence du Ciel. Mais aussi, à la vue des afflictions nombreuses dont

---

(1) Lettre de Massillon au cardinal de Fleury.

gémissait son peuple, le cœur de Massillon était profondément ému, et il ne pouvait s'empêcher de dire : « Les besoins infinis du peuple immense que la Providence nous a confié... la misère même, les calamités des campagnes que nous avons visitées, tout cela a rempli notre cœur d'amertume (1). »

Cet état moral et même purement matériel de l'Auvergne dut influer beaucoup sur l'administration épiscopale de Massillon.

Article deuxième.

Administration épiscopale de Massillon.

§ 1.

Prise de possession.

Aussitôt après sa nomination, le 7 novembre 1717, Massillon se mit en communication avec le Chapitre cathédral de Clermont. Il répondit, le 22 novembre, à sa lettre de félicitation (2). Il en dirigeait même les résolutions et les actes, de Paris où le retenaient les affaires de la constitution *Unigenitus*. C'est ainsi que dans une question délicate, dans l'élection de M. de Ribeyre à une prébende de la cathédrale, il sut, par sa prudence, concilier les prétentions du pouvoir

---

(1) Mandement pour la seconde visite générale.
(2) Voir les documents inédits publiés par M. Blampignon.

royal sur les bénéfices pendant la vacance du siège et les légitimes susceptibilités du chapitre, qui voulait sauvegarder l'intégrité de ses privilèges. Il écrivait : « La cour ne veut rien changer à vos usages ; Son Altesse Royale (le Régent) m'a fait l'honneur de m'en assurer ; on ne veut point gêner vos suffrages : cependant, Messieurs, je croirais que plus la cour en use favorablement à votre égard, plus vous devez en user avec circonspection et sagesse (1). » Différentes lettres lui étaient écrites du diocèse de Clermont : ses réponses respiraient la sagesse et la bonté (2). Absent, il gouvernait déjà son Eglise. Il pourvut ainsi au poste de supérieur des *Hospitaliers* et des *Filles de la Visitation* de Riom ; et dans sa lettre de nomination il traça à l'abbé Moranges la ligne de conduite toute de paix et de prudence qu'il devait tenir dans le gouvernement de ces deux monastères (3). Il paraissait en particulier vouloir gagner les sympathies et l'affection du Chapitre cathédral. Ce corps ecclésiastique, qui comptait l'évêque parmi ses quarante et un chanoines, jouissait, à cause de ses richesses et des nombreux curés qu'il présentait, d'une grande influence en Auvergne. Aussi, à l'occasion de la mort du doyen, M. Ogier, lui écrivit-il une lettre de condoléance pleine d'éloges et des meilleurs sentiments (4).

(1) Documents inédits.
(2) Item.
(3) Item.
(4) IV. Lettre au Chapître.

On ne pouvait que désirer l'arrivée de Massillon dans sa ville épiscopale. Il vint enfin prendre possession de son évêché le 29 mai 1719. Avec une simplicité tout apostolique, il ne voulut pas que la ville de Clermont lui fît aucune entrée solennelle. En arrivant, il alla directement au palais épiscopal. Une demi-heure après, à trois heures, accompagné de plusieurs ecclésiastiques, de M. Boucher, intendant, d'un grand nombre de personnes notables et de seigneurs de la province, il sort du jardin de l'évêché et se présente sur la place située au midi de la cathédrale. Là, devant les saints Evangiles dressés sur une table, en présence de tous les dignitaires de l'insigne Eglise, au milieu d'une affluence considérable de peuple accouru pour la réception de son premier pasteur, il répond d'abord à une harangue latine, assurant « qu'il aimerait cordialement son église cathédrale (1), et comme arrhes de son amitié et de sa bienveillance il lui prête serment en la forme et manière que les seigneurs évêques, ses prédécesseurs, avaient accoutumé de faire à leur prise de possession. Puis, ayant reçu du chantre une chape et une mitre en broderies d'or et portant à la main le bâton pastoral, il s'avance, pendant le chant du *Te Deum*, dans son église cathédrale, où par des cérémonies touchantes le seigneur évêque est mis en la vraie, réelle, actuelle et corporelle possession de son évêché. » Après l'office de vêpres et la bénédiction so-

---

(1) Procès-verbal de l'acte de prise de possession.

lennelle, l'évêque quitte ses habits pontificaux et revient au palais épiscopal, suivi d'un nombreux cortège. Dès cette première entrevue avec l'élite de son clergé et ses conseillers naturels, Massillon dut s'entretenir des divers intérêts de son diocèse, et en particulier peut-être de ses séminaires. C'est ce que porteraient à croire ces expressions d'une brochure anonyme sur le grand séminaire de Montferrand : « Ce grand prélat n'eut rien de plus empressé, dès qu'il eut pris possession de son diocèse, que de travailler à l'instruction et à la sanctification de son clergé. Dès l'année de son arrivée, 29 mai 1719, il chargea M. Vincent, qui dirigeait le grand séminaire, de rédiger un plan d'éducation cléricale. »

Avant de retourner à Paris, Massillon séjourna quelque temps en Auvergne. Il alla se remettre des premiers labeurs de son épiscopat à sa maison de campagne de Beauregard; et c'est de là, qu'ayant appris la mort du chantre du chapitre cathédral, il écrivit aux chanoines, le 17 septembre, pour leur recommander la nomination à la même dignité du neveu du défunt, M. Périer (1). Etant parti pour Paris à la fin de cette année, il y travailla à la rédaction d'un *corps de doctrine*, que put souscrire le cardinal de Noailles. Il revint définitivement dans son diocèse, à sa grande satisfaction, le 12 février 1721. Une fois de retour, il garda la plus stricte résidence : il aurait pu, de temps à autre, aller revoir la capitale, où le

---

(1) Voir les documents inédits publiés par M. Blampignon.

rappelaient tant de souvenirs ; mais, comme un digne pasteur et un saint évêque, il aima toujours mieux rester en Auvergne, à la tête de son troupeau, et administrer lui-même son Eglise.

§ 2.

Visites pastorales.

Comme il s'était empressé de quitter Paris, d'où il avait écrit dans un mandement, l'année précédente, à ses chers diocésains : « La seule consolation qui adoucit nos peines, c'est que l'ordre lui-même de la Providence nous arrête... et que les temps que Dieu a marqués pour nous rendre à notre cher troupeau paraissent enfin s'approcher (1), » de même maintenant il avait hâte de visiter le vaste diocèse qui lui avait été confié : dès les premiers jours de l'année 1721, le 9 avril, il annonça sa première visite pastorale : « il est juste que les brebis connaissent leur pasteur et entendent sa voix ; il est essentiel que le pasteur connaisse et les brebis et les ministres préposés pour les conduire (2). » Il se mit en route sans plus tarder. On le vit alors se rendre dans toutes les paroisses du diocèse de Clermont : il n'en omit aucune ; il n'oublia ni les plus lointaines ni les plus médiocres, ne s'arrêtant jamais devant les diffi-

---

(1) Mandement du 31 octobre 1720 au sujet des maladies contagieuses.
(2) **Mandement** pour la première visite générale du diocèse.

cultés de ces longs trajets. Plus d'une fois l'orage et la tourmente durent le surprendre au milieu de nos vastes plaines ou dans les gorges de nos montagnes. Mais il avait la douce satisfaction de répondre aux vœux des populations chrétiennes de l'Auvergne, heureuses de recevoir la visite et les consolations de leur saint pontife.

Arrivé dans la paroisse, il s'enquérait avec une rigoureuse minutie de l'état de l'église, des vases sacrés, des autels, des reliques des saints, du clocher, des registres des naissances et des décès; il passait ensuite au presbytère, au cimetière, et ordonnait, s'il était nécessaire, les réparations, sous peine d'interdit, soit aux habitants, soit aux plus riches possesseurs des dîmes; il s'informait s'il y avait des chapelles privées, des établissements de charité, des écoles, des institutions pieuses, et il ne laissait rien qu'il ne remit dans l'ordre et une disposition convenable : aux curés il demandait les lettres d'ordre et d'institution, ainsi qu'aux prêtres *filleux* et *communalistes;* il les interrogeait sur leur fidélité à observer les statuts du diocèse, à assister au synode épiscopal ou aux conférences établies dans les cantons; puis, réunissant le peuple autour de lui, comme un juge souverain il lui demandait son témoignage sur son propre curé, « s'il réside, s'il fait des instructions, conformément aux ordonnances, si quelqu'un est mort sans sacrements, » si enfin il n'y avait dans la paroisse nul scandale ou abus notoire. Sa visite s'étendait aussi aux divers chapitres et communautés.

Quelquefois il ne pouvait régler toutes les affaires, à cause du peu de temps qu'il lui était permis de rester dans chaque localité. Il y préposait alors un vénérable curé du voisinage.

Cette première visite générale dura huit ans (1) : elle laissa chez tous comme une impression de crainte salutaire ; car, en annonçant une seconde visite, Massillon crut devoir dire dans son mandement : « c'est une nouvelle de paix et de charité que nous prétendons vous annoncer, » et il finissait en protestant de l'amour qu'il portait à tous ses coopérateurs : « Dieu m'est témoin avec quelle tendresse je vous aime tous dans les entrailles de Jésus-Christ. » Commencée en 1730, cette seconde tournée pastorale ne fut terminée que sept ans après. Massillon en entreprit une troisième en 1738. Il ne lui fut pas donné de la finir : le vénérable prélat le faisait pressentir dans sa lettre aux fidèles de son diocèse, laquelle est empreinte des plus touchants sentiments de bonté et de modestie : « Ce sera la dernière fois que nous aurons la consolation de passer par vos églises. La patience divine n'a déjà que trop prolongé la durée de notre épiscopat, et différé de vous donner à notre place un pasteur selon son cœur, qui répare nos fautes, qui coopère plus fidèlement que nous à ses desseins de miséricorde sur vous... En attendant la fin de notre carrière, dont le

---

(1) Les procès-verbaux des visites pastorales dans chaque paroisse sont conservés au grand séminaire de Montferrand.

terme ne saurait être loin, nous ne cesserons de vous porter dans nos entrailles paternelles, et les infirmités de l'âge n'affaibliront jamais le tendre amour que nous avons toujours conservé pour nos peuples : trop heureux si notre tendresse vous avait été aussi utile qu'elle a été réelle et sincère (1). »

Les tournées pastorales remplissent donc en partie la vie de Massillon à Clermont; elles sont un des faits les plus importants de son administration. Parcourant ainsi son diocèse, visitant les villes et les hameaux, il rétablissait la discipline ecclésiastique où elle s'était affaiblie; il maintenait le bon état et la décence des églises et de la religion ; il réprimait les abus ; il réformait les mœurs ; il multipliait les établissements de charité ; il encourageait les écoles ; et, non moins ému des nécessités temporelles que touché des besoins spirituels de ses diocésains, il aimait à consoler ces fidèles populations de l'Auvergne. Tant d'œuvres accomplies ne constituent-elles pas déjà le plus fécond épiscopat ?

§ 3.

Ordonnances épiscopales.

Mais bien d'autres points appelaient sa vigilance et réclamaient son action. Les querelles des Jansénistes troublaient la paix de son diocèse. Dans le premier sy-

---

(1) Mandement pour la troisième visite générale.

node qu'il tint, peu après son arrivée, il renouvela l'ordonnance de son prédécesseur sur l'acceptation de la bulle et sur la défense de lire le livre des *Réflexions morales* (1). Il eut surtout à cœur d'assoupir autour de lui ces questions irritantes, conseillant à ses prêtres d'éviter de vaines discussions, et s'entourant lui-même de Jésuites et d'Oratoriens. Cette conduite lui fit des ennemis auprès des plus ardents. Les uns suspectèrent son orthodoxie ; les autres, par ironie, l'appelèrent le *pacifique prélat*. Il tint peu compte de ces injustes rumeurs ; et il fit si bien, par ces sages tempéraments, que, trois ans après, en 1724, la paix était rendue à son diocèse et que lui-même écrivait : « Vous voyez que mon diocèse, que j'ai trouvé plein de troubles en y entrant, est aujourd'hui le plus paisible du royaume... Toutes les disputes sont si fort tombées ici qu'on ne parle non plus des dernières erreurs que de celles de Nestorius et d'Eutychès (2). » Toutefois, sa bonté et ses prévenances ne purent fléchir l'entêtement et calmer l'irritation du vieil évêque Soanen, exilé à l'abbaye de la Chaise-Dieu, auquel il écrivit en vain les lettres les plus touchantes.

L'année suivante, 1725, il publia deux importantes ordonnances. La première s'adressait aux aspirants à la tonsure cléricale (3). Les futurs clercs, jusque-là, venaient des différents points du diocèse

---

(1) Lettre au père Mercier, 1724, documents publiés par M. Blampignon.
(2) Lettre au père Mercier.
(3) Documents inédits.

faire une retraite de huit jours au grand séminaire, après lesquels ils étaient admis à l'ordination. Dorénavant, sans doute sur le plan d'éducation proposé par M. Vincent, ils durent assister, ceux de Clermont, durant six mois, aux conférences de piété qui se faisaient au séminaire ; et ceux qui demeuraient dans d'autres villes, eurent à suivre pendant une année les exercices de piété établis ou qu'on établirait dans les villes où il y aurait des collèges : sage règlement que réclamait la nécessité d'examiner la vocation des enfants et qui préludait à la complète organisation du petit séminaire faite quelques années plus tard.

Le second mandement avait trait aux honoraires perçus par les curés dans l'exercice de leurs fonctions. C'était un point délicat. Nous connaissons la situation des prêtres des campagnes, des *vicaires perpétuels*. Les paysans d'Auvergne étaient, de leur côté, non moins pauvres. De là naissaient des contestations : d'une part, c'étaient des refus injustes de payer ; de l'autre, des exigences qui pouvaient passer pour arbitraires. L'ordonnance (1) de Massillon régla les droits et les redevances, et cela jusqu'à la dernière obole. On voit cependant qu'il y favorise les pauvres et le menu peuple. « Nous exhortons les curés, dit-il à l'article 14, d'user modérément de leurs droits pour les mariages à l'égard des artisans, des domestiques, des gagne-deniers et autres person-

(1) Publiée par M. Blampignon en 1726.

nes peu accommodées. Et à l'égard des pauvres, ils seront mariés et enterrés par charité, sans que l'on puisse remettre ni différer leur mariage ou enterrement à un autre jour. »

Une autre ordonnance non moins utile fut celle de l'année 1726, qui déterminait la situation respective des *prêtres filleux* et *communalistes* dans les paroisses. Comme s'en plaint Massillon, quelquefois ces prêtres usurpaient les fonctions et les privilèges des pasteurs légitimes, leur intentaient même des procès et remplissaient les paroisses de confusion et de trouble. On comprend aisément que ces prêtres, originaires du pays, pussent susciter au presbytère mille difficultés, soutenus qu'ils étaient dans les conflits par toute leur parenté. L'évêque montra une juste sévérité, et restitua tous leurs droits aux curés et aux vicaires, replaçant les prêtres filleux dans une naturelle subordination. Pour lui assurer plus d'autorité, Massillon fit homologuer son ordonnance (1) au Parlement de Paris. Ainsi, grâce à ses soins, le bon ordre et la paix refleurissaient partout dans son diocèse.

Mais les années les plus chargées de son épiscopat furent celles qui s'écoulèrent de 1729 à 1732, où il eut à mener de front, au milieu des plus grandes difficultés, les affaires les plus diverses et les plus importantes. A cette époque, en effet, il fonda une maison de retraite pour les ecclésiastiques âgés ou infirmes, établit définitivement son petit séminaire,

---

(1) Ordonnance de 1726 publiée par M. Blampignon.

eut à soutenir une longue procédure contre le pouvoir royal pour défendre les immunités bien légitimes de son clergé, et opéra enfin de nombreux changements liturgiques.

§ 4.

Institutions.

L'institution de la Châsse ou séminaire de Saint-Austremoine répondit à une urgente nécessité du clergé d'Auvergne. Un certain nombre de prêtres, après avoir travaillé avec désintéressement dans les emplois du saint ministère, et consacré la plus grande partie de leur vie au salut des âmes et au service de Dieu, se trouvaient sans ressources à la fin de leur carrière, et dans une situation peu séante à la religion et au caractère sacerdotal. D'autres, redoutant cette extrémité, restaient à leur poste, mais négligeaient, à cause de la faiblesse de leur âge, le soin de leur paroisse. A ces anciens du sacerdoce, l'heureuse création de la Châsse offrit un asile assuré et convenable. Des prêtres séculiers, les missionnaires établis déjà à l'Hermitage et à Banelles, en reçurent la direction. Le banquier Crozat fournit la première mise de fonds, quarante mille écus. Massillon y ajouta du sien. De plus, il imposa la somme de deux mille livres sur tous les bénéfices de son diocèse, jusqu'au jour où il aurait uni à cette maison des bénéfices dont le revenu s'élevât à la somme de six mille livres. Des lettres-patentes du mois de janvier

1731 vinrent confirmer la création de cet utile établissement (1).

Massillon assurait en même temps une existence légale à son petit séminaire. Le grand séminaire de Clermont datait de l'épiscopat de Mgr Louis d'Estaing, évêque de 1651 à 1664. Comme partout ailleurs, ce ne fut d'abord qu'une institution, où les jeunes aspirants au sacerdoce, après avoir terminé leurs études et souvent même fait leur théologie dans les diverses communautés de la province, étaient admis à passer quelque temps, un an d'ordinaire, avant de recevoir les saints ordres. Aux yeux de messieurs de Saint-Sulpice, directeurs de cette maison, un temps si court ne suffisait pas à former des prêtres accomplis. Agrandissant peu à peu le premier établissement, ils lui annexèrent une seconde institution qui prit le nom de petit séminaire (2), où ils reçurent les jeunes gens qui avaient fini les cours d'humanités et qui songeaient à la cléricature. Cette nouvelle création prit assez vite de grands développements : on dut séparer les deux maisons. Dès 1712, on construisit, sur un autre point de la ville, de nouveaux bâtiments, qui, en 1716, furent occupés par les élèves du petit séminaire (3). Pour la curiosité locale, nous ajouterons que les avantages de la nouvelle

---

(1) Voir les lettres patentes et la lettre de Massillon au cardinal de Fleury publiées par M. Blampignon.
(2) Cet établissement répondait au séminaire de philosophie de Montferrand.
(3) Fonds du séminaire, 6. 10. Archives départementales.

position, à l'est de Clermont, sur le penchant de la colline, inspirèrent l'idée de poursuivre les travaux du petit séminaire. Il devint bientôt un vaste établissement, si bien qu'on changea la destination des deux maisons. Le grand séminaire fut installé dans les nouveaux locaux en 1775, et le petit séminaire revint à son lieu d'origine. En 1792, les bâtiments du petit séminaire servirent de prison aux prêtres non assermentés et condamnés à la déportation. L'an VII, ils furent vendus comme biens nationaux. Aujourd'hui la partie où se faisaient jadis les exercices publics des thèses sert de temple à une église protestante. Quant au grand séminaire, il devint une sorte de musée où l'on rassembla des livres, des tableaux, des sculptures, etc. Actuellement, c'est une caserne d'infanterie.

Au commencement de l'épiscopat de Massillon, le petit séminaire était aux mains de messieurs de Saint-Sulpice : il ne subsistait même que des libéralités des directeurs (1). Mais si cette sainte et savante Compagnie, qui a toujours bien mérité de l'église de Clermont, acceptait de bon cœur les sacrifices que nécessitait la maison de philosophie, l'évêque ne pouvait laisser plus longtemps peser sur ces prêtres dévoués les frais d'un établissement dont les avantages revenaient au diocèse. Il en prit d'abord lui-même la direction, et en fit une œuvre diocésaine. De plus, il obtint, en 1733, des lettres-patentes qui en reconnais-

---

(1) Lettre de Massillon à M. de Lamoignon. (Voir documents inédits.)

saient l'existence légale, et qui, « pour permettre d'y recevoir gratuitement ou à modique pension quelques bons sujets pauvres (1), » autorisaient l'évêque de Clermont à lui unir un ou plusieurs bénéfices « jusques à concurrence de la somme de six mille livres de revenu annuel. » Enfin, il passa un traité avec M. Couturier, supérieur de Saint-Sulpice, le 29 août 1733, pour confier à sa compagnie, à perpétuité, le gouvernement de ce séminaire.

§ 5.

Affaire des abonnements.

Mais une affaire plus épineuse le préoccupait à la même époque : c'était celle des abonnements ecclésiastiques, où il déploya, pour défendre les intérêts de ses prêtres, la plus vive énergie. Voici d'abord un court exposé de cette affaire. En 1722, le gouvernement avait rétabli d'anciens droits sur les boucheries et sur les boissons. Dans la plupart des provinces, ces droits se perçurent en détail ; et les ecclésiastiques payaient cette taxe, comme les autres citoyens, en proportion de ce qu'ils consommaient. Mais l'Auvergne, avec quelques autres parties du royaume, préféra s'abonner. Elle le fit pour la somme de quarante-quatre mille livres, et la quote-part du clergé s'élevait à

(1) Lettres patentes du roi Louis XV en faveur du petit séminaire.

six mille six cents livres. De 1722 à 1732, le clergé d'Auvergne ne paya point cette imposition, se fondant sur ses privilèges, en vertu desquels il ne reconnaissait que les impositions votées tous les cinq ans, par les assemblées générales du clergé, sous le nom de *don gratuit;* sur une décision du conseil du dernier règne, déclarant que les prêtres des provinces abonnées seraient déchargés de la quote-part de cet abonnement; sur une déclaration royale du 8 octobre 1726, exemptant le clergé de toutes sortes de taxes, impositions et levées ; enfin, sur ce que, sous aucun ministère, ces droits n'avaient été exigés. Mais dès que Orry fut chargé des finances, il prescrivit à Trudaine, intendant d'Auvergne, de forcer le clergé à payer non seulement la redevance de l'année courante, mais encore tous les arrérages, depuis 1722. La somme s'élevait à un chiffre considérable ; elle faisait un total de plus de soixante mille livres. Cette nouvelle atterra Massillon ; car, avec les cent cinquante mille livres de décimes ordinaires ou extraordinaires que payait déjà tous les ans son clergé à l'Etat, il aurait à prélever sur ses prêtres, une même année, la somme de deux cent dix mille livres; et l'intendant Orry ne menaçait de rien moins, en cas de résistance, que de saisie de temporel et d'exécution de meubles. Massillon, en zélé pasteur, soutint la cause de son clergé. Il écrivit au cardinal de Fleury une longue lettre (1), pleine d'une énergique indignation et conçue

---

(1) VII. Lettre au cardinal de Fleury. (Voir documents inédits.)

en même temps avec une extrême habileté. Elle n'émut point cependant le vieux cardinal, qui répondit, avec son calme ordinaire, qu'il verrait M. Orry et que l'on chercherait quelque expédient (1). Ne se tenant pas pour battu, Massillon continua à faire d'actives démarches. Il mit dans ses intérêts l'habile intendant d'Auvergne, M. Trudaine, alors à Paris, comme l'atteste une lettre qu'il lui adressa de Clermont, le 25 janvier 1732 (2). Néanmoins l'affaire n'avançait pas ; Orry tenait bon, et l'évêque dut lui écrire *en prenant*, comme il le dit, *le personnage de suppliant ;* il avoue, dans une lettre à Trudaine, que cet acte d'humilité lui a coûté beaucoup à l'égard du surintendant (3). Devant toutes ces résistances, le contrôleur général céda au moins en partie. Il se déclara content si la chambre ecclésiastique de Clermont s'imposait, outre la redevance annuelle, une somme pareille, acompte des anciens arrérages. Trudaine écrivit aux députés de Clermont pour les presser de se conformer à ce désir de M. Orry, « Cette grâce, disait-il, est regardée ici comme considérable, et je puis vous assurer que vous en êtes uniquement redevables aux vives et pressantes remontrances de M. l'évêque de Clermont (4). » Sur les instances de Trudaine, Massillon accepta cet arrangement. « J'ai déterminé l'évêque de Clermont, écrivait l'intendant d'Auvergne

---

(1) VIII. Lettre du cardinal de Fleury. (*Item.*)
(2) IX. Lettre de Massillon à Trudaine. (*Item.*)
(3) X. Lettre de Massillon à Trudaine. (*Item.*)
(4) Lettre de Trudaine que nous nous abstenons de publier.

au contrôleur général, à faire cette imposition. Il a fait la répartition de l'année courante à la dernière assiette et d'une autre année acompte des anciens arrérages. » La somme s'élevait à onze mille cinquante et une livres, payable en entier dans le courant du mois d'octobre de l'année 1732 par le clergé de la généralité de Riom.

On était loin des soixante mille livres demandées tout d'abord. Toutefois, malgré cette importante réduction, Massillon protesta, tant en son nom qu'en celui de la chambre ecclésiastique de son diocèse, contre cette imposition, la regardant « comme absolument contraire aux anciens règlements et aux prérogatives les plus incontestables du clergé (1). » Deux conclusions découlent de cette affaire ; c'est que d'abord ce fut le zèle seul de Massillon qui sauva son clergé pauvre d'une imposition exorbitante, et qu'ensuite les prêtres, avant 1789, étaient soumis à un impôt qui était souvent bien lourd, puisque les simples curés d'Auvergne étaient taxés chacun à cinquante livres.

§ 6.

Affaires ecclésiastiques.

Vers le même temps, Massillon opérait dans la liturgie de son église différents changements. Il suivait en

---

(1) XI. Protestation de Massillon. (Voir documents inédits.)

cela l'exemple donné à cette époque par la plupart des évêques de France. Il publia successivement un bréviaire, en 1732, où il avait supprimé diverses légendes douteuses, et où il s'était appliqué à garder les anciens rites et les traditions vénérables de l'église de Clermont ; un rituel, en 1733, établi sur les plus anciens rituels du diocèse, où se trouvaient éclaircies et décidées avec netteté les difficultés qui pouvaient se présenter d'ordinaire dans l'exercice des fonctions sacerdotales ; il y avait ajouté des modèles d'instructions destinées à être adressées aux fidèles dans l'administration des sacrements. Ces instructions sont pleines de sagesse et remplies d'une sainte onction : on les lit dans les rituels de Massillon, que conservent nos églises d'Auvergne, et ce n'est pas sans fruit que les pasteurs, encore aujourd'hui, les rappellent à leurs paroissiens. Il revit enfin le catéchisme et le missel du diocèse ; ils parurent, l'un en 1735, l'autre en 1737. Toutes ces réformes ne laissèrent pas de causer un certain émoi parmi ses prêtres ; c'est ce que relate la notice manuscrite du séminaire de Montferrand : « Le changement opéré en 1732 dans la liturgie clermontoise ayant occasionné une certaine rumeur dans le diocèse, et les plus réservés n'ayant pu dissimuler leur surprise, M. Dolibeau, supérieur du grand séminaire, recommanda instamment à ses confrères d'être d'une grande prudence et de veiller sur toutes leurs paroles pour ne rien dire, dans une matière si délicate, qui pût être mal interprété. »

Cependant il n'oubliait pas son petit séminaire : il avait en vue de le doter des revenus de quelques prieurés. Un pieux ecclésiastique, M. Magnin, de la communauté de Saint-Sulpice, lui offrit celui de Saint-Robert de Montferrand, dont il était titulaire. Massillon s'empressa d'accepter et sollicita le consentement du cardinal de Rohan, abbé commendataire de La Chaise-Dieu, de laquelle dépendait le bénéfice; il obtint même des lettres-patentes qui autorisaient cette union. Mais les moines ne renoncèrent à leurs droits qu'après avoir épuisé toutes les formalités ecclésiastiques et civiles, et il fallut trois ans de lutte pour arriver à cette solution; le décret d'union ne fut rendu par le Parlement que le 6 septembre 1736. Il reste un témoignage éloquent de la peine que Massillon ressentit de cette hostilité inattendue : c'est la belle lettre qu'il écrivit à M. le président de Lamoignon, à qui il recommandait cette importante affaire (1).

Il poursuivit aussi l'union de l'abbaye d'Ebreuil, dont son neveu Jean-Baptiste Massillon était commendataire. Mais, par suite de la constante opposition qu'il éprouva, les négociations durèrent très longtemps : ce fut en vain que le neveu de l'évêque alla lui-même à Paris pour lutter contre les habiletés et les intrigues tracassières des opposants; l'affaire finit par échouer complètement, après avoir

---

(1) XII. Lettre à M. de Lamoignon. (Voir à la fin, documents inédits.)

suscité mille embarras au vénérable pontife, déjà sur le déclin de l'âge (1).

Il prit encore divers arrêtés administratifs. Le 9 juillet 1737, il coupe court aux contestations qui s'étaient élevées entre les églises collégiales de Clermont d'une part, et de l'autre le chapitre cathédral (2) ; il écrit à M. Rossignol, intendant, pour se plaindre d'une taxe trop onéreuse que la ville avait imposée sur les prêtres et les diverses communautés de Clermont (3) ; mais en même temps il consentait à aliéner une partie du jardin du palais épiscopal, pour ménager à la ville un réservoir d'eau contre les incendies (4).

Autant qu'il était en lui, il maintenait la discipline dans les maisons monastiques. Pour les prieurés sur lesquels ne s'étendait pas sa juridiction, il en appelait à l'intendant et même au cardinal de Fleury ; ainsi fit-il, en 1729, pour les moines de Ris. Un peu plus tard, ceux de Sauxillanges édifiaient nullement la contrée : il s'en plaignit dans une lettre à l'abbé de Cluny ; et après enquête et jugement de son official, il réussit à obtenir le renvoi du prieur et des coupables. Quant aux chapitres séculiers, il les réformait lui-même : ceux de

---

(1) XIII. Lettre de Massillon à M. de la Porte. (Voir documents inédits.)
(2) XIV. Lettre à M. Vernet. (Voir documents inédits.)
(3) XV. Lettre à M. Rossignol.
(4) Documents inédits. Nous omettons de publier cet acte de donation qui nous paraît assez peu intéressant.

leurs membres qui étaient mal notés étaient envoyés dans une maison de retraite.

Mais il s'efforçait de prévenir les abus en excitant ses prêtres à la pratique des vertus sublimes de leur état. Tous les ans, il les convoquait dans son grand séminaire, pour y suivre les exercices sanctifiants de la retraite ecclésiastique et y assister au synode. Durant tout son épiscopat, il ne manqua jamais, chaque année, de prononcer un discours au milieu de ses prêtres assemblés. Il leur parlait alors à cœur ouvert; il flétrissait sévèrement les désordres qu'il avait remarqués dans ses tournées pastorales, et qu'il ne pouvait réformer par une ordonnance publique. Il prescrivait la rigoureuse observance des statuts du diocèse : il maintenait l'usage des conférences cantonales, sage institution, si utile, surtout alors, aux prêtres isolés des campagnes : il rappelait à ses curés l'obligation où ils étaient de résider dans leur paroisse, d'avoir une bibliothèque et d'étudier, de ne point mener une vie de désœuvrement, de négoce ou de chasse. Voici en quels termes il renouvelait les statuts importants : « Nous déclarons que tout prêtre (qui contreviendra à ces règlements), encourt *ipso facto* la suspense de toutes les fonctions sacerdotales. Nous révoquons et déclarons nulles toutes les dispenses que nous ou nos grands vicaires aurions pu en accorder ci-devant (1). » Inspirant à tous l'esprit de charité et de douceur qui doit présider à toutes les fonctions

---

(1) XIX. *Discours synodal.*

du ministère pastoral, il traitait dans ses discours de *l'amour des pasteurs pour leur troupeau, de l'instruction des enfants, de la compassion des pauvres, de la douceur nécessaire aux ministres, du soin que les curés doivent avoir pour leurs malades.* Il excusait aisément chez d'humbles laboureurs la rudesse, la grossièreté et même l'injustice; son plus vif désir était que le prêtre fût l'ami de ses paroissiens. Une parole énergique anime tous ses discours; Massillon semblait, au milieu des montagnes de l'Auvergne, avoir retrouvé la vigueur première de son génie; son éloquence est simple, naturelle, sans apprêt; l'expression est juste, forte, les motifs pressants, les développements frappants de vérité et d'énergie.

Enfin il voulut clore son administration épiscopale par un suprême bienfait accordé à son peuple : sentant la mort approcher, et « afin de remplir, comme il le disait dans son mandement, les jours vides et infructueux de son ministère, » il appela à Clermont pour y donner une mission le fameux père Bridaine, qui évangélisait alors la France. Le succès et les fruits de pénitence dépassèrent les espérances du saint évêque. Nous publions un récit inédit de la clôture de cette mission. Très incomplète à cause du silence qu'elle garde sur Massillon et sur l'illustre prédicateur, cette relation est au moins un témoignage du religieux enthousiasme manifesté par la ville de Clermont dans ces jours de salut.

Article troisième.

Vie intérieure de Massillon.

Mais on aimerait à connaître la vie intérieure et à entrer dans l'intimité de notre illustre évêque. Admis dans son palais épiscopal, nous admirerions les ornements, les tableaux qui décorent ses appartements, et auxquels sa Grandeur attache peut-être des souvenirs et ses affections. Qui ne s'estimerait heureux de visiter sa bibliothèque, son oratoire, qu'il s'est plu à embellir, de l'accompagner à sa charmante résidence de Beauregard, où la tradition rapporte qu'il causait avec les villageois et s'arrêtait devant l'humble rouet d'une pauvre femme des champs? Un autre jour, partis de Billom, où le prélat est descendu pour voir les pères du collège, et honorer la mémoire de l'un de ses plus illustres prédécesseurs, Guillaume Duprat, qui repose dans la chapelle de cette maison qu'il a fondée, nous monterions à l'antique manoir épiscopal de Mauzun par une route bordée de mille accidents pittoresques, de profonds ravins, de collines boisées. La population est accourue saluer son seigneur évêque : sur la porte d'entrée se tiennent les fermiers, qui reçoivent leur maître ; et, au-dessus des vieux créneaux en ruine, se voient une statue de la très sainte Vierge et les armes de l'évêque, un alcyon reposant dans un nid au milieu des flots.

En un mot, on désirerait connaître, par mille petites particularités intéressantes, les goûts délicats de l'esprit et les vertus aimables du cœur de Massillon ; mais, à notre grand regret, nous ne pouvons en retracer qu'une légère esquisse.

§ 1.

Embellissements aux résidences épiscopales.

On a prétendu qu'il avait écrit la vie du Corrège, ouvrage qui aurait été perdu ; mais il avait du moins l'amour des arts et le goût des belles choses. Un de ses premiers soins fut de réparer et d'embellir son palais épiscopal, situé le long de la rue qui porte aujourd'hui son nom, et dont le jardin s'étendait du côté de la cathédrale. A l'intérieur, on remarquait dans son salon de réception une belle cheminée en marbre sculpté ; aux deux côtés s'étalaient deux magnifiques pièces de tapisserie, et tout autour dix tableaux, à cadre doré, représentant la Naissance de Notre-Seigneur Jésus-Christ, le portrait du cardinal de Bérulle, la Descente de la Croix, l'*Ecce-Homo*, saint Pierre, le portrait de saint François de Sales, sainte Madeleine, la sainte Vierge, saint Jean-Baptiste, le portrait de la reine Marie Leczinska. L'inventaire (1) de ses appartements signale encore onze tableaux : les portraits de Louis XIV, de Louis XV, du cardinal de

---

(1) Inventaire fait après la mort de Massillon, par M. David, chanoine. Archives départementales.

Fleury, du maréchal de Villeroi, de la duchesse de Ventadour, la Prière de Notre-Seigneur au Jardin des Olives, le Martyre de saint Sébastien, sainte Agnès, une image de la sainte Vierge avec l'enfant Jésus, l'Annonciation, une estampe sous verre représentant la Naissance du Christ.

C'est là qu'il aimait à recevoir ses prêtres, les familles de Champflour et de Ribeyre, qui le visitaient assidûment, les intendants de la province, le premier président de la Cour des Aides et le lieutenant général de la sénéchaussée et présidial de Clermont, ces deux derniers souvent en contestation (1), en un mot les personnes distinguées de la ville; et il charmait tous ses visiteurs par la simplicité et la bonne grâce de ses manières. Le cardinal de Bernis écrit dans le premier volume de ses mémoires : « Je revins en Auvergne du préjugé qu'on ne peut vivre qu'à Paris. Je trouvai dans cette province des gens d'un esprit solide, et quelquefois des gens aimables. J'y séjournai un an et j'y fis la conquête de Mgr Massillon, évêque de Clermont; je n'ai point connu d'homme qui, avec l'extérieur le plus simple, inspire plus facilement que lui la vénération et l'amour; son esprit ne se développait que par degré, mais quand il était animé, il se parait des couleurs les plus brillantes et les plus naturelles. »

A son appartement attenait une galerie; il y fit placer un élégant ouvrage de menuiserie, destiné à rece-

---

(1) Lettre à M. Trudaine du 15 février 1732.

voir ses livres. Après avoir appartenu au chapitre cathédral, auquel Massillon l'avait léguée, cette bibliothèque se voit aujourd'hui à la bibliothèque communale de Clermont, et elle n'en est pas le moindre ornement. Elle était terminée en 1728. C'est dans un cabinet contigu que l'on trouva, après la mort du prélat, les manuscrits de ses sermons. Il fit ensuite construire une chapelle dans le palais épiscopal, dediée à Dieu sous l'invocation de saint Austremoine, apôtre et premier évêque de l'Auvergne (1) ; et près de onze mille livres y furent dépensées en boiseries sculptées.

En même temps, d'importantes réparations étaient exécutées à son château de Beauregard. Cette résidence était située à trois lieues de Clermont, dans une position ravissante. De ce point élevé on aperçoit l'Allier qui coule presque aux pieds et qui traverse la vaste plaine de la Limagne ; on découvre au nord les bois de Randan, à l'est les monts de la Madeleine, à l'ouest et au sud les sommets neigeux des monts Dore. Massillon se plut à embellir ce séjour ; il y fit planter des bosquets, tracer des allées ombragées, l'été, de berceaux de verdure, établir à l'entour de larges terrasses, d'où l'on jouissait des beautés d'une vue magnifique. Quand venait le temps des vacances, après ses longues tournées pastorales, il se rendait à cette charmante campagne et

---

(1) XVII. Lettre au prieur de l'abbaye de Mozac. (Voir documents inédits.)

il y invitait ses amis et ses prêtres. Il ne reste presque rien aujourd'hui de cette belle résidence. De riches vignobles occupent l'emplacement des jardins, des bosquets, des terrasses. La plus-value qu'ont prise ces coteaux n'empêche pas de regretter la disparition de tant de précieux souvenirs; mais ce qui survit encore, c'est la mémoire de l'illustre évêque : malgré le temps et les révolutions, les habitants de Beauregard ont en grande vénération le nom de Massillon, et s'estiment heureux de posséder son cœur dans la crypte de leur église.

Il aurait pu aussi aller à Mauzun, ancien château fort d'un fief épiscopal. Cet antique manoir des évêques de Clermont était d'un aspect redoutable, entouré d'une double enceinte et flanqué de tours puissantes démantelées et découronnées alors, il est vrai, de leurs créneaux. Massillon négligea cette forteresse; les frais de réparation eussent été trop considérables. Toutefois, ses armes y furent gravées sur la pierre, et le visiteur peut s'arrêter encore devant ce souvenir. Il ordonna même d'abattre quelques tours en faveur de ses fermiers. Il en reste de nos jours des ruines imposantes assises sur d'énormes roches basaltiques : elles défieront longtemps les injures des ans et des hommes.

Finissons ces détails par quelques traits. Une notice biographique, remontant à cette époque, rapporte deux faits intéressants : Le saint évêque adressait tous les soirs aux gens de service de sa maison une allocution préparée et écrite. Le second trait se passa le grand jour de la clôture de la mission prêchée par le père Bridaine. En place de Jaude, à la fin de son sermon, le véhément prédicateur interpella l'évêque, le sommant d'attester qu'il avait dignement prêché la parole de Dieu. Massillon fut ainsi mis en demeure d'improviser, et « jamais, ajoute le récit, notre évêque ne fut si éloquent. » Après la cérémonie, les messieurs du Chapitre lui demandèrent une copie de cette belle allocution ; il répondit avec un sourire qu'il ne pardonnait pas au père Bridaine la mortification qu'il avait reçue, et qu'il avait tout oublié. D'ailleurs, il appréciait l'illustre missionnaire à sa juste valeur ; et, dans une lettre écrite au cardinal de Fleury pour lui faire part de l'heureux succès de la mission, il lui suggérait de l'appeler à la cour.

§ 2.

Ses occupations littéraires.

De plus, au milieu même des soins multiples de l'épiscopat, il n'avait pas renoncé aux belles-lettres. Il consacrait ses loisirs à revoir et à corriger ses sermons, dont quelques-uns portent les traces de ces retouches, et à composer ses mandements et ses discours synodaux. Afin de se tenir au courant de la littérature du jour, il recevait de Paris tous les ouvrages importants qui se publiaient. « A l'égard de la nouvelle édition de notre dictionnaire, écrivait-il à l'académicien Danchet, son confrère, quand elle paraîtra, je vous serai très obligé si vous vouliez la faire remettre au frère Bernard de l'Oratoire : c'est lui qui achète pour moi tous les livres nouveaux qui paraissent, et m'en envoie des ballots par les voituriers de Gannat. » Aussi, quoiqu'il se plaigne, dans une autre lettre adressée à ce même Danchet, que son esprit s'épaississe au milieu des fonctions sérieuses qui l'occupent, des sociétés qui l'environnent, de l'air qu'il respire, il gardait toute la délicatesse de son goût littéraire. L'Académie s'honorait toujours de le compter parmi ses membres les plus illustres ; elle le faisait même participer à ses gratifications. S'il n'écrivit guère pendant son épiscopat, il faut l'attribuer à la conviction qu'il avait qu'un évêque doit être plus occupé à remplir son devoir qu'à faire du bruit, comme il le disait lui-même (1).

Toutefois, il pouvait travailler à un intéressant écrit, à la *Paraphrase des psaumes*. Cet ouvrage n'est pas un livre d'érudition. Son intérêt est tout autre. Massillon y consigne çà et là ses impressions les plus intimes et y fait des allusions fréquentes aux principales circonstances de sa vie. Avant d'entrer à l'Oratoire, nous l'apprenons ainsi par lui-même, il avait dû résister à ses proches et lutter contre sa famille ; voici ses plaintes qu'il attribue à une âme chrétienne :

(1) Lettre au P. Mercier.

« Grand Dieu ! j'ai besoin d'une protection plus puissante pour me défendre de la fureur des poursuites de mes proches, qui s'opposent à vos desseins sur moi en s'efforçant de me séparer de vous pour me conserver auprès d'eux, au milieu de la dépravation et des dangers du monde (1). »

Plus tard, à Paris, il avait subi les atteintes de la calomnie. Il supplie le Seigneur de venger sa cause au nom de la religion offensée, et de le défendre contre ceux qui le haïssent et le calomnient.

Les progrès de l'incrédulité étaient pour lui un autre sujet d'inquiétude : il avait dirigé souvent contre elle les efforts de son éloquence. Dans la *Paraphrase*, il présage clairement les excès où elle devait entraîner la famille et la société. Pour mieux la combattre, il décrit, comme naguère Fénelon, les merveilles de l'univers, qui démontrent l'existence d'un Dieu tout-puissant. Enfin, il y gémit sur les divisions qui déchirent le sein de l'Eglise et il soupire après la fin heureuse de ses maux. Le charme particulier de cette *Paraphrase* est de respirer l'humilité et la douceur, et de remplir l'âme d'une émotion toute chrétienne.

Ce n'est pas, du reste, que Massillon ambitionnât la gloire littéraire : son intention n'était pas que ses œuvres fussent jamais données au public (2).

---

(1) Première paraphrase des Psaumes.
(2) Testament de Massillon.

§ 3.

Sa modestie et sa simplicité.

Mais Massillon se distinguait plus encore par une touchante modestie, une simplicité aimable, une tendre charité, douces vertus qui lui gagnaient tous les cœurs.

Nous l'avons vu, à son arrivée dans sa ville épiscopale, refuser les honneurs d'une entrée solennelle. Dans les mêmes sentiments de son indignité personnelle il avait écrit au chapitre de la cathédrale : « Il fallait à une église aussi illustre que la vôtre, par les grands évêques qui l'ont gouvernée et par le mérite des sujets qui la composent actuellement, un évêque qui pût en soutenir toute la dignité. Il s'en faut beaucoup que j'en sois capable ; mais j'y porterai de bonnes intentions, si je n'y porte pas de bonnes qualités. »

Il s'estima toujours indigne d'avoir été préposé à cette grande Eglise de Clermont ; il tremblait sous le poids formidable de son ministère ; et pénétré de crainte et de frayeur à la vue de ses obligations, il mettait sa confiance en Celui qui l'avait envoyé et dans les suffrages de « tant de saints évêques qui ont été les premiers pasteurs de cette Eglise et qui l'ont sanctifiée par leurs travaux et par leur sang... Ils ne permettront pas qu'une portion si illustre et si ancienne de l'héritage de Jésus-Christ, le fruit de leurs souffrances et de leur prédication apostolique, perde tout son éclat entre les mains d'un indigne successeur (1). »

Ces touchants sentiments de modestie persistèrent durant tout son épiscopat; et lorsque, en 1738, ses travaux et une maladie lui présageaient sa fin prochaine, il écrivait à ses diocésains : « La patience divine n'a déjà que trop prolongé la durée de notre épiscopat et différé de vous donner à notre place un pasteur selon son cœur, qui répare nos fautes, qui coopère plus fidèlement que nous à ses desseins de miséricorde sur vous (2)... » Ces modestes aveux faits à son peuple traduisent bien toute l'humilité de son âme; on sent qu'ils partent de son cœur, et ils excitent en nous une plus vive admiration pour ce grand évêque, qui était seul à ignorer ses travaux et ses mérites, et dont le nom illustre ne sera jamais éclipsé par celui, quoique plus noble, des d'Estaing et des La Rochefoucauld.

A la modestie se joignait en lui la simplicité. Il avait, comme le disait le cardinal de Bernis, l'extérieur le plus simple; il était sans faste, sans prétention, accessible à tous, persuadé que la fierté a « toujours été la faible ressource et la vaine décoration de la médiocrité (3). » La même simplicité, animait sa dévotion. Il traitait les choses saintes avec le respect le plus profond, fidèle observateur de toutes les rè-

---

(1) Mandement pour la seconde visite générale du diocèse.
(2) Mandement pour la troisième visite générale du diocèse.
(3) Discours de Massillon à l'Académie française.

gles liturgiques, comme le prouvent ses mandements et les discours synodaux adressés à ses prêtres. D'une piété douce, aimable et peu bruyante, il aimait et honorait nos saints d'Auvergne : saint Austremoine, dont il avait voulu posséder des reliques ; saint Amable, de Riom. Ce dernier pourtant, lui valut un singulier contretemps. Pour l'avoir vénéré un jour un peu longtemps, il vit son carrosse assailli à coups de pierres par les gens du pays, faussement persuadés qu'il emportait leur saint de prédilection ; et il ne dut son salut qu'à une fuite précipitée.

Cette simplicité naissait chez Massillon de la bonté naturelle de son cœur. Il parlait toujours à ses prêtres en termes affectueux et bienveillants. Il les conjurait, dans ses discours, de faire moins attention au titre qu'à la tendresse de celui qui leur donnait des avis. Il voulait qu'on le regardât, non comme le maître et le chef de son clergé, mais comme le pasteur de ses prêtres et le premier dans le sacerdoce. Son autorité, répétait-il souvent, n'est pas une autorité de domination, mais de travail, de sollicitude et de tendresse. La division troublait un couvent de religieuses, il l'apaisa par ces douces paroles : « Est-ce là ce qu'un père, qui vous a toujours tendrement aimées, devait attendre de votre soumission et de votre reconnaissance ? » Ses mandements et ses moindres écrits étaient toujours empreints de la même douceur.

(1) Discours à des religieuses.

Il apportait une égale aménité dans ses rapports avec les intendants de la province. Il était uni par les liens d'une véritable amitié à Trudaine, devenu justement célèbre. L'habile intendant avait été appelé à Paris; on craignait à Clermont qu'il n'y fût retenu. Massillon lui écrivit plusieurs lettres où il lui témoignait le plus tendre attachement. En 1739, par esprit de tracasserie ou par mégarde, on l'avait porté, contrairement à l'usage, sur un rôle de la commune. Son neveu, vicaire général, s'en plaignit très vivement; le pacifique prélat assoupit l'affaire : il écrivit à M. Rossignol, intendant d'Auvergne à cette époque : « Je suis si éloigné, mon cher intendant, de soupçonner la droiture de vos intentions à mon égard que, quand même vous m'assureriez que vous avez eu en vue de me faire de la peine, vous ne parviendriez jamais à me le persuader. » Il résultait de cette parfaite entente les meilleurs effets pour l'administration épiscopale, et souvent Massillon recourait aux bons offices des intendants. Il suffit, pour s'en assurer, de parcourir sa correspondance. Les trois administrateurs qui se succédèrent, MM. de La Grandville, Trudaine et Rossignol, s'empressèrent constamment de prêter leur concours à l'évêque.

Il jouit toujours d'un grand crédit à la cour. « Je n'ai pour moi que ma réputation, disait-il à l'abbé de Bernis, qu'il voulait nommer son grand-vicaire, mais on a pour elle encore quelques égards à Versailles; vous serez plutôt évêque en travaillant sous mes yeux, que si vous étiez auprès de quelque grand seigneur (1). » Et c'est en effet sur sa présentation que furent nommés évêques ses deux vicaires généraux, MM. de Champflour et de Ribeyre.

§ 4.

Sa charité.

Massillon possédait aussi à un haut degré la plus aimable des vertus, la charité. Elle le rendait cher à son clergé et à ses diocésains. Ses prêtres les premiers ressentirent les effets de sa libéralité. En leur faveur il réduisit les frais du greffe épiscopal, quoique l'évêché fût très pauvre (2). « Il est si pauvre, et je l'ai trouvé dans un état si déplorable qu'aucun évêque n'y pouvait subsister, dit Massillon dans une lettre; j'y fais tous les jours des réparations et des améliorations, et j'espère le laisser en meilleur état que je ne l'ai reçu. » Il est vrai qu'il possédait des revenus personnels assez considérables. M. le duc d'Orléans lui avait donné une abbaye, celle de Savigny, dans le diocèse d'Avranches, qui lui rapportait de douze à treize mille livres de rente. On ne peut donc que le louer d'avoir restreint les frais des affaires ecclésiastiques; c'était améliorer d'autant la situation de ses curés. A l'époque des retraites pastorales, il offrait aux plus gênés d'entre eux de mettre sur

---

(1) Mémoires de l'abbé de Bernis.
(2) Lettre de Massillon, publiée par M. Blampignon.

son compte les dépenses de leur voyage. Nous avons vu son zèle à soutenir leurs intérêts dans l'affaire des abonnements. Dès 1720, il avait dégrevé la chambre ecclésiastique de Clermont d'une rente de vingt mille écus. Enfin le clergé ne lui devait-il pas la plus grande reconnaissance et pour la maison de retraite qu'il offrit aux prêtres âgés ou infirmes mis de la sorte à couvert de l'indigence, et pour les unions de prieurés à ses séminaires, qui avaient vécu jusqu'à lui des dons des évêques, des libéralités des directeurs, et des impositions faites sur les curés des paroisses? Cet ensemble de mesures témoigne assez de son vif désir d'améliorer le sort de ses prêtres.

Mais ce fut aussi envers les fidèles confiés à ses soins qu'il se montra bon et bienfaisant. En vue de leurs intérêts spirituels et matériels, il supprima quelques fêtes religieuses, qui interdisaient trop souvent le travail, l'unique ressource de la misère chez les habitants des campagnes, et qui n'étaient pour beaucoup qu'une occasion de jeux et d'excès (1). Il employa, comme il le dit, ses restes de crédit à la cour à faire dégrever l'Auvergne de taxes exorbitantes. Les lettres au cardinal de Fleury sont pleines d'affreuses peintures des souffrances du pays. La Bruyère et Fénelon, écrivant sur le même sujet, n'ont point de traits qui excitent plus la pitié : « Les peuples de nos campagnes vivent dans une misère

---

(1) Mandement sur le retranchement de quelques fêtes.

affreuse, sans lit, sans meubles; la plupart même, la moitié de l'année, manquent de pain d'orge et d'avoine qui fait leur unique nourriture, et qu'ils sont obligés de s'arracher de la bouche et de celle de leurs enfants pour payer leurs impositions (1); » et craignant d'être taxé d'exagération, il ajoute : « loin d'exagérer, je vous proteste, Monseigneur, que j'ai ménagé les expressions. » Une année, la récolte manqua; par ses soins, on distribua des grains en quantité suffisante pour ensemencer les terres, ce qui prévint la famine. Le ministre des finances, Orry, avait voulu à tout prix qu'on établît des rizières à Thiers; les fièvres se déclarent dans la ville, la famine s'y joint et le ministre persiste encore dans son malheureux essai. Le charitable prélat accourt; il écrit à l'intendant pour obtenir la destruction de ces rizières, et s'empresse de secourir la malheureuse ville par des distributions de remèdes et de vivres. Souvent il fit tenir d'abondants secours à de pauvres familles que la honte empêchait de tendre la main, à des monastères réduits au dénûment le plus complet, et qui n'osaient dévoiler leur état d'indigence, dans la crainte de leur suppression. Il consentit même à aliéner une partie de son jardin, comme nous l'avons déjà remarqué, au grand avantage de la ville pour lui ménager un réservoir d'eau. Tant de bienfaits lui méritèrent un beau titre, celui de *père des pauvres;* c'est de ce nom que, dans les dernières années, les

---

(1) Lettre au cardinal de Fleury.

populations l'acclamaient à son passage. Enfin il couronna toutes ces œuvres de charité par un acte suprême de bienfaisance : il nomma et institua pour ses héritiers les pauvres du grand Hôtel-Dieu de la ville de Clermont. Sur la porte de cet établissement, la cité reconnaissante a écrit le nom de Massillon, en lettres d'or. Sa mémoire reste de nos jours encore bénie à Clermont et dans toute l'Auvergne; et s'il nous est permis d'exprimer un vœu, puisse notre cité Clermontoise, en témoignage de son amour et de sa reconnaissance, élever un monument à sa mémoire, non loin de son ancien palais, à l'endroit même où il prit possession de son siège épiscopal, sur la place de la Cathédrale.

De tout ce qui précède, on peut conclure évidemment que l'épiscopat de Massillon est marqué d'un caractère particulier de charité et de bonté. Dans tous ses actes, le digne et doux prélat s'efforce de se concilier l'affection de ses prêtres et de ses chers diocésains, dont les besoins matériels et moraux l'intéressent également. Jadis aux Tuileries, il annonçait que les rois ne doivent régner que pour le bonheur des peuples; son administration en Auvergne établit que la religion assure le bonheur des fidèles. Il est évêque; ce n'est point pour aller à la cour ou vivre en grand seigneur, mais pour rester dans son diocèse et veiller à la garde du troupeau que la Providence lui a confié. Il le défend non seulement contre les ennemis de son salut éternel, mais aussi, autant qu'il est en lui, de l'oppression et de la misère. Sa place d'honneur dans le sanctuaire lui procure moins de gloire que de labeurs. De même il entend que tous ses curés suivent son exemple, remplissent exactement tous les devoirs de leur charge, et se dévouent tout entiers au bonheur et au salut de leurs paroissiens. En faveur du peuple, il supprime quelques fêtes chômées qui, en exemptant les fidèles du travail, diminuaient leurs ressources; il s'occupe avec un soin tout spécial des maisons d'école, des établissements de charité. Aux enfants pauvres des classes populaires qui se destinent à la cléricature, il prend les moyens d'offrir une instruction et une éducation gratuites. Quelle n'est pas, en même temps, sa tendresse, sa générosité pour ses prêtres, qui, sortis la plupart des rangs du peuple, en sont les apôtres et les amis!

En un mot, partout et toujours, il agit en vue des fidèles, et on pourrait croire que ce grand esprit, pressentant le jour fatal où l'on tentera de ravir au peuple son attachement à l'Eglise, s'efforce de prévenir cette funeste séparation à force de bienfaits et d'amour.

C'est au milieu de ces graves et saintes occupations que la mort vint mettre fin aux jours précieux de notre grand évêque. Déjà depuis quelques années, son âge et ses travaux lui avaient fait présager sa fin prochaine. Dans ses mandements et dans ses discours synodaux, il l'annonçait lui-même à ses diocésains et à ses prêtres; et il semblait soupirer après le jour où il recevrait du *Prince des pasteurs* l'éternelle récompense de ses vertus. Il avait tout prévu pour ce moment suprême : à chacun de ses amis et de ses serviteurs il avait légué un dernier témoignage d'affection et de reconnaissance ; et après avoir protesté une dernière fois de son ardent amour pour Dieu et de son inviolable fidélité à l'Eglise, à l'âge de soixante et dix-neuf ans, il s'éteignit doucement dans le Seigneur : «·La nuit du 28 au 29 septembre 1742, est mort, dans son château de Beauregard, M. Jean-Baptiste Massillon, évêque de Clermont, et a été inhumé le 2 octobre, dans l'église cathédrale. M. Jean David, chanoine de Clermont, en a fait l'oraison funèbre (1). »

(1) *Journal de Tiolier*, à la bibliothèque de Clermont. — Cette notice nous apprend encore qu'il fut inhumé dans la cathédrale de Clermont, dans la chapelle située derrière le maître-autel, dédiée aujourd'hui au Sacré-Cœur.

SECONDE PARTIE

ÉLOQUENCE DE MASSILLON

CHAPITRE PREMIER.

QUALITÉS ORATOIRES.

ARTICLE PREMIER.

Méthode et composition.

Le dix-septième siècle est l'âge d'or de l'éloquence chrétienne. Que d'illustres prédicateurs on peut compter depuis Jean de Lingendes, prononçant, en 1643, l'oraison funèbre de Louis XIII, jusqu'à Massillon, qui fait, en 1715, celle de Louis XIV ! Mais l'éloquence, durant ce temps, subit diverses transformations. Le goût d'abord est peu sûr, et le prédicateur « croyait avoir rempli le ministère le plus sérieux de la religion, quand il avait débité ou quelques termes mystérieux et barbares qu'on n'entendait pas, ou des plaisanteries qu'on n'aurait pas dû entendre (1). » « Le vrai, continue Massillon, prit peu à peu la place du faux. » Arrivée à un haut degré de perfection, avec Bossuet et Bourdaloue, elle décline bientôt et devient froide et raisonneuse. A ce moment arrive Massillon. Esprit pénétrant et facile, va-t-il se condamner à copier Bourdaloue? Persuadé que chacun doit étudier et suivre son talent, il répondit au père de La Tour, qui lui demandait son avis sur les prédicateurs du jour : « Je leur trouve beaucoup d'esprit; mais, si je prêche, je ne prêcherai pas comme eux. » « Apparemment, dit l'abbé Hurel, l'auditoire et le prédicateur ne lui parurent pas toujours en parfaite harmonie, et, ne pouvant modifier l'un, il résolut de ne point imiter l'autre (2). » Quelle éloquence jugeait-il donc convenir à ses auditeurs? Massillon place dans le cœur la source première de la persuasion : l'onction et la piété caractérisent son genre; sa parole attire, touche et attendrit : il s'insinue peu à peu dans les âmes : un parfum de douce piété s'exhale de ses sermons. Emouvoir, entraîner l'esprit par le cœur, le gagner par les plus douces impressions de la piété chrétienne, tel est pour lui l'idéal de l'éloquence; cet idéal, il le préconise devant les séminaristes de Saint-Magloire; il s'y conforme et le réalise. Une onction constante fait le charme de ses discours;

---

(1) Discours de réception de Massillon à l'Académie française.
(2) *Les orateurs sacrés à la cour de Louis XIV*, t. II.

il s'établit partout le maître de notre cœur, par la douceur et l'attendrissement. Il aime ses chers auditeurs, il gémit sur leurs fautes et les pleure avec eux; dans leurs chutes, il les encourage; il les console dans leurs afflictions : son éloquence s'épanche en douces effusions dans le sein de ceux qui l'écoutent. Il sait tourner vers Dieu les facultés aimantes de notre âme, et fournir à nos affections des objets tout divins. Sa méthode, en un mot, est l'opposé de celle de Bourdaloue.

Mais, s'il change de méthode, il conserve l'ancienne forme du sermon, le cadre ordinaire de la prédication : texte, divisions, subdivisions, développements du sujet, applications morales, péroraison.

Toutefois, il simplifie l'ancienne composition. Il omet d'abord ce que Bossuet et Bourdaloue appellent la préparation à la cause; de plus, ses sermons présentent un ordre clair et facile : chaque discours contient deux ou trois parties, dont chacune a trois subdivisions au plus.

Il néglige encore l'usage du compliment, accepté jusque-là par les orateurs de la grande époque. Il excellait pourtant dans cet art. Il avait toute la délicatesse et l'à-propos que demande le soin si difficile de louer; mais soit qu'il regardât l'éloge du roi et des grands comme s'accordant peu avec la sainte indépendance de la chaire, soit qu'il ne se crût pas bienvenu, dans ces temps malheureux, à célébrer les vertus et la gloire du prince, il omit cette partie officielle du sermon; c'est à peine si on trouve deux ou trois compliments dans ses œuvres; un mot, une allusion lui suffisent pour rappeler la présence du roi, et même alors à l'éloge il joint parfois le blâme et une inflexible sévérité : « Heureux, non celui dont l'histoire va immortaliser le règne et les actions dans le souvenir des hommes, mais celui dont les larmes auront effacé l'histoire de ses péchés du souvenir de Dieu même (1). »

Il tire ordinairement son texte de l'évangile du jour; mais il s'arrête rarement à circonscrire son sujet sur les paroles qu'il a choisies, et souvent elles n'ont avec lui qu'un rapport éloigné; exceptons les œuvres de sa jeunesse, ses premières oraisons funèbres, où, par une ingénieuse subtilité, il distribue chaque partie selon les divers mots du texte.

Les exordes de ses sermons sont simples, mais un peu monotones. Il explique le texte, il rappelle les circonstances qui l'accompagnent, il le met en lumière par des citations analogues des livres saints, et il en consacre les dernières lignes à préparer la division. L'uniformité en est si frappante qu'on rencontre souvent, dans des exordes différents, les mêmes expressions; il suffirait, pour s'en convaincre, de lire ceux des sermons sur *la parole de Dieu*, sur *l'enfant prodigue*, sur *la résurrection de Lazare*.

Il commence aussitôt la première partie. S'il s'agit d'un point de dogme, il l'établit brièvement sur quelque solide raison; il suppose les principes admis

---

(1) Sermon pour la fête de tous les saints. (Exorde.)

sans conteste. S'il parle d'un mystère, il en expose les diverses circonstances ; et après avoir indiqué le nombre des subdivisions de la première partie, il procède aussitôt au développement de chacune d'elles. Il suit le même ordre dans la seconde partie, et continue de la sorte jusqu'à la fin.

La péroraison ne rappelle pas toujours le sermon entier. Il arrive qu'elle ne se rapporte qu'à la dernière partie, et même quelquefois la paraphrase d'un texte de l'Ecriture fait la conclusion de son discours.

Cet ordre est méthodique et lumineux. On suit le dessein de l'orateur sans effort d'esprit; on embrasse le sermon d'un regard, et cette composition claire et facile se retrouve dans tous ses discours, dans les plus importants et les plus ordinaires, sermons de l'Avent, du grand et du petit carême, conférences à Saint-Magloire, discours synodaux, discours pour des professions religieuses; tous sont établis sur ce plan. C'est partout une route droite, vaste, un peu longue, mais offrant à celui qui la parcourt les plus beaux points de vue, le plus large horizon. Il est vrai de dire aussi que plusieurs de ses sermons languissent faute de variété. L'orateur traite son sujet presque toujours d'une façon identique; il descend rarement au cœur même de la question, il s'arrête à la surface. Si l'on excepte ses discours apologétiques, il se borne à parler des incidents, des dispositions, des prétextes, des motifs... Dans son sermon sur l'aumône, il traite des prétextes qu'on oppose à ce devoir et de la manière de l'accomplir. Dans son discours sur la parole de

Dieu, il entretient ses auditeurs des dispositions requises pour entendre avec fruit la parole sainte.

D'une conception simple et d'une ordonnance très claire, ses discours ne sont pas moins faciles à remplir. Il a une ressource toujours prête, l'étude du cœur humain, et il n'oublie jamais de la mettre à profit; mais il s'attarde souvent dans des développements uniformes. Quant aux citations des Pères et des docteurs de l'Eglise, elles n'occupent dans ses sermons qu'une place secondaire. Il cite quelquefois saint Cyprien, saint Jean-Chrysostôme, saint Bernard et surtout saint Augustin; mais c'est moins pour appuyer ses thèses morales sur leurs témoignages et exposer leurs doctrines ou leurs opinions que pour donner à sa parole une couleur plus chrétienne et plus mystique. Il en est de même de la sainte Ecriture; et il a un talent merveilleux pour choisir les textes et les appliquer à son sujet.

Telles sont, brièvement exposées, la méthode et la composition de Massillon; elles devaient plaire à ses contemporains. Les Jean de la Roche, les pères Gaillard ou de la Rue, pour ne citer que les plus célèbres, qui occupent l'intervalle de Bourdaloue à Massillon, étaient des orateurs froids et didactiques, et qui fatiguaient leur auditoire par l'excès d'attention qu'ils lui imposaient. On ne voulait plus de ces sermons, où il y avait toujours, comme dit Labruyère, trois objets de plus en plus dignes d'attention. Avide d'émotions, sans goût pour une prédication froide et compassée, la foule se pressait autour de la chaire du père Séraphin, qui ne faisait qu'expliquer l'Ecriture, mais dont elle aimait la parole au moins à cause de sa simplicité. Massillon, avec plus d'art, répondait à ce besoin général des esprits. « Le père Massillon, a-t-on dit, s'ouvrit un chemin tout nouveau, attaqua le cœur de l'homme par tous les endroits, en développa les plis et les replis; il toucha, il remua, il attendrit. On se retirait en silence, l'air pensif, les yeux baissés (1). »

L'onction coulait naturellement du cœur de Massillon. Tout Paris venait à ses sermons jouir de cette persuasive et insinuante éloquence. Bourdaloue lui-même comprit le défaut de l'ancienne méthode, et il aurait dit du nouvel orateur, qui arrivait ainsi à l'éloquence par une voie différente : « Oportet illum crescere, me autem minui. »

Massillon s'accommodait ainsi aux esprits superficiels de son temps par sa composition moins savante. La suppression de la préparation à la cause, qui n'était qu'un second exorde; le nombre plus restreint des divisions et des subdivisions empêchait ses sermons de ressembler, comme ceux des imitateurs de Bourdaloue, à un dédale où l'on craint à chaque instant de s'égarer. Tout y était simple et facile, et les moins clairvoyants pouvaient s'y retrouver. Il délaissa, ou du moins à peu près, l'usage du compliment; mais la royauté vieillie de Louis XIV n'excitait pas l'enthousiasme des brillantes années de sa jeu-

---

(1) Le père Bougerel.

nesse. Il accordait une place moins grande à l'Ecriture, mais les chrétiens de son temps lisaient moins les livres saints et apportaient moins de zèle à l'étude de la religion; enfin il plaisait même par ses défauts, et rien, sans aucun doute, ne devait charmer ses auditeurs autant que ses longues dissertations sur le cœur humain. Par la méthode et la composition, les discours de Massillon étaient donc en parfaite harmonie avec l'état et les dispositions de ses contemporains.

Article 2.

Ton et action.

Considérons maintenant Massillon dans la chaire chrétienne, et voyons quels étaient le ton ordinaire de ses sermons et son action oratoire.

§ 1.

Ton général de ses sermons.

Trois qualités distinguent sa prédication, et en sont comme la note dominante : une observance exacte des convenances, l'art d'exciter l'émotion et une liberté tout apostolique.

Nul mieux que lui ne sait approprier les préceptes de l'Evangile aux besoins de ses auditeurs; nul ne le fait avec plus d'intelligence et une politesse plus aimable. Dans sa prédication tout est en rapport avec l'état, la fortune et les dispositions de ceux qui l'écoutent : princes et magistrats, évêques et jeunes clercs, académiciens ou chefs d'armée, il tient à tous le langage qu'ils doivent entendre. Il sait *mécontenter* Louis XIV sans lui déplaire, et ses sévérités à l'adresse du monarque se cachent sous des allusions délicates. Le roi, c'est David; Esther, c'est Mme de Maintenon. La noblesse de leur origine doit suffire à exciter les grands à la pratique de la vertu. S'adressant à une compagnie de vieux militaires, il a le secret d'enflammer les courages; il a celui de porter à la piété les âmes dévotes. « Ses discours sont simples en apparence; mais quelle élévation dans cette simplicité, quelle action savante dans sa manière de parler! Il ravit ses auditeurs et les laisse dans l'incertitude de savoir ce qu'ils admirent davantage, ou le zèle de l'apôtre, ou la finesse de l'orateur... Le père Maure a la vogue parmi les dames; le père Massillon est du goût de tout le monde (1). »

Mme de Maintenon écrivait au duc de Noailles : « Si le père Massillon connaissait Saint-Cyr autant que je le connais, il n'aurait pas choisi un sujet plus convenable. » Il s'agit du sermon sur l'emploi du temps.

Il sait, sans fatiguer par d'incessants rappels à la question, réveiller et soutenir l'attention de ses auditeurs.

---

(1) *Parallèle de Massillon et du père Maure. Le Théophraste moderne*, par Brillon.

Il feint de s'adresser, non à tous à la fois, mais à chacun en particulier : « C'est vous, dit-il souvent, mon cher auditeur, que ce discours regarde. » Il affecte alors une extrême simplicité; il prend le ton d'une conversation familière; il engage un dialogue et répond à des objections simulées. « On ne peut pas, direz-vous, tout établir dans le monde. Hé quoi! mes frères, pour ne pas partager vos biens, vous sacrifiez vos enfants et le fruit de vos entrailles? Mais, ajoutez-vous, il serait désagréable de les voir traîner leur nom et prendre des partis peu convenables à leur naissance. Mais faut-il qu'ils soient ou grands selon le monde ou réprouvés devant Dieu? N'y a-t-il donc pour eux que deux destinées; et une fortune médiocre paraît-elle plus affreuse à vos yeux que leur infortune éternelle? Mais ils seraient malheureux dans le monde! Vous comptez donc pour rien qu'ils le soient dans l'éternité? Mais c'est ainsi que les maisons tombent! Vous vous trompez, mes frères, c'est ainsi qu'elles prospèrent (1). » Ces dialogues impriment de la rapidité à ses discours et diminuent la monotonie de leur habituelle solennité. En outre, cette manière de s'adresser à un seul auditeur ou à une seule classe de son auditoire lui procure l'avantage d'appliquer à chacun son enseignement, sans recourir aux portraits qui offensent d'ordinaire et ne servent qu'à satisfaire la curiosité publique. De la sorte il ne fait, dans ses sermons, la part de personne;

---

(1) *Sermon sur la vocation*, 1re partie.

mais chacun, de bon gré, se la fait à soi-même.

Il excellait encore à toucher ses auditeurs ; il a une grâce particulière pour exciter l'émotion.

Les passions violentes ont, de tout temps, causé le malheur des hommes. Elles exercent une tyrannie dont on gémit dans le secret de sa conscience et dont on n'ose se plaindre à découvert.

Massillon se constitue auprès de ses auditeurs l'interprète de leurs chagrins intimes et le confident de leurs secrètes angoisses. Il dévoile leurs plaies cachées dans le dessein de les guérir ; il dénonce le vide des passions, leurs séduisants commencements et leurs amères conséquences ; elles ruinent les maisons les mieux établies, détruisent la santé à la fleur de la jeunesse, éteignent la vivacité du génie, ravissent l'honneur aux familles et jettent leurs victimes dans un ennui qu'elles ne peuvent distraire. En même temps il fait entrevoir à chacun la possibilité d'une vie meilleure ; les dispositions qui mènent au vice peuvent aussi conduire à la vertu ; les cœurs les plus sensibles aux passions sont en même temps les plus aptes à la piété. Il montre les douceurs que l'on goûte au service de Dieu, le bonheur éprouvé par une âme pure, la joie divine dont elle jouit ici-bas, les mérites infinis attachés à la pratique de la vertu.

Il décrit la douceur et la force du mysticisme chrétien, qui embrasse et sanctifie les actions les plus communes. Dieu tient compte de nos peines et de nos souffrances, de nos soupirs et de nos larmes, des plus légers sacrifices de notre cœur. Cette pensée sainte soutient dans le monde bien des vertus héroïques et ignorées du reste des hommes; elle procure une douce félicité aux âmes les plus nobles et les plus passionnées. Tandis que les soins des passions sont la source des plus vives inquiétudes, le calme, le repos et la dignité se trouvent aux pieds de Jésus-Christ. Et le monde brillant auquel prêche Massillon est surtout sujet à l'ennui et aux amers chagrins. Il est la patrie des malheureux. Que de mépris à essuyer! que de révolutions à subir! Ici, la trahison et la perfidie; ailleurs, la calomnie et la haine.

Labruyère signalait, en simple observateur, les mille déplaisirs du monde. « Qui croirait que les éclats et les applaudissements aux théâtres de Molière et d'Arlequin, les repas, la chasse, les ballets, les carrousels couvrissent tant d'inquiétudes, de soins et de divers intérêts? » Massillon fait également du monde de bien tristes peintures; mais il en parle avec un vif accent de commisération chrétienne. Il souhaiterait pouvoir détacher ses auditeurs des faux plaisirs de la terre et les ramener à la vertu, qui est la source unique du bonheur.

Les maux de la patrie ne le laissent pas non plus indifférent. A la vue de nos frontières envahies, de nos campagnes ruinées, de nos villes plongées dans la désolation, son cœur s'émeut et il communique à ceux qui l'écoutent son attendrissement et sa tristesse.

Au sermon prononcé sur l'aumône, en 1709, l'assemblée de Notre-Dame éclata en sanglots au moment où il représenta l'image de la famine et de la mort répandues sur les villes et sur les campagnes, et l'excès d'infortune des hommes des champs, broutant l'herbe comme de vils animaux. On reconnaît son patriotisme à la manière dont il déplore les calamités qui accablent la patrie. Plus tard, dans l'oraison funèbre de Louis XIV, il célébrait avec enthousiasme la grandeur et les gloires de la France.

La mort multipliait aussi ses ravages dans la famille royale, ravissant successivement princes et princesses, tous moissonnés dans leur fleur. Ce fut un deuil pour la nation; on avait placé tant d'espérances sur la tête du duc de Bourgogne! Massillon, interprétant les sentiments de tous, gémit sur ces coups funestes qui abattent l'un après l'autre les rameaux de l'arbre royal, épargnant à peine un faible rejeton qui peut tomber au premier souffle.

Enfin il fait jaillir une dernière source de pathétique des divines Ecritures. Là surtout, il puise l'émotion et la sensibilité; il rappelle les scènes les plus émouvantes, il expose les tableaux les plus attendrissants de la Bible. Tantôt il raconte les faiblesses et la pénitence de la pauvre pécheresse de l'Evangile; tantôt il montre la tendre amitié de Jésus, pleurant sur la mort de Lazare. Ici, il propose à notre amour la bonté et la condescendance du Sauveur pour la Samaritaine, et son sermon tout entier est rempli de la plus suave éloquence. Là, c'est un infortuné, couvert d'ulcères, assis à la porte du riche et souhaitant en vain de se nourrir des miettes qui tombent de la table du maître ; ailleurs, dans le sermon sur l'*Enfant prodigue*, il lutte de simplicité et de pathétique avec le récit sacré.

Le dernier trait de sa prédication est la franchise et la vigueur de sa parole. Sans faire en chaire des personnalités qui n'eussent pas été acceptées, sans tracer des portraits qui n'étaient plus de mode, en restant fidèle à toutes les convenances, il parle toujours un langage noble et courageux. Il ne blesse et n'offense personne, et en même temps il a d'étonnantes hardiesses qu'on souffrirait à peine de nos jours : « Rassurez-vous, disait le père Lacordaire à son auditoire de Notre-Dame, je vous traiterai comme Massillon traitait Louis XIV, dans la chapelle de Versailles (1). » Or, Massillon n'épargnait guère quelquefois son royal auditeur. Il prêchait la pénitence, sans craindre de déplaire, à ce nouveau Théodose qui, ayant suivi David dans ses prévarications, devait l'imiter dans l'expiation de ses *crimes*. Le prince a mis un terme à ses désordres, et le scandale a cessé pour ses peuples ; mais son repentir est nul ou insuffisant ; il est tenu désormais d'édifier ses sujets. Que les rigueurs de la pénitence effacent les voluptés et les plaisirs illégitimes, et que l'orgueil du roi apprenne enfin à s'abaisser. Il est beau et édifiant d'honorer et de protéger la religion ; mais ce qui est nécessaire, c'est de pleurer ses péchés. Dieu demande

---

(1) **Conférence** sur la passion des hommes politiques contre la religion.

non des honneurs et des sacrifices, mais des larmes et des macérations. Voilà comment Massillon traitait souvent Louis XIV! Cette liberté honorait autant le prince que le prédicateur.

Il n'est pas moins sévère à l'égard des courtisans; il flétrit sans pitié leurs intrigues, leur ignorance, leur hypocrisie, leur perversité. A leur impiété et à leurs dissolutions, il oppose l'esprit de foi et l'intégrité de mœurs des premiers chrétiens. Ils affectent de mépriser les mystères de la religion, et, sans respect pour leur incrédulité, Massillon les fait descendre en enfer avec le mauvais riche. Ils se piquent d'une délicatesse raffinée, et il leur montre Lazare dans le tombeau, mort depuis quatre jours, exhalant déjà l'infection et la puanteur. Ils chassent loin de leur esprit le souvenir de l'éternité, et il leur dépeint le pécheur se débattant sous les étreintes de la mort et agité par les dernières convulsions de l'agonie. Ils se livrent au jeu, et il leur rappelle qu'ils ne paient point leurs dettes. Ils s'abandonnent à l'ivrognerie, et il leur reproche leurs débauches et leur crapule. Les grandes dames de la cour, pour venir au sermon, se parent de tous les artifices d'une toilette scandaleuse et elles ressemblent à ces créatures indignes qui séduisent tant d'âmes sur d'infâmes théâtres. Elles arguent de la délicatesse de leur santé pour se dispenser de la loi du jeûne et de la pénitence, et elles ont assez de force pour soutenir les veilles, les repas, les bals, les divertissements de toutes sortes prolongés jusqu'au point du jour.

Ainsi, quelque décoré qu'il soit de tout l'éclat de la naissance ou de la fortune, le vice ne trouve jamais grâce à ses yeux.

§ 2.

Débit oratoire.

Bossuet, qui avait assisté aux débuts de Massillon dans la chaire, louait en lui la piété, la modestie, une voix douce, un geste réglé. Languet de Gergy, archevêque de Sens, a dit, dans son discours de réception à l'Académie française : « Massillon parut en chaire avec cet air simple, ce maintien modeste, ces yeux humblement baissés, ce geste naturel, ce ton affectueux, cette contenance d'un homme pénétré, portant dans son esprit les plus brillantes lumières et dans le cœur les mouvements les plus tendres. Il ne tonnait point dans la chaire, il n'épouvantait pas l'auditoire par l'éclat de sa voix. Il versait dans les cœurs les sentiments qui attendrissent et qui se manifestent par les larmes et le silence. »

Il avait, en effet, une douce modestie dans ses paroles, dans le geste et le regard. Il ne prenait point la tribune sacrée pour le théâtre de la vanité; il ne s'y mettait jamais en scène; et si, à la fin du *Petit Carême*, il parle de ses vœux et de ses prières, le caractère épiscopal dont il était revêtu l'y autorisait, ainsi que la circonstance; il faisait ses adieux à la cour et au jeune roi Louis XV.

Son geste était modéré; son action oratoire s'adressait à l'âme qu'il se proposait avant tout d'émouvoir. Or, une véritable émotion s'obtient plus souvent par une action douce et pénétrante que par les éclats de la voix, l'ampleur et la fréquence des gestes.

Pour élever l'âme à Dieu, les procédés dramatiques réussissent moins bien que le recueillement et la piété. « Un air simple et doux, dit M. l'abbé Hurel, un visage mortifié et recueilli, un maintien modeste, les yeux presque toujours baissés, brillant çà et là d'un éclair rapide, peu ou point de gestes et encore négligés, mais le ton affectueux et je ne sais quelle conviction répandue dans toute sa personne qui faisait dire à l'acteur Baron : Voilà un orateur, nous sommes des comédiens! tel était Massillon en chaire. » Dès le début, son air de modestie charmait ses auditeurs et lui conciliait la faveur de l'assemblée. Sa seule présence en chaire rappelait les fidèles au recueillement. Sa voix flexible et sonore, sa parole onctueuse et suave, son accent céleste et passionné pénétraient les cœurs les plus durs. Parfois il s'animait, et son regard brillait alors du feu de la plus vive éloquence.

Il parlait avec une grande rapidité. Son sermon, comme l'écrivait Mme de Maintenon au duc de Noailles, ne durait qu'un moment. Il prononçait si vite et avec une si prodigieuse quantité de choses à retenir, que les unes faisaient oublier les autres.

Cette habitude de précipiter ainsi son débit devait provenir de ce qu'il récitait ses sermons. Le soin de les apprendre n'était pas la moindre de ses préoccupations ; l'infidélité de sa mémoire lui causa plus d'un ennui. Elle lui fit, en particulier, défaut, un jour qu'il prêchait devant Louis XIV. Déjà les courtisans souriaient de son embarras. Le roi vint au secours de l'orateur, en le priant de se remettre et de lui donner le temps de goûter les bonnes choses qu'il avait déjà dites. De là encore la nécessité de reprendre et de répéter les mêmes sermons, et ce fut une nouvelle source de nombreux déplaisirs. Ses envieux, ayant recueilli ses sermons dès la première fois, lui faisaient ensuite la mauvaise plaisanterie de les lire à l'avance, à mesure qu'il les débitait en chaire ; et ce n'est pas sans une légère pointe de malice que Mme de Coulanges, dans une lettre à Mme de Grignan, parle d'un sermon *tout neuf* du père Massillon.

Pouvait-il ne pas charmer tous ses auditeurs ? En présence de cette société qui raffinait sur la politesse ; qui, déjà moins religieuse, n'aurait qu'avec peine entendu et souffert des satires ou des portraits ; qui n'aimait de la vérité que ce qui pouvait lui agréer ; il paraissait en chaire avec les grâces d'une politesse aimable que relevait son caractère sacré ; il prêchait avec une sévérité dont les traits ne blessaient personne et dont nul n'avait le droit de s'offenser. A ce moment, où la France était malheureuse au-dedans et au dehors, le lyrisme de Bossuet aurait paru déplacé, et les raisonnements de Bourdaloue eussent été peu suivis. Massillon semblait l'orateur de la tristesse et de la mélancolie, de la pénitence et de la consolation. Qu'on se le représente en chaire, observant fidèlement toutes les règles de l'éloquence; connaissant le chemin du cœur de tous ceux qui l'écoutent; parlant avec une liberté apostolique et en même temps avec la plus sage réserve; à la douceur de la voix, à un accent pénétrant, à un geste modéré joignant les grâces extérieures, la beauté des traits, la distinction des manières, une douce modestie; jouissant d'un grand renom de vertu, de piété et même de rigorisme, et on concevra aisément une juste idée du succès de ses sermons et de la vive admiration dont il remplissait ses contemporains. Les grâces de conversion répondirent à la réputation de l'orateur : plusieurs venaient l'entendre pour satisfaire leur curiosité; mais aussitôt séduits et touchés par son éloquente parole, ils s'en retournaient changés et pénitents. Ajoutons que, de nos jours encore, Massillon a pour nous plus d'attrait que ses émules dans la chaire. De tous les prédicateurs du dix-septième siècle, il reste le plus lu et le mieux goûté à cause de l'onction de sa méthode oratoire et du charme particulier inhérent à ses sermons.

CHAPITRE II.

ENSEIGNEMENT DE MASSILLON.

Le sermon se compose de deux éléments constitutifs : le dogme et la morale. Le dogme comprend le mystère sacré, la vérité divine que tout chrétien doit croire et révérer ; la morale n'est que la conformité des mœurs et de la vie avec l'objet de la foi ; l'un règle notre croyance, l'autre dirige nos actes. D'ordinaire, dans un sermon, la place principale est réservée au dogme. « Il est de toute évidence que le vrai caractère du sermon est un enseignement de foi avant d'être un enseignement de morale. Que sont les prescriptions sans la loi ? L'important, c'est le dogme qui fait obéir à la loi morale ; c'est par là que doit commencer l'orateur chrétien (1). »

Saint Paul se glorifiait de ne connaître que Jésus crucifié ; mais l'adorable mystère de la croix a des rapports directs avec tous les dogmes de la foi. Bossuet s'exprime ainsi dans le sermon de l'*Unité de*

---

(1) M. Nisard, *Etude sur les grands sermonnaires français.*

l'Eglise : « On veut de la morale chrétienne dans les sermons, et on a raison, pourvu qu'on entende que la morale chrétienne est fondée sur le mystère du christianisme; ce que je vous prêche est un grand mystère en Jésus-Christ et en son Eglise; et ce mystère est le fondement de cette belle morale qui unit tous les chrétiens dans la paix, dans l'obéissance et dans l'unité catholique. » Ainsi le dogme est le fondement de la morale. Mais souvent, à raison de circonstances diverses, les orateurs donnent dans leurs sermons une place plus ou moins grande au dogme ou à la morale. Or, voici les raisons qui firent préférer à Massillon un enseignement tout moral :

Article premier.

Il a prêché la morale.

§ 1.

Pourquoi a-t-il prêché la morale ?

Massillon amoindrit la part du dogme, ou plutôt il ne s'occupe guère que de la morale : il se propose moins d'instruire que de réformer; il s'attache surtout à montrer l'état de notre âme et notre éloignement d'une véritable vie chrétienne. Il n'est peut-être pas un seul de ses sermons où il ait exposé une vérité au point de vue didactique. Il suffit pour s'en assurer, de prendre la liste de ses sermons. Les discours *De la divinité de Jésus-Christ*, *De la vérité de la religion*, *De la certitude d'un avenir*, ne font pas même exception. Ils appartiennent au genre apologétique qui s'appuie sur la raison. Est-ce, en effet, une leçon de théologie qu'annonce la division du sermon *De la Religion? Elle est raisonnable, elle est glorieuse, elle est nécessaire;* c'est une apologie telle qu'aurait pu la concevoir un philosophe chrétien.

Il néglige aussi un peu trop l'emploi de la sainte Ecriture. Sous ce rapport, on ne peut le comparer à Bourdaloue et surtout à Bossuet, dont la doctrine est toute tirée de la Bible. Mais il est inutile d'insister sur un point que tous reconnaissent.

Sainte-Beuve écrit dans ses *Lundis* qu'une étude complète sur Massillon deviendrait l'étude même de l'éloquence, dans la deuxième partie du règne de Louis XIV. « On y suivrait ce beau fleuve de l'éloquence sacrée; on en marquerait les changements à partir de l'endroit où il devient moins rapide, moins impétueux, moins sonore; où il perd de la grandeur austère ou de l'incomparable majesté que lui donnaient ses rives; et où, dans un paysage plus riche en apparence, plus vaste d'étendue, mais plus effacé, il s'élargit et se mêle insensiblement à d'autres eaux, comme aux approches de l'embouchure. Le nom et l'œuvre de Massillon correspondent à ces deux moments, à celui de la plus grande magnificence et à celui de la profusion dernière. »

Ces paroles de l'éminent critique indiquent avec précision les différentes phases de l'éloquence de la chaire dans la seconde moitié du dix-septième siècle. Elle est chez Bossuet dans sa force première, tirant son origine de l'Ecriture, de la théologie et des écrits des Pères; elle garde l'impétuosité et la limpidité de la source; elle ressemble à l'éloquence de saint Paul, comparée par Bossuet lui-même à un torrent qui descend des montagnes. Le fleuve s'élargit avec Bourdaloue, et la pureté de ses eaux commence à s'altérer : le raisonnement et la morale y mêlent des éléments étrangers. L'éloquence, chez Massillon, subit une transformation complète; malgré la beauté de ses rives et la majesté de son cours, le fleuve de l'éloquence sacrée a perdu son impétuosité et sa pureté première; la morale a remplacé le dogme, et cette morale finit elle-même par dégénérer en une philosophie chrétienne. Le malheur est que Massillon eut des imitateurs qui exagérèrent encore sa méthode; ils la poussèrent jusqu'aux dernières conséquences; dès lors, la grande éloquence avait disparu, et son cours troublé ne roula plus que les eaux d'une froide philosophie et d'un enseignement purement humain.

Il semble cependant qu'on ne doit pas faire un crime à Massillon d'avoir prêché la morale; l'état de la société de son temps lui interdisait l'étude approfondie du dogme. Ses auditeurs ne pouvaient goûter et comprendre qu'une prédication morale : ils s'étaient rendus incapables d'un enseignement plus relevé par leur ignorance des vérités chrétiennes et par un trop vif amour des plaisirs.

La société d'alors avait, en effet, des goûts frivoles

et légers; elle ne devait guère se plaire à la théologie et à la Bible. Les grands n'avaient qu'un médiocre souci de la religion; ils la regardaient comme le partage du peuple. Leur impiété n'était pas savante; ils usaient d'un certain jargon de libertinage, répétant quelques sophismes surannés et vulgaires, et voulant surtout passer pour sceptiques. « La foi est tellement éteinte dans ce pays, écrivait Madame, mère du Régent, qu'on ne voit plus maintenant un seul jeune homme qui ne veuille être athée; mais, ce qu'il y a de plus drôle, c'est que le même individu qui fait l'athée à Paris, joue le dévot à la cour; on prétend aussi que tous les suicides que nous avons eus en si grande quantité, depuis quelque temps, sont causés par l'athéisme. »

Le ridicule de cette incrédulité, c'est qu'on y joignait une étrange superstition. On ne croyait plus à Dieu et on croyait au diable. « La curiosité d'esprit de M. le duc d'Orléans, jointe à une fausse idée de courage, l'avait occupé de bonne heure à voir le diable et à pouvoir le faire parler. Il n'oubliait rien, jusqu'aux plus folles lectures, pour se persuader qu'il n'y a point de Dieu, et il croyait au diable jusqu'à espérer de le voir et de l'entretenir : ce contraste ne peut se comprendre, et cependant il est extrêmement commun (1). »

Quant à la corruption de la cour, elle était profonde, quoique du vivant de Louis XIV elle essayât de se ca-

---

(1) *Saint-Simon*, édit. Chéruel, in-12, t. VII, p. 351.

cher sous le manteau de l'hypocrisie. Le jeu, avec ses emportements, avec ses excès insensés de joie et de désespoir, occupait la journée : les orgies et les fêtes remplissaient les soirées et les nuits; la modestie et la pudeur paraissaient des usages bons pour l'ancienne simplicité. Les crimes, pour employer une expression de Massillon, *attendaient* partout les regards des princes et des grands. Mme de Maintenon ne parlait pas de la cour sans dégoût. Madame affirme que, si le roi voulait punir tous ceux qui se rendent coupables des plus grands attentats, il ne verrait plus autour de lui ni nobles, ni princes, ni serviteurs; il n'y aurait même aucune maison de France qui ne portât le deuil.

Les tristes tableaux que trace Labruyère confirment ces témoignages; et cependant, les plus raffinés dans la perversité ne paraissaient guère à la cour. Avec le duc d'Orléans pour chef, les Vendôme, les La Fare, les Chaulieu et tous leurs compagnons de plaisirs se réunissaient au Temple : dans ces *soupers*, chantés par Chaulieu, on s'abandonnait à toutes sortes d'excès. Des discours dissolus, des chants licencieux assaisonnaient le festin : on allait ensuite à de grossiers spectacles, à de scandaleux commerces de passion. Saint-Simon, dans ses notes sur les *Mémoires* de Dangeau, rappelle ainsi les tristes exploits du Grand-Prieur : « Ce grand-prieur était le plus effréné débauché de son temps, le plus égal, le plus persévérant, le plus à découvert, et, comme il avait le corps aussi bon que l'âme et le cœur pervers, il était parvenu à être le doyen de tous, et à pouvoir se vanter avec vérité qu'il y avait plus de quarante ans qu'il ne s'était couché qu'ivre. »

Le peuple imita bientôt les exemples de dépravation que lui donnaient les nobles et les princes; Paris, suivant l'expression de Labruyère, est le singe de la cour; et Massillon put dire que le vice impur avait infecté tous les âges, tous les sexes et toutes les conditions.

Mais, à une telle société, quel genre d'éloquence pouvait bien convenir? N'est-il pas évident qu'une prédication dogmatique n'eût été comprise ni même acceptée de personne et n'aurait produit aucun fruit? Ignorants, incrédules et pervertis, les auditeurs eussent prêté une oreille distraite à des exposés de théologie; ils auraient déserté le sermon, disant comme autrefois les Athéniens à saint Paul : « Nous vous entendrons sur ce sujet un autre jour. » Massillon ne peut donc les atteindre sur le terrain du dogme; mais il lui reste le vaste champ de la morale.

Ses auditeurs récusent l'autorité de l'Evangile et ne s'inquiètent que médiocrement des docteurs et des Pères de l'Eglise : enfants, ils ont appris le catéchisme; à cette heure, ils n'ont que faire des vérités de la foi. Néanmoins, ils présentent encore un côté vulnérable; c'est leur cœur, si gâté qu'on le suppose. C'est par là que Massillon les attaque; il semble leur dire : Laissons tous les points en litige; examinons seulement ce qui est indubitable; vous êtes chargés de crimes, hypocrites, ignorants, vains, ambitieux, crédules, poursuivis par l'ennui : le vice ne tardera pas à éteindre en votre cœur tout noble sentiment : interrogez votre conscience et vous ne pourrez douter de cet état d'avilissement et de dégradation ; puisqu'il en est ainsi, revenez à la vertu et à la foi.

Ainsi, au lieu de partir des vérités de la religion pour conclure à la pratique de la vertu et à la correction des mœurs, Massillon prend pour point de départ le vice et les passions, et il s'efforce de s'élever jusqu'au dogme ; et, le fait est sûr, l'état de la société lui interdisait tout autre genre de prédication.

§ 2.

Caractères de la morale de Massillon.

La morale de Massillon a deux traits distinctifs : elle est chrétienne et elle est sévère.

A la vérité, il omet le dogme, mais il laisse à sa parole le caractère divin qu'elle comporte. Il est bien loin de traiter ces questions oiseuses qui s'étalèrent dans la chaire vers la fin du siècle, ou même ces thèses philosophiques sur le christianisme, exposées peut-être avec plus de vaine recherche que de zèle véritable par certains prédicateurs de notre époque. Le dogme par excellence de la religion chrétienne est celui de la Rédemption : La croix sur le calvaire, voilà où aboutit toute l'économie du christianisme ; or, Massillon rappelle sans cesse cette vérité fondamentale : il ne fait que parler de la nécessité de porter sa croix, de la conformité à Jésus crucifié : « Portez-vous la mortification de Jésus sur votre chair; sans elle, sans cette conformité avec l'Evangile, vous seriez plus chaste que Suzanne, plus irrépréhensible que Judith, plus charitable que Corneille, vous êtes perdu (1)... Je sais qu'il faut porter sa croix et se renoncer à soi-même pour être son disciple, et que, comme on ne peut avoir accès auprès de Dieu sans être incorporé en Jésus-Christ, on ne peut être incorporé en Jésus-Christ sans être crucifié en lui (2). » C'est bien là de la morale chrétienne, et c'est le ton général de son enseignement. Accusé par ses auditeurs de prêcher une morale trop sévère, il se retranche derrière cette excuse, qu'il ne prêche que l'Evangile. Il cite de nombreux textes du *nouveau Testament*, et il les donne pour le résumé de sa prédication : « Vous croyez que l'Evangile n'est pas si formel que nous le prétendons sur la plupart des règles que nous voulons vous prescrire; que nous outrons sa sévérité, et que nous lui faisons dire ce qu'il nous plaît. Ecoutons-le donc lui-même, mes frères; nous consentons que de tous les devoirs qu'il vous prescrit, vous ne vous croyiez obligés d'observer que ceux qui y sont marqués en termes si clairs et si précis qu'on ne saurait s'y méprendre et les méconnaître; on ne vous demande pas davantage, et nous

---

(1) Discours d'absoute.
(2) *Sermon pour la fête de la Visitation.*

vous quittons de tout le reste. Ecoutez-le donc :
« Celui qui ne porte pas sa croix chaque jour et qui ne me suit pas ne saurait être mon disciple (1). »

Des trois principes des actions humaines, le sensualisme, la raison et la foi, ce dernier seul trouve grâce à ses yeux. Il réprouve la philosophie humaine; en effet, quel parfait philosophe que le mauvais riche : on ne lui reproche point de viles passions, ni des actions basses et honteuses; il évite les excès; sa morale sauvegarde la facilité des plaisirs et la dignité de l'homme; cependant, Massillon le condamne hautement dans deux de ses sermons, et il le regarde comme un réprouvé, pour avoir mené une vie molle, de délices, sans vice ni vertu. Il exagère peut-être même un peu quand il parle des vertus purement humaines. Le philosophe se glorifie d'avoir en partage la générosité, la modération, la droiture, la bienfaisance, la justice, la sévérité des mœurs. C'est là la morale du monde, et souvent son unique religion. Quoique ces vertus humaines soient sujettes à bien des faiblesses, à de nombreuses altérations, on ne peut cependant en nier tout à fait l'existence; pourtant, c'est ce que fait Massillon : il s'attache, dans le *Petit Carême*, à en montrer l'origine suspecte et la fragilité; il nie toute vertu qui est purement humaine, et il se refuse à croire à la moralité de la raison.

Sa morale est chrétienne; sa prédication s'accor-

---

(1) Saint Luc, XIV, 27. *Sermon sur l'évidence de la loi de Dieu.*

dait en cela avec les habitudes religieuses encore des fidèles de ce temps. Sans doute, il régnait alors une déplorable immoralité; l'incrédulité négligeait le soin de se cacher; cependant, rien ne paraissait changé à l'extérieur : les églises réunissaient la même foule qu'autrefois; chacun avait à cœur de remplir ses devoirs à la solennité de Pâques; on était encore tout près de Bourdaloue et de Bossuet.

Dans le *Petit Carême* il est vrai, la parole de Massillon revêt souvent une couleur philosophique. Ses considérations sur l'humanité des grands, sur les dangers que court la vertu des princes, sur le bon usage du pouvoir, ne messiéraient pas à un philosophe; la raison seule suffirait presque à les inspirer; elles rappellent les leçons qu'adressait Mentor à Télémaque. Massillon aurait-il subi la triste influence de la cour du Régent? Nullement; la faute en est à l'état moral de ses auditeurs. Nous sommes en 1718 : la contrainte, qui avait entretenu jusque-là des habitudes chrétiennes parmi les courtisans, n'existe plus; le vice, sous toutes ses formes, s'étale impunément. Quelles vérités pouvait annoncer un orateur chrétien à ces hommes trop souvent perdus de crimes? Il leur enseigne la doctrine dont ils sont susceptibles; ne pouvant les élever jusqu'à une morale purement chrétienne, afin d'arriver jusqu'à eux, il descend lui-même à un enseignement humain. Il commence à prendre le ton qui deviendra familier aux orateurs de la fin du siècle, époque, où la bourgeoisie pourra rivaliser de corruption avec les *roués* de la Régence.

Ainsi, Massillon occupe une place intermédiaire entre deux extrêmes. Son enseignement est moins dogmatique et moins pur que n'était au dix-septième siècle la prédication ; mais aussi moins philosophique et moins humain que dans la suite du dix-huitième.

Sa doctrine paraît être encore d'une sévérité outrée, désespérante, surtout dans ce qui a trait à la grâce et à la prédestination. Dans son sermon *Sur le petit nombre des élus*, il avance cette proposition : « Celui qui ne vit pas comme les saints, soit en conservant son innocence baptismale, soit en la réparant par une parfaite pénitence, ne sera point sauvé. » Or, presque personne ne vit comme ces saints que l'Eglise honore. Massillon ne recule pas devant la conclusion, qui lui fournit un mouvement oratoire resté célèbre. Mais la majeure du syllogisme est fausse et l'argument est un sophisme ; la vérité est que ceux-là sont sauvés qui meurent en état de grâce, quelque criminelle qu'ait été leur vie.

Peu content de rétrécir la porte du ciel, il amoindrit aussi la miséricordieuse bonté du Seigneur. Pour lui, il arrive un moment où la mesure des iniquités est comble et où elle déborde : Dieu se montre alors sans pitié et inexorable. « C'est une vérité de salut que Dieu met des bornes à sa patience, au delà desquelles il ne va jamais... Il y a dans les trésors de sa miséricorde certain nombre de faveurs spéciales destinées à chacun de nous en particulier, lesquelles, une fois taries par une longue suite d'infidélités, sont le signal de son indifférence et de sa fureur ; et la suite ordinaire et comme infaillible d'une vie pécheresse, c'est la mort dans le péché (1). »

Il est plus juste et plus consolant de dire que Dieu ne méprise jamais le repentir d'un cœur contrit et humilié, et l'Eglise ne veut pas qu'on désespère du salut de personne.

Au sujet de la divine eucharistie, il met les fidèles dans une terrible alternative : « Si je ne suis pas un saint, je suis un monstre; si je ne suis pas un vase d'honneur, je suis un vase d'ignominie; si je ne suis pas un ange de lumières, je suis un ange de ténèbres; et si je ne suis pas un temple vivant de votre esprit, je suis un profanateur (2). » Ces paroles sont-elles d'une exactitude absolue? On pourrait en douter. Il existe un milieu entre la sainteté qui opère des miracles et une vie souillée d'iniquités; et n'est-ce pas dans l'eucharistie que le chrétien va puiser une intégrité parfaite? Si elle est le pain des anges, elle n'est pas moins le pain des hommes.

Certains ont pensé que Massillon a outré la doctrine, pour compenser la part trop faible qu'il a faite au dogme; d'autres en ont attribué la cause à une légère teinte de jansénisme. Sans discuter à fond ces opinions, et sans prétendre donner à tout une juste explication, nous regardons la sévérité de sa doctrine comme l'effet d'un simple artifice oratoire : sous l'impression du triste état moral de ses auditeurs,

---

(1) *Sermon de l'impénitence finale*, 2ᵉ partie.
(2) *Sermon sur les dispositions à la communion*.

Massillon s'efforce de les ramener à la vertu. A cette fin, il croit utile d'exercer sur ceux qui l'écoutent une action vive et durable; et, persuadé que par une exposition froide et incolore de la doctrine, il n'obtiendrait nul effet, il exagère à dessein la sévérité de son enseignement, sauf à rentrer plus tard dans les bornes de l'exactitude. Qui l'en blâmerait aurait à condamner souvent les plus beaux mouvements d'éloquence, qui se rencontrent chez tous ies orateurs.

Massillon se propose avant tout de saisir et de remuer les consciences; il affecte dans ce but de traiter des sujets à sensation et à effet : *La mort du pécheur, Le péché de rechute, L'impénitence finale,* où il trace des tableaux et des peintures capables d'effrayer les plus insensibles et les moins timorés. A l'excès du vice, il oppose une dureté excessive; mais croit-il avoir amené son auditoire à ressentir une crainte salutaire, il revient, pour l'adoucir, sur son enseignement. Ainsi, dans son sermon *De la rechute,* il prouve d'abord la damnation certaine de ceux qui retombent sans cesse, et il ajoute ensuite : « Que prétends-je ici, mon cher auditeur, en vous prouvant que vous n'êtes point propre au royaume de Dieu? Vous décourager, vous dissuader de travailler à votre salut? A Dieu ne plaise! Mais vous faire trembler sur des rechutes, qui sont comme le triste préjugé de votre réprobation! » Il nous a paru d'une effrayante sévérité en ce qui regarde le mystère de la prédestination; mais il ajoute bientôt une explication tout à fait conforme à la saine doctrine : « Je sais que tout le temps de la vie présente est un temps de salut et de propitiation, que nous pouvons toujours retourner à Dieu; qu'à quelque heure que le pécheur se convertisse au Seigneur, le Seigneur se convertit à lui (1). » A s'en tenir aux premières paroles du sermon *Des dispositions à la communion*, il n'y aurait qu'à s'éloigner des saints mystères; mais il expose, à la fin, une doctrine autrement douce et vraie : « Ce n'est pas que je veuille exclure de l'autel ceux qui n'ont pas encore atteint cet état de mort (à soi-même); hélas! c'est l'affaire de toute la vie, et la chair de Jésus-Christ est un secours établi pour nous fortifier et nous aider dans cette entreprise. Mais il faut y tendre pour ne pas approcher de l'autel indignement; il faut être aux prises avec ses sens, avec sa corruption, avec ses faiblesses et se gagner tous les jours sur quelque article. » Mais autre n'est pas l'enseignement de l'Eglise. Il appelle même, dans la paraphrase des psaumes, l'eucharistie : *le pain quotidien de l'âme chrétienne*. Enfin, la conclusion du sermon même *Du petit nombre des élus* est consacrée à atténuer l'exagération de la doctrine. Pour nous, il reste démontré que cette sévérité est plus apparente que réelle, plus oratoire que dogmatique, provenant moins d'un défaut d'exactitude dans les principes que d'un vif désir de retirer du vice l'âme de ses auditeurs.

(1) *Sermon sur l'impénitence finale*, 2ᵉ partie.

Article Second.

Peinture morale.

La morale de Massillon est surtout générale : il s'adresse à tout son auditoire à la fois; et, comme les passions sont les mêmes chez tous les hommes, il décrit d'ordinaire les principaux mouvements du cœur humain. Néanmoins, il retrace quelquefois les mœurs particulières et les usages propres à certaines classes de la société.

§ 1.

Peinture générale.

Massillon avait une parfaite intelligence de nos passions. L'expérience du monde, le ministère de la confession et surtout l'étude de son propre cœur lui en avaient donné une exacte connaissance. « Les hommes du monde, dit Lacretelle, ne pouvaient concevoir comment il avait été donné à un pieux solitaire de connaître si bien les replis de leurs cœurs et les misères de leur vanité (1). » Le cœur humain est pour lui sans secrets; il surprend, il analyse, il décrit ces impressions si variées et si multiples, qui viennent effleurer la surface de notre âme, et que

---

(1) *Histoire de France pendant le dix-huitième siècle.*

nous-mêmes pouvons à peine surprendre et arrêter. La tristesse, la joie, le découragement, la présomption, l'orgueil, la vanité, l'ambition, la jalousie, l'avarice, la prodigalité, l'amour des plaisirs, les illusions du vice et ses faux prétextes, les inquiétudes secrètes de l'âme, les mille amertumes dont le cœur est saturé, tout est analysé avec un art admirable, tout est décrit jusque dans les plus délicates nuances. Rien n'échappe à cet habile moraliste : il sait l'origine, les progrès, les remèdes de chaque passion. Il est le peintre du cœur humain. Le dix-septième siècle avait été le siècle des moralistes; et étudier le cœur humain, la tendance générale des esprits. De La Rochefoucauld à La Bruyère, en nommant Pascal, Nicole, Bossuet, Bourdaloue, tous les écrivains, à peu d'exceptions près, se livrent à l'étude de l'homme et de ses passions : Massillon, le dernier venu de cette grande époque, semble ajouter encore aux lumières de ses prédécesseurs; il l'emporte sur tous par la connaissance du cœur humain et la délicatesse des peintures morales. On ne saurait ici rien choisir, ni apporter des citations, c'est Massillon tout entier qu'il faudrait lire et citer. Voici comment il dépeint l'agitation et l'inconstance de la vie humaine : « Qu'est-ce que la vie humaine? Qu'une mer furieuse et agitée, où nous sommes sans cesse à la merci des flots, et où chaque instant change notre situation et nous donne de nouvelles alarmes. Que sont les hommes eux-mêmes? Que les tristes jouets de leurs passions insensées et de la vicissitude éternelle des événements? Liés par la corruption de leur cœur à toutes les choses présentes, ils sont avec elles dans un mouvement perpétuel... Ils flottent au gré de l'inconstance des choses humaines, voulant sans cesse se fixer dans les créatures, et sans cesse obligés de s'en déprendre; croyant toujours avoir trouvé le lieu de leur repos, et sans cesse forcés de recommencer leur course. Lassés de leur agitation, et cependant toujours emportés par le tourbillon, ils n'ont rien qui les fixe, qui les console, qui les paye de leurs peines, qui leur adoucisse le chagrin des événements; ni le monde qui le cause, ni leur conscience qui le rend plus amer. Ils boivent jusqu'à la lie toute l'amertume de leur calice; ils ont beau le verser d'un vase dans un autre; se consoler d'une passion par une passion nouvelle; d'une perte par un nouvel attachement; d'une disgrâce par de nouvelles espérances, l'amertume les suit partout; ils changent de situation, mais ils ne changent pas de supplice.

» L'inconstance est le vrai caractère de notre cœur. Chaque instant et chaque objet voit presque naître en nous de nouvelles impressions. Si nous nous perdons un moment de vue, nous ne nous connaissons plus. Il se forme au dedans de nous une succession si continuelle et si rapide de désirs, de jalousies, de craintes, d'espérances, de joies, de chagrins, de haines et d'amours, que si nous ne suivons sans cesse ces routes diverses et secrètes de nos passions, nous n'en voyons plus ni les principes ni les suites; elles se confondent pour ainsi dire dans leur multiplicité; et notre cœur devient un abîme que nous ne pouvons plus approfondir, et dont nous ne voyons jamais que la surface (1). »

Qui n'admirerait la sagacité profonde qui fait découvrir ainsi à Massillon les troubles et les agitations de notre âme?

Fénelon, dans ses dialogues sur l'éloquence, après avoir dit d'un prédicateur qu'il a tracé des peintures morales où chacun se retrouvait, ajoute : « Il a fait une anatomie des passions du cœur humain qui égale les maximes de M. de La Rochefoucauld. »

A la vérité, Massillon, si c'est lui que Fénelon a en vue, n'est pas au-dessous de l'auteur des *Maximes* pour la finesse de l'observation; mais il l'emporte de beaucoup sur lui par la vérité et l'élévation de sa doctrine. La Rochefoucauld, mettant en principe que la vanité est le mobile de toutes nos actions, nie ainsi l'existence de tout sentiment noble et élevé, et affirme dès lors que toutes les saintes causes, la religion, la patrie, la famille ne doivent plus servir qu'à flatter l'orgueil et le haïssable égoïsme de l'homme. Le prince de Marsillac jugeait de l'humanité par les intrigants et les ambitieux personnages de la Fronde. De son côté, Massillon ne croit guère à la vertu purement humaine (2). Mais ce qu'il refusait à la nature déchue, il l'accordait à la nature ai-

---

(1) *Premier sermon de la Purification.*
(2) *Petit Carême* : *Fausseté de la gloire humaine*

dée de la grâce; l'homme, avec le secours de Dieu, peut accomplir des actes sublimes de vertu. Cette doctrine, plus vraie, est aussi plus consolante que le froid égoïsme qu'enseigne La Rochefoucauld; elle inspire le courage de résister au vice avec l'espérance d'en triompher; elle rappelle que les héros du christianisme ont pu ressentir les ardeurs des passions, mais qu'ils ont su les maîtriser.

On recueillerait, dans les sermons de Massillon, un grand nombre de maximes pleines de sagesse, exprimées avec la précision de La Rochefoucauld : « Il ne faut jamais s'endormir, et le plus haut point de la vertu n'est quelquefois que l'instant qui précède la chute... On peut être philosophe pour le public, on est toujours homme pour soi-même... Les crimes ne sont jamais les coups d'essai du cœur. La satiété des plaisirs fait toute notre innocence. »

Ainsi, Massillon peint avant tout l'homme en général, les passions humaines avec leurs caractères invariables; il diffère en cela de La Bruyère, qui nous dépeint l'homme de son temps. Dans cette galerie de tableaux, que l'auteur des *Portraits* nous a laissés, on voit les costumes, les allures, les bizarreries de tous ces personnages du dix-septième siècle, dont les mœurs ridiculisées iront exciter les sourires de la dernière postérité. Mais, tandis que son livre ne nous offre en partie que l'intérêt de l'histoire, les sermons de Massillon gardent pour nous l'attrait de la nouveauté, ils font connaître l'humanité dans ce qu'elle a de plus intime. Vraies au dix-septième siècle, ces peintures le sont encore aujourd'hui, et chacun de nous peut reconnaître en elles l'image fidèle de son cœur.

Outre les passions du cœur, Massillon décrit encore çà et là l'aspect de la société de son temps, où, par un étrange contraste, des mœurs presque païennes s'alliaient à des usages chrétiens. A Paris, on se conformait toujours à la discipline de l'Eglise; on tenait à remplir ses devoirs religieux; pendant le carême, les temples n'avaient jamais réuni une plus grande foule; on paraissait avide d'entendre la parole de Dieu; les solennités chrétiennes étaient célébrées comme aux âges de foi. « On peut dire que c'est ici l'abus le plus universel, et la plaie la plus déplorable de l'Eglise. Hélas! toute la gloire de la fille du roi est pour ainsi dire en dehors. Jamais la montre ne fut si belle, jamais le dehors du culte plus solennel, jamais les temples plus pompeux, les sacrements plus fréquentés, les sacrifices plus communs; les œuvres de miséricorde plus recherchées; jamais tant d'extérieur de dévotion et jamais peut-être moins de piété, et jamais les véritables chrétiens ne furent plus rares (1). »

Les dehors de la religion et même de la piété existent ainsi chez la plupart; à l'extérieur tous sont chrétiens. Mais quel prix faut-il attacher à un culte que n'anime plus la foi? les coutumes pieuses disparaîtront peu à peu et finiront par tomber dans le

---

(1) *Sermon sur le véritable culte.*

plus complet oubli : telle est la triste histoire de la religion, au dix-huitième siècle, pour plusieurs de ceux du moins à qui s'adressait Massillon.

Cette méthode, ordinaire à Massillon, de ne prêcher qu'une morale générale et de faire des peintures du cœur humain, répondait aux besoins de ses contemporains. A peu près tous gémissaient sous la tyrannie des mêmes passions; tous étaient entraînés par un égal amour du monde et des plaisirs : la prédication de Massillon atteignait de la sorte chacun de ses auditeurs, tandis que toute autre manière de prêcher n'eût été utile qu'à quelques-uns. Peut-être aussi sacrifia-t-il un peu trop au goût de son temps pour les descriptions et les dissertations morales. Tous, épris alors des traités philosophiques, des sentences morales, des maximes déclamatoires, allaient, par une vaine curiosité, entendre du grand orateur l'histoire des passions et des égarements du pauvre cœur humain.

§ 2.

Peinture particulière.

Néanmoins, Massillon laisse parfois les généralités : il flétrit tour à tour le scepticisme des incrédules, les affreuses maximes du théâtre le faste insolent des parvenus, le luxe effréné des personnes du monde.

Après la corruption des mœurs, le libertinage d'esprit était le mal le plus répandu dans cette société. L'incrédulité se présentait alors sous deux formes différentes : l'une, vulgaire; l'autre, savante. La première s'attaquait à la morale et rejetait les vérités gênantes pour les passions. C'était celle du peuple ou de quelques grands seigneurs ignorants. Elle se bornait à des négations, et pour preuve de ses refus de croire elle ajoutait des plaisanteries. « Tout est plein aujourd'hui de ces pécheurs, qui nous disent froidement qu'ils se convertiraient, s'ils étaient bien sûrs que tout ce que nous leur disons de la religion fût véritable; que peut-être il n'y a rien après cette vie : ils ont des doutes et des difficultés sur nos mystères, auxquels ils ne trouvent point de réponse qui les satisfasse; qu'au fond tout paraît assez incertain, et qu'avant de s'embarquer à suivre toutes les maximes sévères de l'Evangile, il faudrait être bien sûr que nos peines ne seront pas perdues (1). »

La seconde sorte d'incrédulité affectait de paraître plus savante; à l'exemple de Bayle, elle soulevait des objections contre les livres saints, contestait la possibilité des miracles, tournait en ridicule les principales scènes de la Bible : « On trouve des inconvénients dans l'histoire vénérable de nos livres saints; on s'érige en censeur de ces faits éclatants et merveilleux, que les hommes inspirés nous y ont conservés, et que le bras du Seigneur opéra autrefois pour la délivrance de son peuple : on cherche comment il

---

(1) *Sermon sur les doutes sur la religion.* (Exorde.)

a pu créer un monde qui n'était pas; exterminer toute chair dans les eaux du déluge; ouvrir et fermer les mers pour faciliter la fuite de son peuple, le nourrir dans le désert d'un pain miraculeux, le conduire dans une nuée éclatante, et ordonner même au soleil de prolonger sa course, pour achever de le rendre vainqueur des ennemis de son nom (1). »

Massillon répondit à ces deux sortes d'incrédulité. Il réfuta la plus vulgaire, en montrant la bassesse de son origine et les dangers de ses conséquences. Les incrédules se faisaient honneur d'une grande force de caractère; secouer le joug de la religion était à leurs yeux le fait d'un génie élevé; croire à Dieu et aux dogmes révélés passait pour faiblesse de cœur et pour petitesse d'esprit; au plus, était-ce bon pour des femmes et des enfants, pour le peuple et les gens de petite naissance. Massillon leur démontre que cette prétendue force d'esprit n'est que faiblesse en réalité, et que le scepticisme est né de la corruption. L'esprit a commencé à ne plus croire dès le jour où le cœur a commencé à se gâter. On tend à se persuader qu'on est un esprit fort, et on n'est qu'une âme corrompue. L'incrédulité n'est pas la fille de l'intelligence et du savoir; elle est le produit du désordre et de la dépravation. « L'impiété, ô mon Dieu, commence toujours par le cœur; dès que l'homme s'est livré aux passions les plus honteuses, et qu'il les a poussées jusqu'aux excès les plus énormes, il cherche à

(1) *Sermon pour la fête de l'Incarnation*, 3e partie.

se les justifier à lui-même en se disant en secret que vous n'êtes point, vous, grand Dieu, par qui tout existe. Ce n'est pas dans sa raison que des doutes sur votre être adorable naissent... C'est dans la dépravation de son cœur; il désire que vous ne soyez point, il s'efforce de se le persuader, il se fait même un honneur affreux d'en paraître convaincu (1). » Et ailleurs : « Vos doutes sont dans vos passions; la religion deviendra claire dès que vous serez devenu chaste, tempérant, équitable, et vous aurez la foi dès que vous n'aurez plus de vice. Ainsi, n'ayez plus d'intérêt que la religion soit fausse, et vous la trouverez incontestable; ne haïssez plus ses maximes, et vous ne contesterez plus ses mystères (2). »

D'ailleurs, si l'incrédule est d'un sens droit et élevé, comme il le prétend, que ne rejette-t-il les plus absurdes superstitions? Et cependant, on le voit donner dans des travers ridicules et de folles extravagances. Son incrédulité n'est que fanfaronnade; il peut y avoir quelque vrai *libertin*, mais ils sont rares en France, et chez les autres c'est affaire de parade. Plus ils sont hardis dans leurs négations, plus dans le danger ils sont timides : leur incrédulité ne sert qu'à les étourdir; tels ces voyageurs qui chantent, la nuit, pour dissiper leur frayeur et se donner un semblant de courage. Plus ils nient, plus ils ont peur. « Aussi les voit-on appeler en toute hâte un prêtre à

---

(1) *Paraphrase des Psaumes*, ps. VIII.
(2) *Sermon sur la vérité de la religion*, 1re partie.

leur lit de mort, tremblant sur un avenir qu'ils s'étaient vantés de ne pas croire, et humiliés sous la main de Dieu; avouant qu'il est seul grand, seul sage, seul immortel, et que l'homme n'est que vanité et mensonge (1). » Enfin, Massillon exposait les tristes conséquences de l'incrédulité. Elle fait de l'homme un être dénaturé; elle compromet la sûreté publique, elle jette le trouble le plus profond dans la société. « Savez-vous bien ce que c'est qu'un incrédule? C'est un homme sans mœurs, sans probité, sans foi, sans caractère, qui n'a plus d'autre règle que ses passions; d'autre loi que ses injustes pensées, d'autre maître que ses désirs, d'autre frein que la crainte de l'autorité, d'autre Dieu que lui-même; enfant dénaturé, puisqu'il croit que le hasard tout seul lui a donné des pères; ami infidèle, puisqu'il ne regarde les hommes que comme les tristes fruits d'un assemblage bizarre et fortuit, auxquels il ne tient que par des liens passagers; maître cruel, puisqu'il est persuadé que c'est le plus fort et le plus heureux qui a toujours raison. Car, qui pourrait désormais se fier à vous? Vous ne craignez plus Dieu; vous ne respectez plus les hommes; vous n'attendez plus rien après cette vie; la vertu et le vice vous paraissent des préjugés de l'enfance et les suites de la crédulité des peuples. Les adultères, les vengeances, les blasphèmes, les perfidies noires, les abominations qu'on n'oserait nommer, ne sont plus pour vous que des

---

(1) *Sermon sur la vérité de la religion*, 3ᵉ partie.

défenses humaines et des polices établies par la politique des législateurs. Les crimes les plus affreux et les vertus les plus pures, tout est égal selon vous, puisque l'anéantissement éternel va bientôt égaler le juste et l'impie, et les confondre pour toujours dans l'horreur du tombeau. Quel monstre êtes-vous donc sur la terre (1)? » Rien n'est plus vrai que ce tableau. Au dix-huitième siècle, le mariage ne fut trop souvent qu'une union passagère, où la fortune jouait le principal rôle, et d'où l'on excluait la fidélité aux lois les plus saintes. « Chacun vivait séparément et à sa guise... et les convenances n'en étaient nullement choquées (2). » L'enfant secoua le joug paternel; et la libre expansion des penchants de la nature fut la seule éducation que reçut l'enfance. La société devint matérialiste. Les grands auraient dû entendre les leçons de Massillon. Leurs enfants devaient payer chèrement le mépris qu'ils en firent.

A l'incrédulité spécieuse et savante, Massillon opposa ses sermons apologétiques. Il ne suffisait pas de combattre indirectement l'incrédulité, d'en montrer la triste source et d'en dévoiler les funestes conséquences. Il fallait encore la ruiner par la base. Deux points surtout étaient l'objet des attaques des incrédules : la divinité de Notre-Seigneur Jésus-Christ et la vérité de la religion chrétienne. Ces deux dogmes une fois renversés, tout l'édifice, semblait-il,

---

(1) *Sermon sur la vérité de la religion*, 2ᵉ partie.
(2) H. Martin, *Histoire de France*, XVIIIᵉ siècle.

devait crouler. Massillon, devinant comme les intentions de l'incrédulité, et pressentant que les négations deviendraient de plus en plus hardies, établit sur des principes irréfutables la divinité de l'Homme-Dieu et celle de l'Eglise, dans deux discours qui restent comme deux admirables apologies. La Providence semblait inspirer Massillon; la religion essuyait alors les premières escarmouches de la longue guerre qui fut organisée contre elle un peu plus tard, au moment même où elle devait manquer de ses plus éloquents défenseurs. En suscitant Massillon, Dieu pourvoyait aux besoins de l'Eglise : car, si au moment critique la chaire ne retentit plus d'accents éloquents, les œuvres de notre grand orateur subsistaient; et elles répondaient victorieusement aux objections des incrédules contre la religion et son divin fondateur.

Massillon fait aussi la peinture du théâtre.

Il s'en déclare l'adversaire, il en condamne les maximes impies. On le consultait souvent à ce propos; on aurait voulu se prévaloir de son assentiment. Mais, répondant de la chaire chrétienne, il réprouvait la comédie, au nom des bonnes mœurs : « Le théâtre, disait-il, ne sert qu'à exciter les mauvaises passions. Quoi! les spectacles, tels que nous les voyons aujourd'hui, plus criminels encore par la débauche publique des créatures infortunées qui montent sur le théâtre que par les scènes impures ou passionnées qu'elles débitent, les spectacles seraient des œuvres de Jésus-Christ... Jésus-Christ présiderait-il à ces assemblées de péché, où tout ce qu'on entend anéantit sa doctrine, où le poison entre dans l'âme par tous les sens, où tout l'art se réduit à inspirer, à réveiller, à justifier les passions qu'il condamne (1) ? » Il le proscrit encore au nom de l'humanité, le théâtre ne représentant que de fictives infortunes. Insensibles aux souffrances trop réelles de tant d'indigents, les riches et les heureux du siècle venaient, à la comédie, verser des larmes sur des malheurs qui n'existaient que dans l'imagination des poètes. Cependant des revers de toutes sortes sévissaient dans bien des familles. « Hélas! on donne, dans un spectacle profane, comme autrefois Augustin dans ses égarements, des larmes aux aventures chimériques d'un personnage de théâtre; on honore des malheurs feints d'une véritable sensibilité; on sort d'une représentation, le cœur tout ému au récit de l'infortune d'un héros fabuleux; et un membre de Jésus-Christ, et un héritier du ciel, et votre frère que vous rencontrez au sortir de là, vous trouve insensibles; et vous détournez les yeux de ce spectacle de religion, et vous ne daignez pas l'entendre, et vous l'éloignez même rudement et achevez de lui serrer le cœur de tristesse (2). » Le théâtre ne méritait que trop ces anathèmes. Sous Louis XIV, il avait souvent embelli et préconisé le vice : quel pouvait-il être alors, les mœurs étant toujours allées en se cor-

---

(1) *Sermon sur le petit nombre des élus*, 3ᵉ partie.
(2) *Sermon sur l'aumône*, 2ᵉ partie.

rompant davantage? La troupe italienne avait dû prendre jadis le chemin de l'exil pour ses licences de toutes sortes. Mais on la rappela sous le Régent ; et, sans parler du théâtre de Regnard, qui n'est guère une école de morale, de nombreuses scènes de bas étage servaient le public selon son goût. Boileau écrivait d'Auteuil, le 17 novembre 1703 : « Quoi qu'en dise le père Massillon, le poème dramatique n'est mauvais que par le mauvais usage qu'on en fait. » Sans doute, et Massillon lui-même est de l'avis de Boileau : il ne condamnait que les spectacles de son temps, et il aurait applaudi à des pièces de théâtre propres à exciter les nobles sentiments de l'âme, comme il l'a fait du reste dans l'oraison funèbre de Louis XIV : « Quels hommes et quels ouvrages vois-je sortir à la fois de ces assemblées savantes : des Phidias, des Apelle, des Platon, des Sophocle, des Plaute, des Démosthène, des Horace ! »

Toutefois, il se rencontra sur un point avec le théâtre ; ce fut pour flétrir l'insolence et la corruption de toute une classe d'hommes, des *traitants*. Ces parvenus avaient réalisé, dans les commissions et dans les marchés avec l'Etat, une fortune scandaleuse ; enrichis des deniers publics, *ces grands coquins*, comme les appelle Mathieu Marais, loin de rougir de leur roture et de la honteuse origine de leurs biens, affichaient un luxe insolent et se moquaient des malheurs de la France. On s'était fait depuis longtemps au faste des grands et des nobles ; mais on s'indignait de la fatuité et des vices de ces gens-là, qui ne pensaient pas pouvoir mieux employer qu'en débauches, en folies et en extravagances le fruit de leurs rapines. Massillon ne parlait qu'avec horreur de cette opulence cimentée du sang des peuples; de ces hommes nouveaux, à qui on voit étaler sans pudeur, dans la magnificence de leurs palais, les dépouilles des villes et des provinces; qui insultent, par des profusions insensées, à la misère publique, dont ils ont été les artisans barbares (1). Lesage, dans le même temps, écrivait sa comédie de *Turcaret*. En maints endroits il parle des *traitants;* comme le prédicateur, il dénonce leur bassesse et leur obscurité, leurs excès et leurs folles dépenses. Le marquis ruiné, dans Lesage. ne manque pas de railler M. Turcaret, jadis cocher de son grand-père, qui casse aujourd'hui les glaces et les porcelaines d'une prétendue baronne, pour le seul plaisir de lui en acheter de plus belles, et qui annonce qu'il va lui faire construire un hôtel, dont il a déjà acquis « la place, laquelle contient quatre arpents, six perches, neuf toises, trois pieds et onze pouces (2). »

Massillon montrait une égale sévérité contre le luxe des personnes du monde. Sans nul respect des lois de la pudeur, elles portaient jusque dans le lieu saint un grand air de légèreté et d'immodestie. « Vous déshonorez, leur disait-il, la sainte gravité des gémissements de l'Eglise, par un esprit de dissipation et par

---

(1) *Sermon sur le danger des prospérités temporelles*, 1re partie.
(2) *Turcaret*, acte II, sc. IV.

des indécences, qui conviendraient à peine à ces lieux criminels, où vous entendez des chants profanes ; et toute la différence que vous y faites, c'est qu'une harmonie lascive vous applique et vous touche, et qu'ici vous souffrez impatiemment la sainte harmonie des divins cantiques, et qu'il faut pour vous y rendre attentives employer les mêmes agréments et souvent les mêmes bouches qui corrompent, tous les jours, les cœurs sur des théâtres impurs et lascifs (1). »

Quelque soixante ans plus tôt, à une époque même plus religieuse, le père Lejeune, de l'Oratoire, se plaignait avec non moins d'amertume de l'appareil peu décent dont les femmes ne craignaient pas de faire parade jusque dans les églises. Tout ce que dit Massillon s'accorde aussi avec les récits des contemporains, et ceux, en particulier, de La Bruyère, qui signale d'un beau salut les murmures et les causeries étourdissantes.

La sévérité enfin de l'orateur atteignait les parents qui, par ambition, vouaient à la piété certains de leurs enfants. L'Eglise de France était riche de biens et brillante de noblesse et de grands noms ; et cet éclat attirait au sacerdoce les fils des familles nobles. Mais ce qui faisait sa gloire devenait pour elle un danger ; car il arrivait que des cadets de famille, quelquefois sans vocation et sans droiture d'intention, étaient, par le fait même de leur naissance, destinés à l'Eglise. C'est contre cet usage qu'avaient les pa-

(1) *Sermon sur le respect dans les temples*, 2ᵉ partie.

rents de consacrer à Dieu des enfants dénués de tout attrait pour les choses de la piété, que s'élevait Massillon. « Des parents barbares et inhumains, pour élever un seul de leurs enfants plus haut que ses ancêtres et en faire l'idole de leur vanité, ne comptent pour rien de sacrifier tous les autres et de les précipiter dans l'abîme du péché. Ils arrachent du monde des enfants, à qui l'autorité seule tient lieu d'attrait et de vocation pour la retraite; ils conduisent à l'autel des victimes infortunées, qui vont s'immoler à la cupidité de leurs pères plutôt qu'à la grandeur de Dieu; ils donnent à l'Eglise des ministres que l'Eglise n'appelle point, et qui n'acceptent le saint ministère que comme un joug odieux qu'une injuste loi leur impose (1). »

Ainsi Massillon mit en rapport sa prédication avec les exigences de son temps. Par la facilité de son génie et les grâces de son éloquence qui, suivant l'expression d'un contemporain, coulait comme un torrent de lait et de miel, il fit goûter, pendant vingt ans, une austère doctrine à une société superficielle et inconstante, élégante et polie. Discernant que les deux maux dont elle souffrait surtout étaient la corruption des mœurs et l'incrédulité, il sut diriger de ce côté tout l'effort de sa prédication; et afin de mieux combattre chez ses auditeurs ce double libertinage du cœur et de l'esprit, il eut recours à un enseignement presque exclusivement moral; car prêcher le dogme

---

(1) *Sermon sur la vocation*, 1re partie.

ne peut guère convenir qu'à des sociétés ou novices à la foi, ou sincèrement attachées à leurs croyances; et à celles dont le cœur devient de jour en jour plus insensible aux impressions des idées religieuses et de la vertu, il faut réserver des leçons morales plutôt que dogmatiques.

Mais ce qui détermina le caractère général de sa prédication fit encore l'objet de ses peintures morales. A ces grands de la terre, aux fortunés du jour que poursuit cependant un irrémédiable ennui, il découvre d'abord le vide des passions et les mille agitations et tourments qu'elles engendrent. De plus, avec une extrême sagacité et un courage apostolique, il dénonce dans ses discours, et flétrit, par les noirs tableaux qu'il en trace, tous les usages du monde qui, concourant au vice et à l'incrédulité, les répandaient davantage. Le théâtre, avec ses maximes impies et dissolues, la passion de s'enrichir, la fureur du luxe, et les nombreux abus qui désolaient presque tous les rangs de la société, furent tour à tour réprouvés et flétris du haut de la chaire de Massillon.

Tel fut son admirable esprit de sagesse : il sut proportionner ses enseignements aux dispositions intimes de ceux auxquels il prêchait. Il nous apparaît dès lors comme l'un de ces immortels orateurs qui se lèvent, à toutes les époques de l'histoire de l'Eglise, pour annoncer la vérité aux peuples, avec l'éloquence qui leur convient. La Providence avait destiné Massillon à évangéliser le dix-huitième siècle. Il ne fut pas au-dessous de sa mission; et, comme saint Paul, il se fit tout à tous, dans sa doctrine et son langage, pour les gagner tous à Jésus-Christ.

TROISIÈME PARTIE

STYLE DE MASSILLON

CHAPITRE PREMIER.

DU STYLE EN GÉNÉRAL DE MASSILLON.

ARTICLE PREMIER.

Traits généraux de son style.

§ 1.

Éducation littéraire de Massillon.

Massillon appartient au dix-septième siècle : il se disait lui-même de cette époque. La langue qu'il parle est ample et majestueuse, reproduisant la magnifique période cicéronienne qu'avaient empruntée au latin nos grands écrivains, Descartes et Bossuet, Mascaron et Fléchier. A la vérité, son talent ne le place point parmi les hommes de la première moitié du siècle, féconde en esprits plus forts ; il est de la seconde, où le génie avait perdu de sa vigueur et commençait à décliner. Il ne ressemble point à Bossuet et à Corneille ; il est de l'école de Racine et de Fléchier.

Racine fut son poète favori, son auteur de prédilection. Professeur de rhétorique au collège de Montbrison, il faisait ses délices d'en lire les tragédies ; il les apprenait par cœur. Mais, s'il puisa dans le commerce du plus aimable de nos poètes la connaissance du cœur humain, il ne manqua pas de lui dérober encore la pureté et l'harmonie du style. Examinez de près, et la prose de l'orateur vous rappellera souvent les vers du tragique ; chez l'un et l'autre vous trouverez les mêmes expressions et les mêmes procédés littéraires. Voltaire cite comme exemple des imitations ou plutôt des réminiscences de Massillon, ce passage du sermon sur l'humanité des grands : « Hélas ! s'il pouvait être quelquefois permis d'être sombre, bizarre, chagrin, à charge aux autres et à soi-même, ce devrait être à ces infortunés que la faim, la misère, les calomnies, les nécessités domestiques, et tous les plus noirs soucis environnent. Ils seraient bien plus dignes d'excuse, si, portant déjà le deuil, l'amertume, le désespoir souvent dans le cœur, ils en laissaient échapper quelques traits au dehors. Mais que les grands, que les heureux du monde, à qui tout rit, et que les joies et les plaisirs accompagnent partout, prétendent tirer de leur félicité même un privilège qui excuse leurs chagrins bizarres et leurs caprices... etc. » Ce morceau touchant, dit Voltaire (1), n'est pas copié de Racine, mais chacun se souvient, en le lisant, de ces vers de Junie, dans *Britannicus*, à Néron :

> Tout ce que vous voyez, conspire à vos désirs,
> Vos jours, toujours sereins, coulent dans les plaisirs,
> L'empire en est pour vous l'inépuisable source ;
> Ou si quelque chagrin en interrompt la course,
> Tout l'univers soigneux de les entretenir
> S'empresse à l'effacer de votre souvenir.
> Britannicus est seul. Quelque ennui qui le presse,
> Il ne voit dans son sort que moi qui s'intéresse,
> Et n'a pour tout plaisir, seigneur, que quelques pleurs
> Qui lui font quelquefois oublier ses malheurs.
> *Brit.*, acte II, sc. III.

On ferait encore de nombreux rapprochements entre le *Petit Carême* et la tragédie d'*Athalie*. Massillon désigne Louis XV enfant par les expressions dont à l'égard de Joas s'était servi Racine. L'orateur imite du poète la noblesse et la pureté du langage, l'art délicat des alliances de mots. Ces deux génies avaient de secrètes affinités, la même tendresse, une égale sensibilité d'âme : Mme de Maintenon appelait Massillon le Racine de la chaire, et Sainte-Beuve écrit que Massillon a du Racine dans le cœur.

A Fléchier il emprunta l'harmonie du style, la cadence des périodes et le rythme de la phrase. Toutefois sa diction est plus simple et plus naturelle que celle de l'évêque de Nîmes, laquelle dénote souvent une recherche excessive. Il lui prit aussi son

---

(1) *Observations sur l'art d'écrire.*

goût pour l'antithèse, et cette figure de rhétorique se montre assez souvent dans ses œuvres : « Si les plaies de l'Egypte, dit-il dans le sermon sur l'aumône, entrent jusque dans les palais des grands et de Pharaon même, quelle sera la désolation de la cabane du pauvre et du laboureur ! » et cette autre, un peu plus loin : « Vous devenez cruels, pour avoir trop d'occasions d'être charitables. »

Mais il évita la profusion, dans l'usage de tous ces jeux de mots, d'un goût plus ou moins sûr.

Sa diction est facile ; sa phrase ne sent point le travail ni la gêne ; il écrivait avec la grâce et l'aisance de Fénelon ou de Mme de Sévigné. Enfin les défauts comme les qualités de son style le rangent parmi les écrivains du dix-septième siècle.

§ 2.

Défauts de son style.

Les défauts du style de Massillon sont le mauvais goût, dans lequel il donna un peu, au commencement de sa carrière littéraire, et l'uniformité. On pourrait y ajouter quelques négligences de style, de légères incorrections, qui ne méritent guère qu'on s'y arrête.

On ne doit point s'étonner que Massillon, encore jeune et dénué d'expérience, soit tombé d'abord dans le mauvais goût, croyant bon d'émailler ses premiers discours de traits et d'antithèses qu'auraient pu réclamer les *Précieuses*. A Paris, toute cette recherche était passée de mode : les subtilités prétentieuses étaient tombées sous le ridicule provoqué par Molière et Boileau. On était revenu au naturel et au vrai. Mais la réforme attendit longtemps, avant de pénétrer en province, à laquelle on laissa, comme dit l'auteur des *Satires*, admirer le *Typhon*. Elle était encore éprise de tous les faux brillants. Massillon dut participer au goût de la province. Les prédicateurs de la capitale cultivaient déjà depuis plus de quarante ans la véritable éloquence, « substituant la raison aux fausses lueurs et l'Evangile à l'imagination (1) » que lui-même encore, écrivant sa première oraison funèbre, se plaisait aux traits spécieux d'esprit et aux brillantes antithèses. Il s'exprime ainsi, pour louer la douceur de l'archevêque de Vienne : « Comme ce lion mystérieux dont il est parlé dans l'histoire de Samson, il suffisait presque de l'avoir déchiré, pour trouver dans sa bouche le miel de la douceur et la rosée des grâces ; » et il dit dans le panégyrique de sainte Agnès : « Vous n'avez craint que de trop craindre; les obstacles sont devenus pour vous un nouvel attrait, et vous avez trouvé dans les périls qui devaient vous dégoûter une sorte d'assaisonnement pour le vice. » Mais il renonça bientôt à ce ton faux ; et après un court séjour à Paris, il prit la bonne manière d'écrire et la garda toujours.

Un autre défaut, où il tombe plus souvent, est l'uniformité. On remarque fréquemment dans ses

---

(1) Discours de Massillon à l'Académie française.

œuvres des développements analogues, des coupes de phrase identiques, l'emploi des mêmes figures et des mêmes mots. Les mêmes pensées ramenant les mêmes expressions, comme il ne sort guère des considérations morales, son langage en contracte une trop constante égalité.

Il possède à merveille l'art du développement : « Un des principaux caractères de Massillon, dit La Harpe (1), est de revenir un peu sur la même idée ; mais il l'étend, ce me semble, sans l'affaiblir, et c'est un privilège de l'art oratoire. Massillon ne retourne pas sa pensée avec une recherche pénible comme Sénèque ; il la développe comme Cicéron, sous toutes les faces, de manière à multiplier les effets : c'est la lumière d'un diamant dont le mouvement multiplie les rayons. » C'est bien définir le procédé littéraire de Massillon ; mais cette méthode ne peut que relâcher la trame du style, et l'on peut affirmer que, dans les pages mêmes où il a le plus de vigueur, Massillon laisse apercevoir, comme l'orateur romain, l'art du développement.

Souvent encore il emploie les mêmes tours de phrase ; il abonde en énumérations, en exclamations ; des discours différents offrent des répétitions de texte. On lit dans un sermon sur *la Prière* : « Si les richesses nous corrompent, l'indigence nous aigrit ; la prospérité nous élève, l'affliction nous abat ; les affaires nous dissipent, le repos nous amollit ; les scien-

---

(1) *Cours de littérature.*

ces nous enflent, l'ignorance nous égare, etc. » Or, les mêmes pensées reparaissent sous les mêmes expressions, dans un second sermon sur la prière. On relèverait ainsi maintes répétitions ; on retrouve par exemple plusieurs fois la description de l'infortune de toutes les conditions humaines du sermon *des Afflictions*, et la peinture des fausses joies du monde de l'homélie de l'*Enfant Prodigue*. En écrivant ses sermons, ses anciens discours se présentaient à sa mémoire, et il leur faisait des emprunts. La correction laissa subsister ces fautes. Il est certaines phrases, certaines expressions qui reviennent sans cesse. Dans le sermon de la *Conformité à la volonté de Dieu*, il admet maintes fois cette expression; la *volonté sainte* du Seigneur; ailleurs c'est quelque autre mot, employé plus souvent qu'il ne faudrait. Cette uniformité de diction pouvait avoir sa source dans le tempérament calme et pacifique de Massillon, qui rappelait encore par là bon nombre d'écrivains du dix-septième siècle. Solennelle et pompeuse, leur langue ne laisse pas d'être un peu froide et monotone; défaut qu'elle dissimule sous son grand air de dignité et de noblesse.

Ainsi, coupes de phrase identiques, répétitions de mots, emplois réitérés des mêmes figures et des mêmes locutions, uniformité dans les développements, et traces de mauvais goût qu'il faut attribuer à la jeunesse et à l'inexpérience, tel est l'ensemble des défauts du style de Massillon, légères imperfections qui disparaissent sous ses brillantes qualités.

§ 3.

Qualités de son style.

Au premier rang des qualités du style de Massillon, viennent le naturel et la simplicité. Dans sa phrase il n'a rien de prétentieux et de déclamatoire; le faste et l'affectation sont bannis de son langage. Il s'anime, il s'élève jusqu'au sublime ; mais il ne franchit pas la limite qui sépare de la recherche et de l'emphase. Un des charmes particuliers de son style est d'y voir la grandeur unie à la simplicité. Il évite avec un égal soin le ton familier. D'heureuses alliances de mots donnent du prix aux plus vulgaires détails; et par le sage emploi des expressions générales il relève ce qui serait trop simple ou trop commun. Par exemple, il écrit que saint Bernard refuse de voir sa sœur, si, au lieu d'étaler les parures du siècle, elle ne se couvre de *pudeur* et de *modestie.* Les religieuses dans le cloître se prévalent quelquefois d'une illustre naissance ; « On étale, sous l'*obscurité* du voile saint, le faux éclat du monde et de la naissance (1). » Et dans un autre discours : « Il semble que les âmes qui n'ont jamais appartenu au monde et au démon sont bien plus propres à être consacrées à Jésus-Christ, parmi les vierges saintes qui le servent, et à devenir sa portion et son héritage ; il

---

(1) *Sermon pour la fête de l'Assomption.*

semble qu'il habite en elles avec plus de plaisir, qu'il y règne plus en souverain, et qu'il les voit avec plus de complaisance, autour de son autel, parer le festin de l'époux de leur robe *de candeur* et *d'innocence* (1). » Ces deux expressions n'offrent-elles pas l'image la plus gracieuse ?

A la simplicité et à la noblesse, Massillon sait joindre la richesse et la pompe du style. Sa diction n'est point pauvre et difficile. Elle serait plutôt trop facile et trop abondante. Sa phrase est ample, elle flotte à longs plis. L'écrivain a dû retrancher, au lieu de chercher à ajouter. Mais cette richesse ne sent point le faste et l'ostentation. C'est une opulence de bon goût ; la grandeur y règne, sans le secours d'une vaine ostentation : on voit des fleurs, mais sans profusion. Fénelon a loué, dans un charmant traité, la simplicité et la grâce du costume grec, avec « ses draperies pleines et flottantes à longs plis. » C'est l'image du style agréable et majestueux de Massillon.

Qui n'en admirerait aussi la réserve et la délicatesse ?

C'est une onde pure, dont rien n'altère la limpidité. Au milieu de détails difficiles à exprimer, l'écrivain reste toujours en deçà des bornes de la plus sévère modestie. Il dit de la pécheresse repentie : « Ses yeux avaient été les instruments de ses passions et la source de ses faiblesses, ils deviennent les

---

(1) *Sermon pour le jour de saint Benoît.*

organes de sa pénitence et les interprètes de son amour ; ses cheveux avaient servi d'attraits à la volupté, elle les consacre aujourd'hui à un saint ministère ; sa bouche avait été mille fois souillée ou par des discours de passion, ou par des libertés criminelles, elle la purifie par les marques les plus vives d'une sainte tendresse ; elle punit le péché par le péché même (1). »

Massillon est peut-être aussi le plus harmonieux de nos prosateurs, soit qu'il ait acquis cette douce harmonie à l'école de Racine, soit qu'il l'ait reçue de sa terre de Provence, sur les bords de ce lac méditerranéen, où fleurirent jadis les lais et les sirventes de nos gais troubadours, et où retentit encore le plus harmonieux idiome de notre ancienne France. Quoi qu'il en soit, sa lecture charme et captive. A ce courant large et tranquille, il fait bon se laisser doucement entraîner. Tout, dans son style, concourt à cette heureuse harmonie, et le gracieux mélange de syllabes sonores et muettes ; et les périodes arrondies avec art ; et les hémistiches nombreux ou une syllabe à peine rompt le rythme et la mesure ; et les vers entiers, qui çà et là se rencontrent ; en un mot c'est une musique dont on admire les accords, et qui vous retient sous le charme de la plus douce mélodie. Telle est, pour ne citer qu'un très court exemple, cette peinture de la gloire d'un prince qui règne seulement pour le bonheur de ses sujets : « Un prince de ce ca-

---

(1) *Sermon pour le jour de sainte Madeleine.*

ractère sera toujours grand, parce qu'il l'est dans le cœur des peuples. Les pères raconteront à leurs enfants le bonheur qu'ils eurent de vivre sous un si bon maître; ceux-ci le rediront à leurs neveux; et dans chaque famille ce souvenir, conservé d'âge en âge, deviendra comme un monument domestique, élevé dans l'enceinte des murs paternels, qui perpétuera la mémoire d'un si bon roi dans tous les siècles (1). »

Son imagination vive et féconde lui retrace de nos passions les tableaux les plus exacts par la ressemblance des traits et la finesse des nuances; et chaque trait de ses peintures est l'expression de la vérité. Analysez le portrait suivant de ces grands à l'humeur bizarre qui ont abandonné Dieu : « Plus même vous êtes élevé, plus vous êtes malheureux. Comme rien ne vous contraint, rien aussi ne vous fixe; moins vous dépendez des autres, plus vous êtes livré à vous-même. Vos caprices naissent de votre indépendance; vous retournez sur vous votre autorité. Vos passions ayant essayé de tout et tout usé, il ne vous reste plus qu'à vous dévorer vous-même; vos bizarreries deviennent l'unique ressource de votre ennui et de votre satiété. Ne pouvant plus varier les plaisirs déjà tous épuisés, vous ne sauriez plus trouver de variété que dans les inégalités éternelles de votre humeur, et vous vous en prenez sans cesse

---

(1) *Petit Carême*, Sermon sur le malheur des grands qui ont abandonné Dieu.

à vous du vide que tout ce qui vous environne laisse au-dedans de vous-même (1). »

Chacun de ces traits dépeint avec vérité l'incurable ennui de la société blasée de la Régence, et, comme ajoute Massillon, « ce n'est pas ici une de ces vaines images que le discours embellit et où l'on supplée par les ornements à la ressemblance (2). »

Son génie facile lui suggère les plus belles et les plus ingénieuses comparaisons ; il représente les prêtres tantôt comme les lampes élevées pour éclairer la maison du Seigneur, mais qui, du moment que le souffle empesté du serpent les a éteintes, répandent au loin une fumée noire qui obscurcit tout ; tantôt comme les colonnes du sanctuaire, mais qui, renversées et dispersées dans les places publiques, deviennent des pierres d'achoppement aux passants (3). Sa plume retrace avec une égale facilité les horreurs de la mort du pécheur, et la douceur de celle du juste ; la laideur du vice, et la beauté de la vertu ; le bonheur que l'on goûte au service de Dieu, et les secrètes amertumes de l'impiété ; l'incrédulité de son époque, et la ferveur des chrétiens aux premiers siècles de l'Eglise.

Enfin, pour être noble et harmonieux, son langage ne manque point de nerf et de vigueur ; ses grandes œuvres sont écrites en un style ferme et énergique,

---

(1) *Petit Carême*, Sermon sur le malheur des grands ont abandonné *Dieu.*

(2) **Même sermon.**

(3) *Conférence sur l'excellence du sacerdoce.*

qu'anime le zèle et le feu d'une vive éloquence; tel est ce passage du sermon *Du petit nombre des élus* : « Si Jésus-Christ paraissait dans ce temple, au milieu de cette assemblée, la plus auguste de l'univers, pour nous juger, pour faire le terrible discernement des boucs et des brebis, croyez-vous que le plus grand nombre de tout ce que nous sommes ici fût placé à la droite? Croyez-vous du moins que les choses fussent égales? Croyez-vous qu'il s'y trouvât seulement dix justes, que le Seigneur ne put trouver autrefois en cinq villes tout entières? Je vous le demande; vous l'ignorez, et je l'ignore moi-même. Vous seul, ô mon Dieu! connaissez ceux qui vous appartiennent; mais si nous ne connaissons pas ceux qui lui appartiennent, nous savons du moins que les pécheurs ne lui appartiennent pas. Or, qui sont les fidèles ici assemblés? Les titres et les dignités ne doivent être comptés pour rien; vous en serez dépouillés devant Jésus-Christ. Qui sont-ils? beaucoup de pécheurs qui ne veulent pas se convertir, encore plus qui le voudraient, mais qui diffèrent leur conversion; plusieurs autres qui ne se convertissent jamais que pour retomber; enfin un grand nombre qui croient n'avoir pas besoin de conversion; voilà le parti des réprouvés. Retranchez ces quatre sortes de pécheurs de cette assemblée sainte; car ils en seront retranchés au grand jour. Paraissez maintenant, justes; où êtes-vous? Restes d'Israël, passez à la droite; froment de Jésus-Christ, démêlez-vous de cette paille destinée au feu. O Dieu! où sont vos élus? Et que reste-t-il pour votre partage? »

Quoi de plus sublime et de plus entraînant que ce mouvement d'éloquence, où il est facile de remarquer en outre toutes les autres qualités du style de Massillon? Mais de même que dans son enseignement, il avait dû se conformer aux dispositions de ses auditeurs, ainsi le dix-huitième siècle exerça encore une influence marquée sur son style; et il en est certains traits qui le distinguent des écrivains de l'ère de Louis XIV.

Article 2.

Caractères particuliers du style de Massillon.

Trois traits distinctifs séparent, en effet, Massillon comme écrivain des auteurs du siècle précédent. Sa diction est plus vive et plus rapide que celle de ses devanciers. On y remarque la recherche du trait; et l'expression manque, dans quelques œuvres, de vérité et d'exactitude; elle respire enfin un air de tristesse et de mélancolie. Trois caractères qui semblent inaugurer une langue nouvelle, appropriée à une nouvelle époque.

§ 1.

La période du style de Massillon.

A la vérité, Massillon paraît rester fidèle à la grande et belle manière d'écrire des écrivains antérieurs. Toutefois, si on l'examine de plus près, la construction de sa phrase ne ressemble pas à la leur. La période du style de Descartes, de Bossuet, de Bourdaloue, de Fléchier, en un mot de tous les maîtres de la belle époque, est forte, bien accentuée, vigoureusement dessinée : les membres, le plus souvent, en sont unis et rapprochés par des conjonctions; elle gagne en force ce qu'elle perd en légèreté; elle rappelle encore beaucoup la phrase latine. Telle n'est pas celle de Massillon : elle se compose d'une suite de propositions, placées les unes après les autres, unies seulement par un sens général, et qui se succèdent sans conjonctions ni particules d'aucune sorte. Chaque période admettrait un nombre indéfini de membres, et souvent elle en compte de dix à quinze; le tissu est plus faible, moins concentré; il perd en force ce qu'il gagne en étendue : on pourrait, sans nuire à la clarté, couper les phrases, détacher les membres des périodes et arriver ainsi au style coupé, vif et rapide, qui fut celui de la plupart des écrivains postérieurs. Et pour mieux faire sentir la différence de ces deux genres d'écrire, nous allons rapprocher le commencement du sermon de Massillon sur le *Petit nombre des élus*, de celui du discours de Bossuet pour la *Profession de Mlle de La Vallière*. « Vous demandez tous les jours, dit Massillon, s'il est vrai que le chemin du ciel soit si difficile, et si le nombre de ceux qui se sauvent est aussi petit que nous le disons. A une question si souvent proposée, et encore plus souvent éclaircie, Jésus-Christ vous répond aujourd'hui qu'il y avait beaucoup de veuves en Israël affligées de la famine, et que la seule veuve de Sarepta mérita d'être secourue par le prophète Elie; que le nombre des lépreux était grand en Israël du temps du prophète Elisée, et que cependant Naaman tout seul fut guéri par l'homme de Dieu. » Voici maintenant Bossuet : « Ce sera sans doute un grand spectacle, quand celui qui est assis sur le trône d'où relève tout l'univers, et à qui il ne coûte pas plus à faire qu'à dire, parce qu'il fait tout ce qui lui plaît par sa seule parole, prononcera du haut de son trône, à la fin des siècles, qu'il va renouveler toutes choses; et qu'en même temps on verra toute la nature changée faire paraître un monde nouveau pour les élus. Mais quand, pour nous préparer à ces nouveautés surprenantes du siècle futur, il agit secrètement dans les cœurs par son Saint-Esprit, qu'il les change, qu'il les renouvelle, et que, les remuant jusqu'au fond, il leur inspire des désirs jusqu'alors inconnus, ce changement n'est ni moins nouveau ni moins admirable. » La différence de ces deux passages est, d'elle-même, assez évidente.

Le style vif et rapide, on voit Massillon l'employer dans une œuvre qui couronne à Paris sa carrière littéraire. Dans son discours à l'Académie française, ayant à parler à une assemblée profane, çà et là il néglige la gravité et la solennité de l'éloquence de la chaire; et, tout en restant fidèle à cette délicatesse de goût et à cette pureté de langage qui lui étaient ordinaires, il use d'un nouveau genre de diction. Sa phrase est dégagée, vive, coupée; les traditions du dix-septième siècle sont presque abandonnées, et Massillon semble adopter ici le nouveau genre qui fleurira plus tard. Et comme exemple, qu'il soit permis de rapporter quelques lignes de ce discours, à ce titre justement remarquable : « Notre gloire, dit-il, en s'adressant à l'Académie française, est donc devenue la gloire et l'intérêt public de la nation. Le destin de la France paraît attaché au vôtre. Ses prospérités ont pu éprouver des revers et en éprouveront peut-être encore. Les âges à venir pourront la voir plus ou moins victorieuse; mais, tant que votre tribunal sera élevé, ils la verront toujours également polie. Ce sera à vous et à ceux qui vous succéderont à publier ses victoires, ou à louer ses ressources et sa constance dans l'adversité. »

§ 2.

Défaut de naturel.

Dans ce même discours à l'Académie française, on surprend encore son goût pour les traits brillants du style, recherchés déjà par La Bruyère et plus tard par d'autres écrivains. C'est l'indice certain que la langue commençait à perdre un peu de sa première simplicité. Massillon s'en éloigne aussi par l'emploi de certaines expressions peu naturelles et forcées. Il évite, d'ordinaire, ce défaut dans ses grandes œuvres; mais le *Petit Carême* en offre plus d'une trace. Quand ces derniers discours furent écrits, on était assez avant dans le dix-huitième siècle ; de plus, la nature et le ton de ses sermons comportant assez peu de mouvement et de vie, puisque les thèses qu'il soutenait ramenaient constamment les mêmes considérations philosophiques, Massillon, pour animer son éloquence, dut recourir à des expressions fortes et vives en apparence, mais qui procédaient de l'exagération plutôt que de la vérité. Qu'il suffise d'en citer quelques-unes, empruntées au discours *Sur les obstacles que la vérité trouve chez les grands : lâches, criminels, boue, puanteur, vile populace, corrompus, dépravés, honte, infamie*, et autres de ce genre qu'on pourrait relever dans ce discours comme dans les autres sermons du *Petit Carême*. L'emploi fréquent de ces mots outrés, cette éloquence, où la force réside plus dans l'expression que dans la pensée, indique la voie nouvelle où s'engageait la littérature.

La même conclusion découle d'un autre procédé littéraire, ordinaire à Massillon ; nous parlons de l'abstraction. Elle consiste à n'admettre que des expressions générales, et à employer l'abstrait pour le concret. Mais si cette manière ajoute de la noblesse au style, elle ne peut manquer de lui ôter de sa clarté et de sa vivacité. Ce goût pour l'abstraction ne fit qu'augmenter à mesure qu'on avança dans le dix-huitième siècle : ce genre convenait aux esprits de cette époque, amis des sentences et des maximes, et Buffon formula en théorie l'usage pratiqué de son temps.

Massillon rencontre assez rarement des traits sublimes : sans doute, il serait facile de citer maints passages, appartenant au style sublime, tels que le récit de la bataille de Steinkerque dans l'oraison funèbre du prince de Conti, et cet autre qui ravissait d'admiration l'abbé Maury : « Dieu seul est toujours le même, et ses années ne finissent point; le torrent des âges et des siècles coule devant ses yeux; et il voit avec un air de vengeance et de fureur de faibles mortels, dans le temps même qu'ils sont entraînés par le cours fatal, l'insulter en passant; profiter de ce seul moment pour déshonorer son nom, et tomber au sortir de là entre les mains de sa colère et de sa justice (1). » La pensée de Massillon est toujours élevée; elle règne sur les hauteurs. Mais on trouve assez peu de traits de sublime proprement dit, de ces élans de l'âme qui nous élèvent au-dessus des choses d'ici-bas et nous ravissent jusqu'au sein de la divinité. Toutefois, on ne peut refuser à Massillon le don du sublime après le début si fameux, après le *Dieu seul est grand!* de l'oraison funèbre de Louis XIV.

§ 3.

Ton de mélancolie et de tristesse du style de Massillon.

Enfin, il est un dernier trait du style de Massillon qui le sépare des écrivains du dix-septième siècle et

---

(1) Discours pour la bénédiction des drapeaux du régiment de Catinat.

le rapproche de ceux de l'âge suivant; c'est une sorte de tristesse et de mélancolie, empreinte dans son style, et qui le remplit d'une douce onction.

Admise dans le palais des rois, éblouie par la gloire du monarque, accoutumée à écrire et à célébrer les brillantes actions du prince, solennelle et majestueuse, la littérature du dix-septième siècle porte un caractère de grandeur calme et tranquille. Les vives questions qui agitèrent l'âge suivant n'étant pas encore soulevées, elle se renferme, malgré quelques légères protestations, dans une même foi politique et religieuse; elle est monarchique, le roi étant absolu; elle est chrétienne, car la foi exerce un empire incontesté et la religion s'impose à tous les esprits. Verserait-elle des larmes sur la patrie? La France est victorieuse et conquérante, et Louis XIV sait tenir à distance de nos frontières les légions de l'ennemi. Mais voici bien d'autres jours qui se lèvent. Des maux de toutes sortes s'abattent sur la France et la maison royale. Les opinions entrent en lutte; la foi devient chancelante dans les âmes; on se lasse même des plaisirs; on naît et on vit ennuyé; une noire tristesse oppresse tous les cœurs, et on ne sait de quel côté viendront le bonheur et la consolation. Les lettres se ressentent de ce malaise universel, et Massillon, dans son style, reproduit ces nouveaux sentiments. Il parle avec amertume du passé, il flétrit le présent, il redoute l'avenir.

La gloire du dernier règne ne semble pas le toucher : elle a coûté trop cher; on l'a payée au prix des plus grands sacrifices : il clôt le siècle de Louis XIV par ces paroles d'un sublime dédain : « Dieu seul est grand! » le reste n'aura été que vanité. « Monuments superbes, élevés au milieu de nos places publiques, que rappellerez-vous à nos neveux? Vous leur rappellerez un siècle entier d'horreur et de carnage; l'élite de la noblesse française précipitée dans le tombeau; tant de maisons anciennes éteintes; tant de mères point consolées qui pleurent encore sur leurs enfants; nos campagnes désertes, et, au lieu des trésors qu'elles renferment dans leur sein, n'offrant plus que des ronces au petit nombre des laboureurs forcés de les négliger; nos villes désolées, nos peuples épuisés; les arts à la fin, sans émulation; le commerce languissant (1). »

Dans le présent, il éprouve de profonds sentiments de pitié pour la cour qui n'offre guère plus de grands caractères, pour cette foule d'hommes blasés de vices, ennuyés d'eux-mêmes, vieillis avant le temps; « semblables à un malade, à qui une longue langueur a rendu tous les mets insipides, ils essaient de tout et rien ne les pique et ne les réveille (2). » Massillon se fait l'écho de cette douleur universelle, l'interprète de toutes ces âmes que le vice a atteintes de sa morsure, que le monde a abreuvées de ses ennuis et de ses dégoûts, et qui courent dans une terre aride à la recherche du bonheur, sans le rencontrer jamais.

---

(1) *Oraison funèbre de Louis XIV*, 1re partie.
(2) *Sermon sur le malheur des grands qui ont abandonné Dieu.*

On trouverait dans ses œuvres mille peintures des secrètes angoisses dont le monde torture ses amis, et dont souffrent tous ceux qui s'abandonnent à leurs passions : « Le monde est le tyran de ceux qui se livrent à lui ; la piqûre cuisante de l'aspic est toujours cachée sous les fleurs qu'il jette sur nos voies. On s'embarque en apparence sur une eau claire et tranquille, dont les bords retentissent de toutes parts de chants de joie et de volupté ; on se laisse aller d'abord mollement au cours fatal et paisible de ce fleuve de Babylone ; mais les orages et les tempêtes ne tardent pas de s'y élever. On y est battu des flots les plus violents et les plus tristes ; on s'obstine à y périr, et on y dévore ses agitations et ses peines. »

Enfin l'avenir se présentait à Massillon sous un aspect non moins sombre, et bien des mots tombent de la bouche du grand orateur, qui présagent les troubles et les agitations futures de la société française.

La peinture de ces sentiments de tristesse et de mélancolie répand dans ses œuvres une admirable onction. C'est par là qu'il nous plaît et nous charme. Nous aimons ces pages où, en termes émus, il fait l'histoire de notre propre cœur, et nous trouvons à cette lecture une secrète consolation. Par là enfin il ouvrit une voie nouvelle à la littérature. Des premiers, il sut analyser et décrire les sentiments de l'âme qui, en proie à la douleur, cherche partout, sans le rencontrer jamais, le repos et le bonheur. Après lui, bien des écrivains, entre autres Bernardin de Saint-Pierre et Châteaubriand, ont interprété ces gémissements et ces plaintes du cœur humain. Mais leur devancier, Massillon, reste encore leur maître, plus moral et plus vrai que l'auteur des *Harmonies de la nature;* plus simple et plus naturel que celui des *Natchez* et des *Martyrs*.

CHAPITRE SECOND.

DU STYLE PARTICULIER AUX DIFFÉRENTES ŒUVRES DE MASSILLON.

Après avoir parlé des caractères généraux et particuliers du talent littéraire de Massillon, il nous faut ajouter quelques réflexions sur le style propre de ses différentes œuvres. Elles contribueront à mettre de plus en plus en lumière, non seulement les modifications successives que subit sa manière d'écrire, mais encore la flexibilité de génie et l'esprit d'à-propos de ce grand orateur, qui adaptait toujours son langage aux circonstances dans lesquelles il parlait.

§ 1.

Oraisons funèbres, sermons, paraphrase des Psaumes.

Nous l'avons déjà remarqué, les premières oraisons funèbres de Massillon, c'est-à-dire les panégyriques des archevêques de Villars et de Villeroi, se ressentent de l'inexpérience de l'écrivain. Dénué encore d'une parfaite sagesse littéraire, il aime et recherche les jeux de l'imagination et les fleurs de la rhétorique. Son goût était encore à se former. Des qualités de premier ordre distinguent les oraisons funèbres du prince de Conti et du *Grand Dauphin;* d'autant plus que les difficultés étaient grandes à faire l'éloge de princes qui ne méritaient guère que les sévérités ou le silence de l'histoire. Ainsi la description si animée des combats de Steinkerque et de Nerwinde (1) rappelle le feu et la rapidité de la narration de la bataille de Rocroy. On admire non moins justement (2) les portraits du duc de Montausier et de Bossuet surtout, où Massillon s'élève à une hauteur égale à celle de l'*Aigle de Meaux*, et où il montre que, soutenu par son sujet, il peut atteindre à une vraie sublimité. C'est ainsi que dans le panégyrique de Louis XIV, son style est constamment pompeux et magnifique. Il a l'éclat et la majesté que demandait l'éloge de Louis le Grand. Celui de Madame, duchesse d'Orléans, occupe le dernier rang entre ses oraisons funèbres. La pointe de son style y semble émoussée; il n'y a pas de ces mouvements sublimes qui animent çà et là les panégyriques précédents, ou même ces fleurs en profusion qui ornent ses premières œuvres. Massillon était alors évêque. Préoccupé des graves intérêts de son diocèse, on dirait qu'il dédaigne ces louanges adulatrices qu'imposaient l'étiquette et l'usage. Son âme

---

(1) Oraison funèbre du prince de Conti.
(2) Oraison funèbre du Dauphin.

n'est plus à la cour, mais avec ses diocésains ; sa diction manque un peu de chaleur et de vie. Il réservait à ses prêtres tout le feu de sa vive éloquence.

Ses œuvres principales sont l'*Avent* et le *Grand Carême*. C'est surtout à ces discours que s'appliquent les observations générales que nous avons faites sur le style de Massillon. C'est là qu'apparaît l'ensemble de ses qualités littéraires, et qu'il est fidèle observateur des traditions du grand siècle. Dans tout l'éclat de son éloquence, il est aussi à l'apogée de son talent d'écrivain. La beauté du langage se trouve ici en parfaite harmonie avec la conception savante du discours et la sublimité des pensées. Où lire des œuvres d'une plus égale perfection de style que ses sermons sur la *Divinité de Jésus-Christ*, la *Parole de Dieu*, l'*Aumône*, la *Vérité de la religion* ? Prêchant à la cour ou dans les grandes églises de la capitale, à une époque où tous les esprits aimaient la politesse, la distinction des manières et les grâces du langage, il sait recourir à tous les ornements du style et s'en servir à merveille. « Nous sommes obligés, dit-il lui-même des orateurs, de respecter vos ennuis et vos dégoûts, en mêlant souvent à la vérité des ornements humains qui toujours l'affaiblissent (1). »

Inférieur à ces discours pour l'énergie et la vigueur du style, le *Petit-Carême* est peut-être au-dessus pour la grâce, l'élégance et l'harmonie. C'est un modèle du genre fleuri. Sa diction est aimable, délicatement or-

---

(1) *Sermon sur la Parole de Dieu*, 1re partie.

née, et respirant quelquefois la plus ravissante tendresse. Tout y est charme ; tout y est harmonie ; tout y rappelle les grâces naissantes du jeune prince, « l'enfant de tant de rois, l'unique espérance de tant de peuples. » Sauf quelques expressions affectées que nous avons signalées plus haut, on trouverait difficilement une œuvre littéraire qui ait l'élégance et la douceur de ces courts, mais charmants chefs-d'œuvre du *Petit-Carême*. Bien plus, à leur lecture qui ne pardonne et n'oublie leur ton trop adouci, pour ne voir que la beauté du langage et ne sentir que l'onction de cette admirable éloquence ?

Dans la *Paraphrase des Psaumes*, Massillon emploie un style différent de celui que nous connaissons, provenant des sentiments particuliers qui l'animent au moment où il écrit. Fatigué du vain tumulte du monde, il se retire dans le secret de la solitude pour épancher son âme en présence de Dieu. Il verse dans le sein de ce divin consolateur ses chagrins les plus amers et ses plus intimes douleurs. C'est une conversation pieuse qui s'engage et se poursuit sur le ton de la confiance, de la tendresse et d'un parfait abandon. Le langage est en harmonie avec une pareille situation. Il est simple et calme, animé d'une douce piété et rempli d'une sainte résignation. Onctueux et pénétrant, il fait goûter le bonheur ineffable attaché au service de Dieu, et découvre les divins attraits de la charité chrétienne. Ainsi doivent prier dans le silence de la retraite les âmes pieuses et aimantes. Le style, du reste, ne perd rien de son ampleur, de sa dignité et de sa noblesse ordinaire. Il atteint au sublime lorsque l'écrivain s'arrête, comme dans la paraphrase dix-huitième, à décrire les merveilles de l'univers. « Qu'on parcoure jusqu'aux extrémités les plus reculées de la terre et les plus désertes; la magnificence des cieux y annonce votre gloire, comme dans les régions les plus habitées et les plus connues, etc. » Nous nous étonnons même que dans ces descriptions il n'y ait nul trait qui se rapporte directement à notre belle Auvergne. On serait heureux de saisir dans ces pages consacrées à louer Dieu des allusions fréquentes aux mille beautés pittoresques, aux profondes vallées, aux gorges abruptes de nos montagnes; à la fertilité de nos plaines; à la richesse de nos coteaux; à la limpidité de nos sources et de nos lacs. Tous ces admirables contrastes de la nature ne célèbrent-ils pas la gloire et la puissance de leur créateur? Voilà pourquoi on est porté à croire ou que Massillon avait composé sa *Paraphrase des Psaumes* avant de venir à Clermont, ou qu'il en a été perdu une importante, peut-être même la plus intéressante partie.

§ 2.

Conférences ecclésiastiques et discours synodaux.

Mais, outre ces compositions, Massillon a laissé d'autres discours, les *Conférences ecclésiastiques* et les *Discours synodaux*. Ils ont une place à part dans son œuvre et méritent une étude spéciale. A ne considérer que le langage, abstraction faite de la sûreté de la doctrine, de la sagesse des leçons, du zèle qui les inspire, ils offrent une vive originalité, et c'est bien à tort qu'on les avait longtemps méconnus et négligés. Prononcés au milieu d'assemblées moins nombreuses, adressés à de jeunes clercs ou à ses prêtres sur lesquels il a toute l'autorité d'un évêque ou d'un directeur, Massillon s'y livre à son propre talent et ne subit aucune influence étrangère. Il n'a point à se préoccuper de l'opinion publique; aucune de ses paroles ne doit retentir au dehors. Il ne craint pas qu'on lui dérobe ses discours et qu'on les édite à son insu. Il n'a point, d'autre part, de trop grands ménagements à garder. Qu'importe que la vérité présentée dans toute sa force vienne à blesser ses auditeurs, si la gloire de Dieu doit s'en trouver augmentée? Cette situation nouvelle indique déjà seule les caractères particuliers du style de ces discours, qui sont la simplicité et le naturel, la véhémence et l'énergie.

Il règne comme un ton de noble familiarité dans les *Conférences ecclésiastiques* et les *Discours synodaux*. Lorsqu'il prêchait à la cour ou dans les grandes églises de Paris, il recourait aux artifices de l'éloquence et aux ornements littéraires, dérobant, pour mieux les battre, comme il disait, leurs propres armes aux Philistins. Conversant ici avec son auditoire, il semble n'attacher aucun prix aux beautés du style et n'estimer que la raison. Il ne s'arrête point aux fleurs du langage, satisfait si ses raisonnements sont vrais, serrés et pressants, et s'ils réfutent les spécieux prétextes de la négligence et de la tiédeur.

Dans les *Conférences ecclésiastiques*, Massillon se sert de la méthode didactique, comme plus propre à instruire de jeunes aspirants aux saints ordres. Son style est celui de la conférence, lequel, quoique susceptible d'une certaine animation, n'admet point les mouvements plus vifs de la grande éloquence. Mais cette manière lui permettait de mieux descendre dans les détails intimes de la vie de ses auditeurs; et ses sévères critiques, prononcées avec tout le calme de la raison, n'en acquéraient que plus de force et n'en devenaient que plus éloquentes. Dès la première conférence il établit devant ces jeunes clercs l'incomparable dignité du sacerdoce : dans les conférences suivantes, il montre combien seraient opposées et contraires au caractère sacerdotal la vie et les mœurs d'un séminariste ou d'un prêtre mondain. Pourrait-il, au sortir des assemblées profanes, où il aurait trouvé la triste matière de mille tentations, aller au pied de l'autel, prier pour les peuples et déplorer les égarements d'un monde auquel il viendrait d'applaudir et de prendre part (1)?

Il fait voir ensuite toute la pureté d'intention qui est nécessaire pour entrer dans l'état ecclésiastique et réprouve toutes les considérations humaines, sous

---

(1) **Conf. ecclés.**, *De la fuite du monde*, 2ᵉ réflexion.

l'empire desquelles on aspirerait au sacerdoce (1). Sa sévérité s'étend encore à ces jeunes clercs qui, issus de grandes et nobles familles, auraient prétendu, par une vulgaire ambition, à l'honneur suprême du sacerdoce. L'Eglise attache un tout autre prix à la vertu qu'à la noblesse : on dirait que Massillon, comme un sage directeur, s'applique d'autant plus à rabaisser les titres et les distinctions, que les jeunes gens devant lesquels il parle, pouvaient être tentés de s'en prévaloir davantage (2). Il leur enseigne aussi le saint usage qu'ils doivent faire des biens ecclésiastiques, dont la piété des générations chrétiennes avait doté l'Eglise, pour être le domaine des pauvres et pour subvenir aux œuvres saintes (3).

Cependant, malgré la simplicité de son langage, que lui dictait le genre de la conférence, Massillon ne laisse pas de donner à son style de la noblesse et de l'élévation. Il n'a pas, il est vrai, le ton des grands sermons; toutefois les antithèses, les images brillantes, les ingénieuses comparaisons ne font pas absolument défaut, et les leçons les plus sévères sont enveloppées sous les grâces de la diction. Encore jeune, l'écrivain ne pouvait qu'imprimer à ses conférences de Saint-Magloire la noblesse et la dignité de style que réclamait l'assistance si polie réunie à cette brillante école.

Mais la simplicité et la franchise de son langage

---

(1) Conf. ecclés., *De la vocation à l'état ecclésiastique.*
(2) Conf. ecclés., *De l'ambition des clercs*, 1re réflexion.
(3) Conf. ecclés., *De l'usage des revenus ecclésiastiques*, 11e réflexion.

éclatent plus encore dans ses harangues à ses prêtres et à ses curés. Il parle, à Clermont, sur le ton d'un entier abandon. Le saint et vieil évêque a renoncé, cette fois pour toujours, aux ornements de la parole, et il faut que l'éloquence naisse d'elle-même. Son discours n'est qu'un entretien avec ses prêtres, relevé chez l'orateur par l'autorité du talent, de l'âge et du sacerdoce. Son unique dessein est d'instruire ses auditeurs des importants devoirs de leur état. Aussi va-t-il toujours droit au but, et ne déguise-t-il jamais la vérité. Chargé de la responsabilité d'un vaste diocèse, pourquoi ajouterait-il à ses travaux le soin futile de donner de l'agrément à de vaines paroles ? Les choses ne parlent-elles pas assez d'elles-mêmes ? Il n'a qu'à les exposer dans toute leur réalité. Possédant tous les besoins des paroisses et de la vie pastorale, ici, il exhorte ses curés à ne se point montrer d'une humeur brusque et solitaire, sans prévenance, sans attention, à l'égard du seigneur de l'endroit (1) ; ailleurs, il les presse de ne point mener une vie basse, terrestre et oisive, d'aimer l'étude et leur presbytère, de ne point traîner leur inutilité de maison en maison, se montrant trop souvent à leurs paroissiens, « pour pouvoir espérer de leur être jamais utiles (2). »

Ceux de ses prêtres, qui avaient pu négliger d'instruire leurs paroissiens, devaient essuyer ces véhémen-

---

(1) *Discours synod.*, XV. *De la douceur nécessaire aux ministres.*
(2) *Discours synod., De l'étude et de la science nécessaires aux ministres.*

tes objurgations : « Vous vous êtes senti du talent pour vous revêtir du titre de pasteur, et vous n'en sentez point pour instruire votre troupeau? Vous vous êtes donné pour pasteur à votre peuple, et vous vous trouvez incapable de l'enseigner?... et loin de publier sur les toits l'Evangile dont vous êtes le héraut et l'apôtre, vous êtes un chien muet. Ce n'est donc pas l'Eglise qui vous a établi pasteur; c'est donc vous-même qui vous êtes appelé ; vous vous déclarez donc vous-même un intrus et un usurpateur (1). »

Comme il y avait des dangers, pour les ministres de Dieu, à rester isolés et à se priver volontairement de la fréquentation de leurs confrères dans le sacerdoce, l'évêque exigeait avec rigueur l'assiduité au synode diocésain et aux conférences cantonales, et il n'en dispensait que sur de graves raisons. Dans ces saintes assemblées, dans ces réunions presbytérales, disparaissait la déplorable indifférence que le prêtre, accoutumé à traiter les choses saintes est exposé à contracter naturellement dans l'exercice même de ses saintes fonctions. Enfin, il n'était aucun devoir d'un zélé pasteur, comme la visite des malades, l'instruction des enfants, la fidélité à l'étude, l'observance des statuts, que Massillon ne prescrivît à ses curés.

Mais, à force d'être vraie, sa parole devenait éloquente; et du ton familier de la conversation, il s'élevait insensiblement aux mouvements les plus sublimes d'une éloquence douce et pathétique.

---

(1) *Discours synod.*, *De l'observance des statuts*, XVII.

Souvent, alors, après avoir indiqué la voie qu'il désire voir prendre à son clergé, il use de la prière et de la persuasion pour amener ses prêtres à se conformer à ses désirs ; son discours revêt alors une forme aimable et toute paternelle ; une sorte de tristesse et de mélancolie empreint ses paroles de douceur et d'onction. Son âme affligée gémit-elle de quelque désordre qui désole son diocèse ? il se console en faisant part à son fidèle presbytère de ses sentiments de douleur et de tristesse. Il s'impute, dans son humilité, tout ce qui peut ternir la pureté et la gloire de son Eglise, si vénérable « par son ancienneté et par tant de ministres et de curés respectables, qui en composent le collège sacerdotal. » Il ajoute : « La justice de Dieu n'en afflige mon épiscopat que pour me punir moi seul. Il aurait sans doute épargné cette amertume à un pasteur plus digne du premier sacerdoce et plus agréable à ses yeux. Mais c'est avec vous, mes frères, et au milieu de vous, que j'en dois chercher mon unique consolation ; c'est vous seuls, mes frères, que l'âge et un ministère prolongé depuis tant d'années ne voit rien relâcher de votre première ferveur, qui pouvez adoucir mes peines et prévenir un découragement qui n'offre pour tout remède qu'à se débarrasser du joug qui les attire (1). »

Pour émouvoir et persuader, il invoque les motifs les plus touchants, sa vieillesse, ses infirmités, la

---

(1) *Discours syn.*, XX.

vive affection qu'il a toujours portée à ses prêtres :
« Je vous conjure donc, mes frères, rendez à ce grand diocèse la gloire dont il a toujours joui par la pratique universelle d'une discipline si utile (l'usage des conférences) : ma carrière est déjà bien avancée ; ne me la laissez pas finir avec le chagrin de voir un usage si saint prêt à tomber ; épargnez cette douleur à ma vieillesse ; ranimez-la plutôt d'une joie nouvelle, en ranimant votre zèle pour vos devoirs et, en particulier, pour les conférences ordonnées. Secondez donc, mes frères, là-dessus les désirs d'un pasteur qui vous a toujours aimés, qui n'a jamais usé qu'à regret de son autorité envers ses frères, et qui, par là, a lieu d'espérer que, sans employer des menaces, il suffira pour vous toucher de ses seules remontrances (1). »

Mais il prenait quelquefois le ton du pouvoir et du commandement : la nécessité lui en faisait une loi, ayant à guider dans les sentiers de la vertu sacerdotale un nombreux clergé qui, si régulier qu'il fut, avait besoin, pour se maintenir, de la direction et de la conduite de l'évêque. Aussi, quand il avait ses prêtres assemblés en synode, il lui arrivait de parler avec une vigueur, avec une force digne de Démosthène ; les éclats de son éloquence retentissaient alors, capables d'épouvanter les cœurs les plus insensibles.

Dans les conférences ecclésiastiques, nous avons reconnu à sa parole un caractère d'ironie froide et

---

(1) *Discours synod.*, De l'étude et de la science nécessaires aux ministres.

mordante; il foulait aux pieds, sans scrupule, tous les préjugés de la vanité humaine. Ces jeunes clercs devaient-ils entendre, d'un cœur distrait, cet éminent directeur de séminaire leur adresser d'aussi saisissantes leçons? Malgré tout cependant, la vivacité de l'orateur savait encore se contenir dans certaines limites; et il paraît modéré, si on se reporte aux discours synodaux. C'est là que sa voix éclate en une véhémence terrible. Expressions énergiques, vives apostrophes, douleur et pitié, imprécations et transports, voilà ce qu'on rencontre dans quelques passages de ces allocutions fameuses. Après les avoir lues, on se demande ce qu'est devenu le *pacifique* prélat; il ne reste plus que le véhément orateur. A supposer que son éloquence se fût comme émoussée jadis à l'air amollissant de la cour, elle a retrouvé sa pointe acérée et son éclat le plus vif à l'air âpre de nos montagnes. Et il aurait fallu voir et entendre ce vénérable évêque, couronné de cheveux blancs, orné de tout le prestige que donnent le talent, la vertu et la gloire, consacrant à ses prêtres les suprêmes effusions de son cœur de père et les derniers efforts de sa voix éloquente.

Le moment était venu, en effet, où il allait adresser à son clergé son dernier discours. Ce fut au synode de 1742. Sentant que ce seraient là ses suprêmes adieux à ses prêtres bien-aimés, il donne à sa parole un accent plus tendre encore et plus touchant : « Souffrez donc, mes frères, que vous précédant encore plus par l'ancienneté et la supériorité de l'âge que par celle de ma place, souffrez que je finisse ce discours, le dernier peut-être que j'aurai la consolation de vous adresser ici ; souffrez que je le finisse par les derniers avis, si tendres et si touchants, que le premier et le plus ancien des pasteurs donnait aux plus anciens de son presbytère. » Une dernière fois, il les conjure de prendre soin du troupeau de Jésus-Christ, qui leur est confié, de soutenir les faibles, de fortifier les pusillanimes, de relever ceux qui tombent, de ranimer ceux qui s'égarent, de réveiller ceux qui dorment, de guérir les infirmes, de rendre la vie aux morts, de la conserver et de la renouveler à ceux qui en jouissent encore. Mais son amour pour le peuple, lequel avait été, comme nous l'avons vu, le caractère particulier de son épiscopat, se réveille et éclate à ce moment solennel, et, dans ses derniers avis à ses prêtres, il leur recommande la bonté et la tendresse pour les fidèles qu'ils dirigent dans les voies du salut : « Il faut que nos peuples ne sentent notre autorité, que par nos soins et par notre tendresse pour eux. Ils doivent retrouver en nous leurs pères et leurs pasteurs, pour que nous ayons le droit de les regarder comme nos enfants et nos brebis. L'humeur, la hauteur, la rudesse, que nous inspire souvent la grossièreté de leur éducation et la bassesse de leur état, nous dégradent de la sublimité de ces titres. Paraissons élevés au-dessus d'eux par la sainteté de nos mœurs ; c'est elle seule qui assure l'élévation de notre ministère. Devenons pour eux des modèles de foi, de piété, de désintéressement, de sobriété, de douceur et de patience ; c'est la seule supériorité que nous devons leur montrer. » Et afin de soutenir leur courage, songeant sans doute lui-même à la récompense de ses travaux apostoliques, il leur fait entrevoir, à l'avènement du prince des pasteurs, la couronne immortelle de gloire qui leur est réservée : « Seniores ergo, qui sunt inter vos, obsecro, consenior ego... pascite qui in vobis est gregem Dei... et cum apparuerit princeps pastorum, percipietis immarcescibilem gloriæ coronam (1). »

Admirable discours qu'on ne peut lire sans émotion !

Heureuse notre Auvergne, qui fut dirigée pendant vingt ans par un si bon et si glorieux pontife ! Heureux les prêtres, nos aînés dans le sacerdoce, qui recueillirent les admirables accents de sa voix éloquente, qui se formèrent au ministère pastoral sous sa sage direction, et qui, soutenus par la bonté et la tendresse de son cœur, travaillèrent à leur propre sanctification et au salut des âmes ! O saint et illustre évêque, votre nom, qui nous est cher, jouira parmi nous d'une douce et éternelle mémoire ! O vénéré pontife, offrez toujours dans le ciel, en présence de l'agneau sans tâche, vos vœux et vos prières en faveur de votre belle et grande Eglise de Clermont !

Ces mêmes sentiments de bonté se retrouvent dans ses mandements et ses lettres.

D'un style simple et naturel, toutes ses lettres

---

(1) 1 Pet., V, 1 et suiv.

portent l'empreinte de la douceur et d'une aimable politesse : la bonté en est comme le trait dominant. De plus, il sait avec art varier le ton et les expressions d'après le rang ou la dignité de ses correspondants : s'il écrit à l'intendant Trudaine, il est simple, affectueux, se permettant même quelques traits d'ironie à l'adresse, par exemple, de la Cour des aides de Clermont, ce *grave Aréopage*, plus occupé de nouvelles que d'affaires sérieuses. Est-ce au cardinal de Fleury? Sa lettre respire le respect, la vénération et une sorte de piété filiale. Avec ses prêtres, il est bon et ferme, en même temps, donnant parfois une sévère leçon sous la forme d'un compliment, et sachant, à l'occasion, commander et se faire obéir. Avec Soanen, évêque exilé à La Chaise-Dieu et martyr d'une triste cause, il en use toujours comme avec un ami et un ancien confrère : il ne devait rien obtenir de ce cœur hautain et irrité. M. de La Porte, intendant de Moulins, apprit aussi à connaître toute l'énergie de l'évêque de Clermont à défendre les intérêts légitimes de ses prêtres.

Ses mandements sont également écrits dans le bon goût de ses lettres et de ses autres ouvrages; courts et pratiques, tout pleins de son zèle pour le bien de son diocèse et pour le bonheur de la France et de la maison royale : on se les procurait à Paris avec empressement, à leur publication; et on les tient comme des modèles de ce genre d'éloquence.

Telle est l'œuvre littéraire de Massillon; elle a fait regarder son illustre auteur comme un des maîtres les plus accomplis de notre grande et belle littérature. Son style, avec les années, passa par quelques légères transformations. Son goût dut se former d'abord ; et, subissant l'influence du temps, sa manière d'écrire admit quelques variations. Massillon appartient à la grande époque de la littérature française : par les traits généraux de son style et par ses grandes œuvres, il est du dix-septième siècle ; mais il n'en est pas tout entier ; par certains caractères tout particuliers de son style, par le *Petit-Carême* et son discours à l'Académie française, il est de l'époque suivante. C'est ainsi que sous les influences contraires d'un siècle à son déclin et d'un âge nouveau à son aurore, il est de l'école des écrivains de l'ère de Louis XIV, et peut prendre place, en même temps, parmi ceux du dix-huitième siècle. Quant aux discours synodaux, monuments d'éloquence simple et énergique, ils furent inspirés par les travaux et les soins de la charge pastorale. On a méconnu longtemps leur mérite, mais enfin ils partagent aujourd'hui la gloire des autres œuvres.

Tous les critiques, en effet, se sont accordés à louer Massillon écrivain. Déjà, de son temps, Fleury, chancelier de l'Académie française, lui disait, le jour de sa réception : « Vous avez montré que vous possédez les qualités de l'orateur chrétien, la pureté de la doctrine, la solidité des pensées, la force et la noblesse des expressions, les grâces extérieures. » Buffon ne craignait pas d'appeler Massillon le premier de nos prosateurs. Tous les écrivains depuis lors, ont admiré la beauté de son langage. La Harpe écrit qu'il est le Racine de la chaire et le Cicéron de la France. On peut lire, pour se convaincre de ce concert de louanges, l'article de l'abbé de La Palme dans le *Journal des savants* d'octobre 1759, les éloges de l'abbé Marquez, de M. Gaillard, de d'Alembert, les annales littéraires de Dussault, le discours de Genoude, l'essai de Jules Janin, les critiques de M. de Sacy du *Journal des débats* du 4 mai 1852, les intéressants travaux de Mme de Marcey, les savantes études de M. Blampignon, les appréciations de l'éminent critique Sainte-Beuve qui écrit : « Massillon est un écrivain hors ligne, agréable et charmant ; il possède une certaine majesté d'âme et une distinction ravissante (1). » Nous n'ajouterons rien à ce qu'ont proclamé ces voix éloquentes : quel profit retirerait de nos faibles hommages la gloire littéraire de Massillon? nous ne pouvons que répéter après tous les autres que par la pureté de son langage, la constante harmonie et l'onction de son style, Massillon restera toujours un des plus parfaits et l'un des plus aimables écrivains de la France.

(1) *Causeries du* 26 *octobre* 1853.

CONCLUSION.

Cette étude est finie. Avons-nous réussi à mettre en une lumière plus grande la douce et noble figure de l'illustre évêque de Clermont? avons-nous rappelé dignement et sa vertu sacerdotale quand il était prêtre de l'Oratoire et son zèle d'évêque à la tête de l'église de Clermont? avons-nous établi avec mesure et sagesse et pourquoi il dut, en présence de la société nouvelle à laquelle il prêchait, transformer un peu l'enseignement traditionnel de la chaire ; et comment, dans son style, il se ressentit de l'époque où il vivait, faisant présager, à la fin d'un grand siècle, l'apparition de temps nouveaux?

Mais nous pouvons dire que nous avons apporté à cette étude, sinon des qualités, du moins d'excellentes intentions. Mû par les sentiments de la piété filiale, nous avons voulu, pour une modeste part, concourir, dans notre pays, à la gloire de Massillon ; car, si son nom appartient à l'histoire générale, s'il est l'ornement de l'Eglise, la gloire de l'éloquence chrétienne et de la littérature française, il appartient cependant d'une manière spéciale à notre terre d'Auvergne, à l'église de Clermont. Il est une de nos gloires : il décore le siège épiscopal de notre cathédrale, sur lequel viennent s'asseoir, le long des âges, tant de saints et de glorieux pontifes. N'est-ce pas à nous qu'il consacra les derniers accents de sa douce et sublime éloquence, les derniers efforts de sa charité et de son amour? C'est donc à nous surtout à bénir Massillon et à l'aimer davantage.

       Vu et lu à Clermont-Ferrand, le 27 novembre 1881, par le doyen de la Faculté des lettres de Clermont-Ferrand,

          CHOTARD.

Permis d'imprimer :
Le recteur de l'Académie,
  G. BOISSIÈRE.

LETTRES ET DOCUMENTS INÉDITS

Lettre au Chapitre cathédral de Clermont.

Messieurs,

Il n'est rien de si juste et de plus conforme à l'esprit des Canons que de conserver aux Églises la liberté dont elles jouissent; et vous devez être assurés que, loin de m'opposer là-dessus à vos droits et à vos usages, j'en deviendrai moi-même le plus zélé protecteur. Vous avez pu même connaître, sur ce point, mes dispositions dans les occasions qui se sont présentées; j'ai eu pour les libertés de votre Eglise, non seulement toute l'attention qu'un évêque doit avoir, mais encore tout le zèle d'un chanoine.

Il me paraît que la cour ne veut rien changer à vos usages. Son Altesse royale m'a fait l'honneur de m'en assurer; on ne veut point gêner vos suffrages. Cependant, Messieurs, je croirais que plus la cour en use favorablement à votre égard, plus vous devez en user avec circonspection et sagesse. C'est un avis que vos lumières ont sans doute prévenu, mais que je n'ai pu refuser à l'intérêt que je prends à ce qui vous regarde et aux sentiments d'estime et de respect avec lesquels j'ai l'honneur d'être, Messieurs, votre très humble et très obéissant serviteur,

† Massillon, n.(ommé) à l'évêché de Clermont.

A Paris, ce 22 mars 1718.

Arch. dép., G. g., arm. 2, s. B, côté 15.

Il s'agissait, dans cette affaire, de l'élection de M. de Ribeyre à un canonicat vacant de la cathédrale, et à laquelle devait prendre part M. Boucher, intendant d'Auvergne, en vertu du droit de Régale, le siège de Clermont étant vacant.

Lettre à Messieurs les chanoines du Chapitre de la Sainte-Chapelle de Riom.

Je reçois, Messieurs, avec beaucoup de reconnaissance, les nouvelles marques de votre souvenir, et je vous prie d'être persuadés que je serai ravi de vous donner, dans toutes les occasions, des marques de l'estime et de la considération avec laquelle je suis, Messieurs, votre très humble et très obéissant serviteur,

† Jean-Baptiste, évêque de Clermont.

A Paris, le 12 janvier. (Sans date.)

Arch. dép. Fonds de la Sainte-Chapelle de Riom.

Lettre à M. Moranges, chanoine de la cathédrale, secrétaire de l'évêché, au sujet de la mort de son frère, M. François Moranges, chanoine de la cathédrale, prieur de Saint-Sandoux.

Vous ne doutez pas, mon cher Monsieur, que je n'aie été

infiniment touché de la mort de votre pieux frère. C'est une vraie perte pour mon diocèse et pour moi. Aidez-nous, je vous prie, à la réparer. Vous savez qu'il était chargé de la supériorité des Hospitalières et des Filles de la Visitation de Riom. Il avait gouverné ces deux monastères avec beaucoup de douceur et de sagesse, et y avait toujours maintenu la paix et l'union. J'espère que vous voudrez bien lui succéder dans la même fonction de supérieur, et je ne doute pas que vous ne succédiez aussi à l'esprit de paix et de prudence avec lequel il a gouverné ces deux monastères. Ces bonnes filles, qui, sans doute, sont fort touchées de la mort de leur supérieur, seront consolées d'en avoir un qui le remplace par le nom et par la conduite. Je vous embrasse, mon cher Monsieur,

† J.-B., évêq. de Clermont.

Ce 8 juillet. (Sans date.)

Autographe sans date ; elle est scellée du cachet de Massillon, en cire noire.

Lettre à Messieurs les chanoines du Chapitre cathédral de Clermont, sur la mort de M. Ogier, leur doyen.

Messieurs,

Vous avez besoin, comme moi, de consolation, après la perte commune que nous venons de faire. Votre Compagnie perd un de ses plus illustres confrères ; le diocèse, un des hommes les plus propres à l'édifier et à le gouverner ; la province, une de ses meilleures têtes ; et moi, un ami tendre et fidèle, un secours infini, et la plus grande consolation de mon épiscopat. Comme c'est parmi vous, Messieurs, qu'il s'était formé, et que c'est vous qui m'aviez fait un présent si précieux, j'espère que vous m'en dédommagerez, et que je retrouverai dans toute votre Compagnie le même zèle pour moi, et la même amitié dont feu M. votre doyen m'avait honoré. J'espère encore que vous voudrez bien m'aider dans la conduite d'un diocèse si vaste et si pénible. Comme je compte vous donner, dans toutes les occasions, les marques les plus sincères du respect et de la confiance avec laquelle j'ai l'honneur d'être, Messieurs, votre très humble et très obéissant serviteur,

† JEAN-BAPTISTE, évêque de Clermont.

A Paris, ce 2 mai.

Au revers de la lettre, se trouve la date de 1719, de la main de M. David, qui rédigea l'inventaire des archives du Chapitre, de 1727 à 1744.

Arch. dép., G. 9., arm. 18.

Acte de prise de possession par Mgr Massillon, de l'évêché de Clermont, et de sa prestation de serment, le 29 mai 1719.

Aujourd'hui, lundi de la Pentecôte, vingt-neuf mai mil sept cent dix-neuf, heure de trois après midi, par devant nous, Jean Chaudessolle et Antoine Lemasson, notaires, gardes-notes du Roi et apostoliques, en cette ville et cité de Clermont, principale et capitale de la province d'Auvergne, ont comparu vénérables personnes messires Jean Gaschier, ancien chanoine de l'église cathédrale de Clermont, et Michel David, aussi chanoine et baile de ladite église; lesquels nous ont dit et remontré qu'ils avaient été commis par Messieurs du vénérable Chapitre de ladite église, pour pourvoir à la cérémonie qui se devait faire ce jourd'hui, en la réception et prise de possession réelle et corporelle de révérend père en Dieu messire Jean-Baptiste Massillon, évêque de Clermont, nommé par Sa Majesté, et pourvu de bulles par Sa Sainteté; lequel seigneur évêque n'a pas voulu que la ville de Clermont lui fit aucune entrée. Mais quant à la cérémonie qui se devait faire dans ladite église, lesdits sieurs chanoines commissaires requéraient de les assister pour leur octroyer acte de tout ce qui se passerait en ladite cérémonie et le rédiger par écrit; et, pour cet effet, lesdits sieurs chanoines ont fait dresser en notre présence une grande table couverte d'un tapis qu'ils ont fait poser au milieu de la place et vis-à-vis de la grande fontaine, vis-à vis de la grande porte de ladite cathédrale, qui est du côté du midi, et sur le milieu de la table fait mettre un livre missel en vélin, icelui ouvert à l'endroit où commence le sacré Canon, et où est imprimé, en miniature, l'image du saint crucifix; fait porter par un des petits trésoriers de ladite église, *la chape à l'évêque*, qui est en broderie d'or et de soie; et ayant été pourvu par le moyen des bedeaux dudit Chapitre, et même par des huissiers qui étaient en haie des deux côtés, depuis ladite porte de l'église jusques au coin de la muraille du jardin de l'évêché, pour empêcher le trouble qui aurait pu arriver par la foule du peuple venu de toutes parts pour voir la réception de leur pasteur; et à l'heure de trois heures seraient survenus Messieurs les dignités, chanoines, choriers et habitués de ladite église, diacre, sous-diacre, avec les enfants de chœur portant les croix, chandeliers, bénitier d'argent; précédés par leur bedeau portant une masse élevée d'argent; lesquels se seraient rangés, faisant deux chœurs, et tous revêtus de chapes, attendant la venue dudit seigneur évêque, qui était pour lors dans son palais épiscopal, où il était venu demi-heure auparavant; et le dit seigneur évêque, s'étant préparé dans son dit palais épiscopal, serait survenu, revêtu d'une soutane violette, d'un rochet, d'un camail et d'un bonnet carré noir, accompagné de plusieurs ecclésiastiques étant en surplis et bonnets carrés, de Monsieur Boucher, intendant de cette province, et d'un grand nombre de notables personnes et seigneurs de la province, ladite place étant remplie d'une affluence de peuple tant de la ville que des lieux circonvoisins ; ledit seigneur évêque se serait présenté au-devant de ladite table ; et, à l'instant, serait survenu vénérable personne messire Joseph Julhien, prêtre, chantre et chanoine de ladite église cathédrale, lequel, après avoir salué avec une profonde révérence ledit seigneur évêque, l'aurait harangué en langue latine pour et au nom de Messieurs du vénérable Chapitre de ladite église, auquel ledit seigneur évêque ayant répondu en même langue, assurant qu'il aimerait cordialement son église-cathédrale, aurait requis le sieur Chantre, en lui exhibant ses bulles apostoliques, de le mettre en la réelle, actuelle et personnelle possession ; sur quoi, lesdits sieurs Gaschier et David, adressant leur parole audit seigneur évêque, l'auraient prié auparavant de donner le baiser de paix à ladite église-cathédrale, son épouse, et des arrhes de l'amitié et bienveillance qu'il vient de lui témoigner, par le serment qu'il convient de prêter en la forme et manière que, de temps immémorial, les seigneurs évêques, ses prédécesseurs, ont accoutumé de faire à leur nouvelle réception et prise de possession, et, à cette fin, lui auraient présenté la copie dudit serment fidèlement tirée de ses origines, dont la teneur s'ensuit : « Ego Joannes-Baptista Massillon episcopus claromontensis, gratis, scienter, merâ, liberâ atque spontaneâ voluntate omnibus, modo, formâ, viâ, jureque melioribus, quibus possum, et debeo, promitto et juro super Sancta Dei Evangelia manubiliter et corporaliter tacta, præsentibusque et requirentibus pro et nomine venerabilis Capituli dictæ Ecclesiæ Claromontensis, venerabilibus viris, Joanne Gaschier et Michaele David, canonicis bajulis, seu deputatis ejusdem Ecclesiæ, recipientibus et stipulantibus, et quos fateor procuratores, nuntios veros, speciales ad hæc a præfato capitulo destinatos : quòd litteras apostolicas, processumque inde emanatum, exemptionem Ecclesiæ et Capituli, nec non suppositorum eorumdem canonicorum, Choriorum, Capellanorum, habituatorum, servitorum quorumcunque familiarium et domesticorum, ac officiariorum, per sanctissimum in Christo patrem, dominum, Eugenium quartum concessas, sub modificationibus tamen contentis et descriptis in quadam transactione inter quondam bonæ memoriæ Jacobum de combornio prædecessorem nostrum et dictum Capitulum factâ et receptâ per magistros Martialem Denemoreclaro et Joannem Pomeri notarios, sub datâ diei nonæ mensis Decembris, anno Domini millesimo quadringintesimo sexto, de puncto ad punctum, nec non statuta, consuetudines, libertates, privilegia, et jura alia, quæcumque eorumdem Ecclesiæ et Capituli, inviolabiliter et perpetuò observare et pro posse defendere, et per me jura eisdem debita solvere absque contradictione, sic me Deus adjuvet; similiter omnia per meos prædecessores promissa, jurata, juranda et solita jurari et observari, juro et promitto; minùsque dispensationem super promissis et juratis tacitè, vel expressè, directè vel indirectè, obtinere; vel obtineri facere, nec uti obtentâ qualitercumque, per quamcumque personam et jam motu proprio concessâ, in quantùm meâ interest aut interesse poterit, quoquo modo jurare. Factum Claromonti ante ædem a meridionali parte Ecclesiæ Cathedralis, coram notariis regiis et apostolicis, infrà scriptis, anno Domini millesimo septingentesimo decimo nono, mensis Maii die vigesimâ nonâ, horâ tertiâ post meridiem.

Et lecture faite dudit serment de mot à mot, à haute et intelligible voix, par messire Jean Brunier, prêtre secrétaire dudit Chapitre cathédral, audit seigneur évêque, lequel, adhérant à la prière desdits sieurs Gaschier et David, chanoines, aurait mis la main sur les saints Evangiles, et fait librement ledit serment à la manière ordinaire, après en avoir signé l'acte séparément avec nous, notaires soussignés, consentant même qu'acte fût octroyé audit Chapitre de ladite prestation de serment par nous dits notaires et à ce présents. Et à l'instant ledit sieur Julhien Chantre lui aurait ôté son bonnet carré et son camail, l'aurait vêtu d'un surplis sur son rochet, mis sur son bras l'aumusse de menu-gris de la même façon qu'étaient les autres chanoines de ladite église; lui aurait ensuite donné *la chape à l'évêque* par dessus le susdit habit canonical; lui aurait mis sur la tête une mitre en broderie d'or et lui aurait donné à la main le bâton pastoral appelé la crosse; laquelle crosse ledit seigneur évêque a donnée à l'instant à un de ses aumôniers, et sa dite aumusse à un autre de ses aumôniers, pour le tout porter devant lui; et aussitôt après, ledit sieur Chantre a baisé la main dudit seigneur évêque, et l'ayant pris avec la main droite aurait entonné le *Te Deum laudamus*, lequel les sieurs dignités, chanoines, semi-prébendés, choristes et habitués ont continué à chanter en faux-bourdon, entrant processionnellement dans ladite église, passant au devant des chapelles de sainte Catherine, de saint Julien et de sainte Barbe, dans le milieu de l'église, jusques dans le chœur d'icelle, où étant ledit sieur Chantre tenant toujours ledit évêque par la main, lui aurait fait faire une profonde inclination à l'entrée du chœur, icelui fait monter aux hautes stalles du côté de la main droite, et placé à la deuxième stalle en entrant proche l'endroit où les sieurs Prévot et Doyen sont placés; ladite deuxième stalle joignant celle du sieur Prévot, dans laquelle ayant resté quelque temps ledit sieur Chantre est venu reprendre ledit seigneur évêque, et l'a conduit par la main au milieu du chœur et y a fait quatre révérences, la première au Saint-Sacrement et les autres aux trois côtés du chœur; ledit sieur Chantre l'a conduit dans la chaire épiscopale au-dessus du degré du chœur du côté droit, et y ayant demeuré quelque temps, ledit sieur Chantre serait venu reprendre ledit seigneur évêque et l'a conduit par la main jusques à la dernière marche du maître-autel, où, après avoir adoré le très Saint-Sacrement et fait sa prière, l'a fait monter à l'autel et le lui a fait baiser. Et ledit sieur Chantre a en même temps déclaré audit seigneur évêque que, par toutes ces cérémonies, il mettait ledit seigneur évêque en la vraie, réelle, actuelle et corporelle possession de son dit évêché et canonicat y annexé; et après ce ledit seigneur évêque s'étant remis et placé dans sa dite chaire épiscopale, ledit sieur Chantre, après avoir salué ledit seigneur évêque d'une profonde inclination, se serait retiré dans le chœur et dans sa stalle; lequel seigneur évêque aurait commencé et tenu vêpres, et icelles achevées, donné la bénédiction solennelle, après laquelle ledit seigneur évêque, s'étant retiré dans la chapelle de saint Georges, proche la grande sacristie, il aurait quitté ses habits pontificaux, et ensuite il a été conduit d'icelle dans son palais épiscopal par Messieurs Delaire, Prévost, Champflour abbé, et autres chanoines de ladite église cathédrale, dont et du tout lesdits sieurs Gaschier et David, chanoines, commissaires pour et au nom du Chapitre, nous ont requis acte que nous leur avons octroyé pour valoir et servir à Messieurs dudit chapitre cathédral en temps et lieu et ainsi que de raison.

Fait et passé et clos lesdits jour et an et heure de cinq à six du soir, et se sont lesdits sieurs Gaschier et David, chanoines commissaires, et ledit sieur Chantre Julhien soussignés avec nous notaires.

Signé : Julhien CHANTRE.
SIGNÉ : GASCHIER.
Signé : DAVID, chanoine baile.
Signé : LEMASSON, n^{re} royal.
Signé : CHAUDESSOLLE, n^{re} royal et apostolique.

Contrôlé à Clermont, le 7 juin 1719.

Arch. dép., G. 9, arm. 2, sect. f, côté 11.

Lettre de Massillon au duc d'Orléans, régent.

Monseigneur,

La protection dont Votre Altesse Royale veut bien m'honorer fait toute la consolation de mon état. Le secours qu'elle vient de m'accorder si généreusement me tire précisément de l'indigence. Je ne suis point inquiet sur l'avenir. J'ai un bon maître. J'ai toujours pensé, Monseigneur, que Votre Altesse Royale n'abandonnerait point un évêque qui lui doit tout, qui a besoin d'être secouru, et qui parmi toutes les peines de sa situation n'en trouve pas de plus amère que celle d'importuner son bienfaiteur. Je serai, le reste de ma vie, avec toute la reconnaissance, la fidélité et l'attachement le plus tendre et le plus respectueux, Monseigneur, de Votre Altesse Royale, le très humble et très obéissant serviteur.

† Jean-Baptiste, évêque de Clermont.

A Clermont, le 19 août 1719.

Arch. des affaires étrangères, série brune. — Auvergne, t. 7.

De M. Masson, bibliothécaire aux affaires étrangères.

Mandement de Monseigneur l'évêque de Clermont, portant règlement pour les clercs et pour ceux qui désirent embrasser l'état ecclésiastique et recevoir la tonsure.

Jean-Baptiste, par la grâce de Dieu et du Saint-Siège apostolique, évêque de Clermont, au clergé et au peuple de son diocèse, salut et bénédiction en Notre-Seigneur.

Comme le salut des peuples dépend toujours de la sainteté des prêtres et des pasteurs qui les conduisent, de toutes les fonctions de l'épiscopat il n'en est pas de plus essentielle que le choix des ministres auxquels nous devons confier le soin des âmes, et l'attention de n'imposer, selon l'avis de l'Apôtre, les mains légèrement à personne.

Nous nous sommes appliqué jusqu'ici à n'admettre aux saints ordres que ceux qui avaient donné dans nos séminaires des preuves non suspectes de leur piété et de leur capacité ; mais les précautions humaines ne sont pas toujours sûres, et nous avons vu quelquefois avec douleur que les suites n'ont pas répondu à nos espérances. Pour aller donc à la source du mal, nous avons résolu de renouveler les règlements de nos prédécesseurs, et d'en ajouter même de nouveaux sur l'éducation des clercs. C'est le premier pas qu'ils font dans l'Eglise qui décide presque toujours de tous les autres. Afin donc qu'ils y portent l'innocence, le désintéressement, la pureté d'intention et toutes les autres dispositions que l'Eglise demande d'eux et qui seules peuvent en faire un jour des ministres fidèles.

Art. 1er.

Nous déclarons que, conformément aux ordonnances de nos prédécesseurs, nous ne donnerons la tonsure cléricale à personne qu'il n'ait l'âge de quatorze ans, tant parce que les enfants, avant ce temps, ne sont guère capables de faire choix d'un état de vie, que parce que les parents les engagent trop tôt dans la cléricature, souvent dans le dessein de leur procurer quelque bénéfice qui les retienne comme malgré eux et sans vocation dans cet état.

Art. 2.

Nous ne donnerons point la tonsure à ceux qui demeurent dans Clermont, qu'auparavant ils n'aient assisté avec assiduité et modestie, au moins durant six mois, aux conférences de piété qui se font au séminaire pour ceux qui se destinent à l'état ecclésiastique, et à celles qui se feront un ou deux mois avant que de donner la tonsure, pour leur apprendre les dispositions qu'il y faut apporter et les engagements qu'on y contracte.

Art. 3.

Pour ceux qui demeurent dans d'autres villes, comme ils ont plus besoin d'être éprouvés, n'ayant pas les mêmes secours que les autres, nous ne leur donnerons point la tonsure qu'ils n'aient pareillement assisté pendant une année aux conférences de piété que nous avons établies ou que nous établirons dans les villes où il y a des collèges, et qu'ils ne rapportent une attestation de leur bonne vie et mœurs de celui qui sera préposé dans chaque endroit pour en avoir soin.

Art. 4.

Nous ordonnons que tous les prétendants à la tonsure porteront deux ou trois mois avant que de la recevoir, le petit habit clérical, c'est-à-dire le collet et la soutanelle sans poches et sans grandes manches, et qui ressente la modestie dont les ecclésiastiques doivent faire profession.

Art. 5.

Nous défendons, néanmoins, à tous ceux qui aspirent à l'état ecclésiastique, de prendre le petit collet et l'habit clérical sans en avoir obtenu la permission de nous, ou de celui qui sera chargé du soin des clercs.

Art. 6.

Nous ordonnons pareillement que ceux qui se disposeront

à recevoir la tonsure feront une retraite de huit jours dans le séminaire avant que de la recevoir.

Art. 7.

Nous déclarons à tous ceux de diocèses étrangers, prétendant à la tonsure et qui sont étudiants dans Clermont ou dans quelque autre collège de ce diocèse où il y aura des conférences établies, que nous ne leur donnerons pas la tonsure qu'ils n'aient assisté aux conférences de piété, et qu'ils n'aient observé les règles que nous aurons prescrites pour nos diocésains aspirant à la tonsure.

Art. 8.

Nous enjoignons à ceux qui auront reçu la tonsure de se trouver assidûment aux entretiens de piété qui se feront dans le séminaire pour les jeunes clercs; ils assisteront aussi, le dimanche et les fêtes, en habit de chœur, à la grande messe et aux saints offices, dans l'église qui leur sera assignée.

Art. 9.

Nous enjoignons pareillement à ceux qui auront reçu la tonsure de porter au moins la soutanelle de couleur noire, d'avoir les cheveux courts et la couronne bien marquée; et nous exhortons les prétendants à la tonsure et ceux qui l'ont déjà reçue, de fréquenter les sacrements et de se confesser une ou deux fois le mois.

Art. 10.

Nous défendons à ceux qui n'ont pas reçu la tonsure cléricale de porter le surplis dans l'église ni dans aucune autre fonction, s'ils n'en ont la permission de nous ou de celui qui est chargé du soin des clercs.

Art. 11.

Et, attendu que nous avons été informé que plusieurs étudiants étrangers ou de ce diocèse, portant le collet et l'habit ecclésiastique, ne font pas difficulté d'aller au cabaret, d'y boire et d'y manger au scandale des peuples et au déshonneur de l'état ecclésiastique, et cela sous prétexte qu'ils n'ont point la tonsure; pour remédier à cet abus, nous défendons généralement à tous ceux qui portent le collet et l'habit ecclésiastique de boire ou de manger au cabaret dans le lieu de leur résidence ou autre, qui n'en soit pas éloigné au moins d'une lieue; défendons à tous confesseurs d'absoudre, sans un pouvoir spécial, ceux qui auront contrevenu à cet article de notre présente ordonnance.

Art. 12.

Nous ordonnons enfin que le présent mandement sera lu dans notre séminaire, et y demeurera affiché publiquement dans la salle des exercices, qu'il sera lu et publié pareillement dans toutes les paroisses de cette ville et de notre diocèse, et affiché aux lieux accoutumés.

Donné à Clermont, dans notre palais épiscopal, le 31 mars de l'an de Notre-Seigneur mil sept cent vingt-cinq.

† Jean-Baptiste, évêque de Clermont,

Par Monseigneur Forneret, secrétaire.

Arch. dép.

Lettres patentes du roi Louis XV, pour l'établissement et la dotation d'un petit séminaire à Clermont-Ferrand.

Louis, par la grâce de Dieu, roi de France et de Navarre, à tous présents, salut : notre amé et féal conseiller, en nos conseils Jean-Baptiste Massillon, évêque de Clermont-Ferrand, nous a représenté que feu notre amé et féal Louis d'Estaing, un de ses prédécesseurs audit évêché, avait établi dans ladite ville un séminaire pour y former et instruire les ecclésiastiques étudiant en théologie, et les disposer à recevoir les ordres sacrés; lequel établissement avait été autorisé par lettres patentes du feu roi, notre très honoré seigneur et bisaïeul, données à Paris au mois de septembre 1654, dûment enregistrées en notre parlement le 13 juin 1668, que le susdit séminaire avait produit et produisait encore de grands fruits dans le diocèse de Clermont-Ferrand, lequel étant composé de plus de huit cents paroisses et d'une grande étendue, a besoin de grand nombre de bons ouvriers ; mais que ce séminaire n'étant destiné qu'à des ecclésiastiques étudiant ou ayant déjà étudié en théologie pour se disposer à recevoir les ordres sacrés, on était obligé d'en refuser l'entrée à un grand nombre de jeunes élèves ou autres aspirants à l'état ecclésiastique de divers lieux du diocèse qui, n'étant point encore en état d'étudier en théologie, désireraient néanmoins pouvoir se retirer dans une maison réglée durant leur étude de philosophie pour commencer de bonne heure à prendre l'esprit et se former aux exercices et vertus ecclésiastiques, et surtout pour y conserver sûrement leur innocence et se mettre à couvert de la corruption des mœurs par l'éloignement des occasions, en attendant qu'ils se trouvent en état d'étudier en théologie et entrer dans le séminaire déjà établi pour se préparer aux saints ordres; que d'ailleurs il se trouve plusieurs de ces jeunes clercs ou aspirants à la cléricature qui paraissent avoir de bonnes dispositions pour l'état ecclésiastique, dont cependant les parents ne pouvant fournir à toute la dépense nécessaire pour leur faire continuer leurs études et les disposer à entrer au séminaire, ils étaient obligés d'abandonner leur vocation et de priver par là l'Eglise des services qu'ils auraient pu lui rendre ; que c'était dans ces vues que le feu roi notre bisaïeul, par sa déclaration du 15 décembre 1698, enregistrée en notre parlement, avait ordonné d'établir, autant qu'il serait possible, dans les diocèses où il y avait déjà des séminaires pour les clercs plus âgés, des maisons particulières ou petits séminaires pour l'éducation des jeunes clercs pauvres, depuis l'âge de douze ans, qui paraîtraient avoir de bonnes dispositions pour l'état ecclésiastique, et de pourvoir à la subsistance des uns et des autres par unions de bénéfices ou par toutes autres voies canoniques légitimes; et que, dans ce dessein, le suppliant avait fait assembler, depuis quelques années, par forme d'essai, plusieurs de ces jeunes clercs ou aspirants à la cléricature dans une maison particulière du faubourg de ladite ville de Clermont-Ferrand, qu'on a bien voulu lui prêter, pour les instruire et former à la piété et aux fonctions ecclésiastiques durant leur étude de philosophie ; ce qui avait eu un si heureux succès qu'il ne paraissait rien de plus utile pour le clergé du vaste diocèse, dont le suppliant est chargé, que de travailler à l'établissement et dotation du susdit petit séminaire ; pour quoi il nous aurait supplié de vouloir bien lui accorder nos lettres patentes à ce nécessaires, en lui permettant d'établir un petit séminaire dans la ville ou faubourg de Clermont-Ferrand, ou en tel autre lieu de son diocèse qu'il jugera le plus convenable, et de le doter par unions de bénéfices ou autres voies canoniques et légitimes, tant pour la subsistance des supérieurs et directeurs qui en auront la conduite, que pour y recevoir gratuitement ou à modique pension quelques bons sujets pauvres; lequel petit séminaire sera régi, gouverné et administré à perpétuité, sous l'entière autorité et juridiction du suppliant ou de ses successeurs évêques de Clermont-Ferrand, par les prêtres et ecclésiastiques qui seront par lui choisis et préposés; sur quoi désirant de notre part, à l'exemple des rois nos prédécesseurs, contribuer, en ce qui dépend de notre autorité, à des établissements si utiles et si nécessaires, de notre grâce spéciale, pleine puissance et autorité royale, nous avons loué, approuvé et confirmé, et, par ces présentes signées de notre main, louons, approuvons et confirmons l'établissement d'un petit séminaire dans la ville de Clermont ou en tel autre lieu du diocèse qui sera trouvé le plus propre à ce dessein, pour y élever, dans l'esprit de l'Eglise, principalement dans l'étude de la philosophie, les jeunes gens dans lesquels on connaîtra des dispositions et de la vocation à l'état ecclésiastique, de l'âge et capacités qui seront jugés convenables; lequel petit séminaire voulons être à perpétuité régi et gouverné et administré sous l'entière autorité et juridiction du suppliant et de ses successeurs évêques de Clermont-Ferrand, par les prêtres et ecclésiastiques qui seront par lui choisis et préposés; et pour faciliter davantage le susdit établissement et le pourvoir de fonds nécessaires et convenables, non seulement pour la subsistance et entretien des supérieurs et directeurs qui seront préposés à la conduite et à la direction du susdit petit séminaire, mais aussi pour y pouvoir admettre gratuitement ou à modique pension, ceux des jeunes clercs ou aspirants à la cléricature que l'on reconnaîtra être pauvres et avoir de bonnes dispositions à l'état ecclésiastique, nous permettons au susdit sieur évêque de Clermont-Ferrand et à ses successeurs au susdit évêché, d'unir au susdit petit séminaire un ou plusieurs bénéfices, jusqu'à concurrence de la somme de six mille livres de revenu annuel franc et quitte de toute charge, en observant, pour les susdites unions, les formalités reçues et accoutumées, et à condition, par les ecclésiastiques qui auront la conduite du susdit petit séminaire, d'acquitter les offices de fondation et toutes les charges, décimes et impositions ordinaires et extraordinaires des susdits bénéfices, lorsqu'ils jouiront des revenus d'iceux, de la manière dont elles étaient acquittées et payées par les titulaires d'iceux : voulons que ledit petit séminaire puisse acquérir, tenir et posséder tous dons, legs, fondations et libéralités qui pourraient être faites à son profit et en sa faveur : avons amorti et amortissons, par ces présentes, les bâtiments cours et jardin qui se trouvent renfermés dans l'enceinte du susdit petit séminaire, comme dédiés à Dieu et consacrés au service et bien de l'Eglise, sans que, pour raison de ce, nous ni nos successeurs rois puissions prétendre aucune finance, de laquelle nous lui faisons don, à la charge néanmoins d'indemniser ceux qui y peuvent avoir intérêt; voulons, en outre, que le susdit petit séminaire puisse jouir de tous les droits et privilèges accordés par nous et par les rois nos prédécesseurs, aux communautés et gens de mainmorte, et spécialement aux séminaires établis dans notre royaume ; si donnons en mandement à nos conseillers, les gens tenant notre cour de parlement et chambre des comptes à Paris et à toutes nos autres cours qu'il appartiendra, que ces présentes ils aient à faire enregistrer, et leur contenu faire exécuter, garder et observer, nonobstant tous édits, déclarations, arrêts et règlements contraires, auxquels nous avons dérogé et dérogeons par ces présentes pour ce regard seulement, car tel est notre plaisir ; et, afin que ce soit chose ferme et stable à toujours, nous avons fait mettre notre scel à ces dites présentes.

Donné à Marly au mois de janvier, l'an de grâce mil sept cent trente-trois, et de notre règne le dix-huitième.

Signé : Louis ;

Et, sur ce repli, visa Chammelin ; et, à côté, par le roi,

Signé : Phélipeaux.

Arch. dép.

Lettre de Monseigneur l'évêque de Clermont à Son Eminence Monseigneur le cardinal de Fleury, ministre d'Etat, au sujet de l'abonnement du clergé.

Monseigneur,

Permettez-moi d'avoir l'honneur de vous entretenir encore une fois des affaires temporelles de mon diocèse; après quoi je n'en importunerai plus Votre Eminence.

Je viens de recevoir une lettre de M. Orry, par laquelle il paraît déterminé à exiger que je fasse sur mon clergé une imposition que je n'ai pas droit de faire, et qui est en effet contre toutes les règles. Comme je suis persuadé qu'on n'a pas représenté à Votre Eminence cette affaire telle qu'elle est, je prends la liberté de la lui exposer en peu de mots.

En dix sept cent-sept, le feu roi établit de nouveaux droits sur les boucheries et sur les boissons. Ces droits se perçurent en détail dans la plupart des provinces du royaume, et les ecclésiastiques qui usaient de ces denrées y payèrent sans contredit cette taxe à proportion de ce qu'ils en consommaient, comme les autres sujets du roi.

Il y eut cependant quelques provinces, et entre autres l'Auvergne, qui demandèrent que ces droits fussent abonnés pour elles; on leur accorda cet abonnement. Mais comme alors il eût fallu que les évêques de ces provinces abonnées eussent imposé eux-mêmes une somme considérable sur leur clergé, si l'on en eût exigé une quote-part de cet abonnement, et que la forme de cette imposition était nouvelle, vicieuse, contraire aux usages et aux privilèges du clergé, qui jusqu'ici n'a connu d'impositions que celles qui sont ordonnées par ses assemblées générales, mon prédécesseur présenta ces raisons au conseil du dernier règne, et le conseil décida que le clergé des provinces abonnées devait être déchargé de la quote-part de cet abonnement, et il le décida dans un temps où toute l'Europe, liguée contre la France, rendait les besoins de l'Etat infiniment pressants, et où l'on ne se serait pas relâché sur cette imposition si l'on n'avait pas cru que ce serait donner une atteinte trop visible aux règles et aux privilèges du clergé que de l'exiger. Nous avons entre les mains cette décision du conseil, dans une lettre originale écrite par feu M. d'Armenonville à mon prédécesseur, en vertu de laquelle mon clergé fut exempt et ne paya point.

Ces nouveaux droits furent abolis à la paix qui suivit, et rétablis ensuite en dix-sept cent vingt-deux, sous le ministère de M. le duc d'Orléans, et continués sous celui de M. le duc; mais quoique ce ministère fût peu favorable au clergé, comme tout le monde le sait, tandis qu'il a duré on ne nous a fait là-dessus aucune demande; les ministères de M. le duc d'Orléans et de M. le cardinal Dubois s'étaient passés de même.

Ce fut M. Desforts qui, le premier, deux ans avant de sortir des finances, réveilla cette prétention et écrivit à M. de la Grandville que le clergé d'Auvergne devait porter cette imposition. M. de la Grandville me communiqua cette lettre, et après avoir entendu nos raisons, il convint que nous étions en droit de les faire valoir et de nous défendre.

Le syndic de mon diocèse envoya alors des mémoires au conseil et aux agents généraux du clergé. Ces mémoires sont demeurés sans réponse; M. Desforts n'insista plus; il ne nous a été fait depuis aucune sommation ni aucune demande, ni de la part du conseil, ni de celle des intendants de cette province; de sorte que nous croyions cette affaire absolument oubliée et finie.

Mais dès que M. Orry eut été chargé des finances, il écrivit à M. Trudaine qu'il fallait nous forcer de payer, et y procéder même par saisie de temporel et exécution de meubles. Nous convenons de cette sommation et nous nous en souviendrons longtemps. Il serait difficile, en effet, d'en oublier les termes, si nouveaux jusques ici pour le clergé.

En conséquence de cette sommation est intervenu un arrêt du conseil qui nous condamne à payer cette taxe. Il est bien triste pour nous, Monseigneur, qu'un arrêt daté du ministère de Votre Eminence renverse, à votre insu, les anciennes règles du clergé et anéantisse la décision du conseil, sous le dernier règne, qui les avait maintenues.

Ce fut après avoir reçu cet arrêt que j'eus l'honneur de m'adresser à Votre Eminence, comme à mon asile ordinaire, pour la supplier qu'on se contentât du moins d'exiger que nous payassions le courant de cette imposition depuis l'arrêt contradictoire qui venait de nous y condamner; que jusque-là nous étions dans la bonne foi, et par la décision du conseil, sous le dernier règne, que nous avions entre les mains, qui nous déclarait exempts de cette taxe, et par le repos où l'on nous avait laissés depuis le rétablissement de ces nouveaux droits. Ce que j'avais l'honneur de demander à Votre Eminence, la justice la plus rigoureuse ne pourrait pas le refuser, puisque les arrérages ne doivent courir que du jour qu'ils ont été juridiquement demandés.

Mais M. Orry me fait l'honneur de m'écrire qu'on ne se relâchera en rien sur les arrérages qui se sont accumulés depuis dix-sept cent vingt-deux, où ces droits furent rétablis. L'énormité de la somme à quoi ils montent ne l'arrête point. Il ne veut pas faire attention que cette taxe ne nous a jamais été demandée sous les ministères précédents. Il prétend que nous sommes en retard, comme si nous avions dû nous-mêmes aller offrir une taxe qu'on ne nous demandait point et dont le conseil du dernier roi nous avait déclarés exempts; et il pousse cette affaire avec tant de rigueur qu'il semble que le salut de l'Etat soit attaché à faire payer à mon clergé une taxe qui ne doit pas même aller dans les coffres du roi, et dont les receveurs et les fermiers généraux tout seuls, qui sollicitent auprès de lui cette imposition, doivent profiter.

M. Orry nous oppose l'exemple des diocèses de Limoges, de Tulle et d'Angoulême, qui se sont soumis à cette imposition.

Je sens à chaque ligne de cette lettre que j'abuse de la patience de Votre Eminence. Vous m'avez accoutumé à être écouté avec bonté ; souffrez donc, je vous en supplie, que je réponde et que j'achève de vous exposer une affaire qui ne mérite votre attention que pour les intérêts du clergé qui s'y trouvent mêlés.

Je ne sais donc point ce qui s'est passé dans le diocèse d'Angoulême dont on nous oppose l'exemple ; mais je sais que celui de Tours, qui est dans le même cas d'abonnement que le mien, et qui est instruit des règles, a toujours refusé constamment de se soumettre à ce joug, et qu'on l'a laissé en repos. On sévit contre les diocèses qu'on croit sans protection, et on respecte les règles et les privilèges du clergé dans les autres qui trouvent de l'appui.

Mais d'ailleurs quand un évêque, par faiblesse ou par surprise, aurait consenti à une imposition contraire aux intérêts et aux privilèges du clergé, ce ne serait pas une raison pour que ses confrères imitassent son exemple. Ce ne sont pas les exemples, mais les règles et les principes qui doivent guider dans une affaire de cette conséquence.

Pour le diocèse de Limoges, je suis surpris qu'on ose nous en citer l'exemple : les finances de la Chambre ecclésiastique de ce diocèse y sont depuis longtemps dans un dérangement si public, que le feu roi fut obligé de leur faire une remise de plus de quarante mille livres sur les arrérages des décimes ordinaires, et qu'en dix-sept cent dix-neuf cette Chambre députa son syndic au bureau des Augustins, où j'avais l'honneur d'être un des douze commissaires nommés par le roi, pour nous demander une remise encore plus considérable. Votre Eminence n'ignore pas les mesures que nos assemblées ont été obligées de prendre à ce sujet, jusqu'à envoyer à Limoges un évêque et un député du second ordre pour tâcher de mettre quelque arrangement dans les finances de cette Chambre, totalement dérangées. Aussi nous en citer l'exemple, c'est nous exhorter à éviter les inconvénients qui l'ont jetée dans le gouffre d'où elle ne sortira peut-être jamais.

A l'égard de Tulle, c'est un diocèse de cinquante paroisses tout au plus; de sorte que l'imposition annuelle dont il s'agit y forme une de ces sommes si modiques que les évêques, dans les cas imprévus, croient pouvoir les imposer sur leur clergé.

Mais ici, Monseigneur, si l'on nous force sans ménagement de payer ces prétendus arrérages, il s'agit d'une somme de plus de soixante mille livres. Or, pour payer cette somme, il faut ou l'imposer ou l'emprunter. L'imposition est impraticable, parce que j'impose déjà sur ce pauvre clergé cent cinquante mille livres pour les décimes ordinaires ou extraordinaires; que nos curés, *à simple portion congrue*, sont déjà taxés à cinquante livres, et que je ne saurais faire une augmentation si énorme et qui serait sans exemple, à moins que je ne veuille réduire mes curés et les autres bénéficiers de ce diocèse à n'avoir pas de pain. L'emprunt est encore moins possible, parce que, n'étant pas autorisé à emprunter par une délibération de nos assemblées, il n'y aurait point de sécurité pour les prêteurs, et je n'en trouverais point. Mes successeurs seraient en droit de désavouer cette dette et de la faire déclarer non valablement contractée, comme elle le serait en effet.

Dans cet embarras, Monseigneur, accablé par un arrêt du conseil et par les poursuites rigoureuses de M. Orry, que puis-je faire que réclamer votre protection? Et ensuite, voici le parti que je suis résolu de prendre, à moins que Votre Eminence, à laquelle vous savez combien je suis soumis, ne m'ordonne le contraire. Je ne ferai point sur mon pauvre clergé une imposition si monstrueuse et que je ne suis pas en droit de faire, et je ne laisserai pas un exemple si pernicieux à mes successeurs. Mais puisque à mon refus l'arrêt du conseil commet M. Trudaine, je le laisserai faire quoique je connaisse trop sa droiture, sa modération et son amour de la règle pour n'être pas persuadé qu'il ne se chargera de cette commission qu'avec une extrême répugnance. De mon côté, je donnerai l'exemple à mon clergé, et je satisferai le premier à la taxe qui me sera imposée; trop heureux si j'y pouvais satisfaire pour tout mon diocèse. Mais je déposerai dans les archives de mon clergé une protestation authentique, dans laquelle je déclarerai que c'est uniquement pour ne pas désobéir au roi que je ne m'oppose point à une imposition que je regarde comme nouvelle dans sa forme, dangereuse dans ses conséquences et évidemment contraire aux règles et aux privilèges les plus incontestables du clergé.

Je souhaite que M. Trudaine trouve dans ce grand diocèse plus de facilité qu'il n'espère d'y trouver pour la levée d'une imposition si peu usitée; que les frais de recouvrement n'en excèdent pas le produit par la multitude des commis qu'il faudra employer, surtout dans nos montagnes, et que Votre Eminence ne soit pas affligée par les relations qu'elle ne manquera pas de recevoir des saisies du temporel, des exécutions de meubles et des autres violences que les commis seront obligés d'exercer dans les presbytères et dans les monastères d'hommes et de filles, pour se conformer à la lettre et aux ordres de M. Orry. Je n'oserais parler des autres inconvénients que je prévois et qui paraissent inévitables. Cette pauvre province est déjà affligée de tant de fléaux qu'il y avait lieu de s'attendre qu'elle exciterait plutôt la compassion que la sécheresse et la sévérité du ministre des finances, et qu'on recommanderait plutôt à M. Trudaine la douceur et les ménagements qui sont si fort de son caractère, que les saisies du temporel et les exécutions de meubles, surtout à l'égard du clergé.

Pour moi, Monseigneur, je verrai la désolation de ce

malheureux diocèse avec toute la douleur inévitable à un évêque qui en doit être le père; et ne pouvant y apporter du secours, j'aurai bien de la peine à lui refuser des larmes.

Dans l'affliction dont je suis pénétré à la vue des calamités dont nous souffrions déjà et de celles dont on nous menace encore, je n'ai point d'autre consolation que de répandre mon cœur dans le sein paternel de Votre Eminence.

J'ai l'honneur d'être, avec l'attachement le plus tendre et le plus respectueux, Monseigneur, de Votre Eminence le très humble et très obéissant serviteur.

† J.-B., évêque de Clermont.

Ce 9 novembre 1731.

Arch. dép. Finances... Privilèges du clergé.

Réponse de Monseigneur le cardinal de Fleury à Mgr Massillon, évêque de Clermont.

A Marly, le 18 novembre 1731.

J'ai reçu, Monsieur, la lettre dont vous m'avez honoré du 9 de ce mois. Je vous supplie d'être persuadé que l'affaire de votre clergé, par rapport aux nouveaux droits sur les boucheries, m'a trop tenu au cœur pour n'y avoir pas donné toute mes attentions et pour ne l'avoir examinée à fond. Le zèle seul avec lequel vous vous portez pour le soulagement de votre clergé, que je ne puis trop louer, eût été pour moi un motif suffisant pour chercher les moyens de le décharger de cette imposition, et je vous supplie d'être persuadé que je n'ai rien oublié; mais, d'un autre côté, ces droits ayant été payés par tous les autres diocèses comme légitimement dus, il serait d'une dangereuse conséquence d'en exempter ceux qui sont en retard d'y satisfaire, et il n'y a que le vôtre et celui de Tours qui soient dans ce cas et qui s'y opposent. Ce que je puis faire de mieux est de voir avec M. Orry s'il n'y aurait point quelque expédient pour vous soulager sur les arrérages, ou de prendre des mesures et des précautions pour que le recouvrement s'en fasse plus facilement et à moins de frais que faire se pourra. Je lui en parlerai, et vous pouvez compter sur le désir sincère que j'ai de vous marquer, Monsieur, les sentiments avec lesquels je vous honore.

Le card. DE FLEURY.

Arch. dép.

Lettre de Massillon à M. le prieur de l'abbaye de Mozac (Copie collationnée sur l'original inséré dans la châsse qui renferme les ossements de saint Austremoine).

MONSIEUR,

Je viens de faire construire une chapelle, dans le palais épiscopal, que j'ai dédiée à Dieu sous l'invocation de saint Austremoine, apôtre et premier évêque d'Auvergne. Vous avez son corps dans votre église : Je vous supplie, Monsieur, de confier à M. Théron un peu de ses cendres, ou quelques petites parcelles de ses os, pour être mises sur l'autel de la nouvelle chapelle. Vous aurez la bonté d'y joindre votre attestation, dans laquelle vous marquerez que vous avez détaché, à ma prière, ces reliques du corps de saint Austremoine pour être placées sous l'autel de la chapelle du palais épiscopal. Il faudra y marquer votre nom et le mien, la date de l'année et du jour, parce que c'est une authentique qui doit être mise avec la petite portion des reliques que vous m'enverrez. Je l'attends avec beaucoup d'empressement pour consacrer mon autel. S'il ne faisait pas si mauvais, je vous exhorterais à venir dîner avec moi demain et me faire le plaisir de les apporter vous-même.

Je suis, Monsieur, très sincèrement, votre très humble et très obéissant serviteur.

† J.-B., évêque de Clermont.

Ce mardi matin, 30 janvier 1731.

Copie du procès-verbal annexé à la lettre ci-dessus, scellé du sceau de l'abbaye et renfermé dans la châsse.

Cejourd'hui vingt-trois du mois de février mil sept cent trente et un, sur les huit heures du matin, dom Louis Taupin, prieur de l'abbaye royale de Saint-Pierre et de Saint-Paul de Mozac, près Riom, Ordre de Cluny, diocèse de Clermont, en Auvergne, nous ayant convoqués en chapitre, où toute la communauté s'est trouvée capitulairement assemblée, il nous aurait exposé que Mgr Jean-Baptiste Massillon, actuellement évêque de Clermont, lui aurait fait l'honneur de lui écrire une lettre, en date du 30 de janvier de la présente année, par laquelle il le prie très instamment, et tous les religieux composant la communauté de ladite abbaye royale de Mozac, de vouloir lui communiquer quelques parcelles des reliques du corps de saint Austremoine, apôtre de la province d'Auvergne et premier évêque du diocèse de Clermont, dont ils sont les possesseurs d'un temps immémorial et qu'ils conservent dans leur église renfermé, avec toute la décence, requise dans une châsse des plus respectables par son antiquité, pour lesquelles reliques être posées sous l'autel de la nouvelle chapelle que ledit seigneur évêque vient de faire bâtir dans son palais épiscopal sous l'invocation du même saint Austremoine. Lecture faite par le secrétaire de ladite communauté, non seulement de la lettre de Sa Grandeur, mais encore d'une autre lettre du très révérend père dom Jean Fricaut, supérieur des religieux de l'étroite observance de l'Ordre de Cluny, en date du 14 du présent mois, adressée à dom Taupin, prieur de l'abbaye de Mozac, tendant à exhorter les religieux de ladite communauté de se prêter de bon cœur aux vœux et prières dudit seigneur évêque.

L'affaire mise en délibération, tous les capitulants y ont unanimement concouru par leur commun consentement, et à l'instant ils ont conduit à la sacristie dom Louis Taupin, prieur de ladite abbaye de Mozac, où, s'étant revêtus d'une aube et d'une étole, ils se sont rendus avec lui, chacun un cierge allumé en main, à la chapelle où est la châsse de leur glorieux patron, à la découverte de laquelle ils se sont prosternés; y ont fait les prières requises en pareil cas, en suite de quoi ils ont fait l'ouverture de ladite châsse, l'ont encensée et en ont extrait un ossement du corps dudit saint Austremoine, leur glorieux patron, qu'ils ont enveloppé dans un morceau de damas blanc et remis décemment dans une petite boîte qu'ils ont cachetée et scellée du sceau de ladite abbaye, laquelle ils ont remise en mains de dom prieur, qu'ils ont prié de vouloir s'en charger pour la remettre audit seigneur évêque, ce qu'il a accepté volontiers en leur promettant de s'acquitter fidèlement de leur commission par la reddition du précieux dépôt qu'ils venaient de lui confier.

En foi de quoi nous avons dressé le présent procès-verbal que tous les religieux composant actuellement la communauté de l'abbaye royale de Mozac ont signé et scellé du sceau des armes de ladite abbaye pour servir pour ce que de raison audit seigneur évêque.

Fait et passé en l'abbaye de Mozac le 23 février 1731.

Dom Louis Taupin, prieur de l'abbaye de Mozac.

Lettre à M. Trudaine, intendant d'Auvergne alors à Paris.

Vous m'avez laissé, mon cher Intendant, dans de cruelles alarmes sur les suites de votre voyage. Vous l'avez fini heureusement : j'en suis charmé. Mais vous sentez bien que je n'ai pas encore le cœur net, et qu'il n'y a que l'assurance de votre retour qui puisse me calmer.

Je ferai usage de l'avis que vous avez la bonté de me donner sur M. Fournier, et sûrement vous n'y serez pour rien. Si par hasard vous revoyiez quelqu'un des trois avocats, je vous supplie de les assurer de ma part que c'est uniquement pour éviter les chicanes et les longueurs que je les ai demandés. Je ne souhaite qu'un règlement qui me mette à couvert de l'esprit processif de mes moines, et je cherche plus la paix que mes intérêts.

J'aurais cru que les glaces refroidiraient un peu la dévotion de saint Médard. On m'écrit de tous côtés qu'elle se réchauffe de plus en plus. J'attends le dénouement pour faire mon acte de foi ; mais s'il est vrai qu'on ne gagne en attendant que des convulsions, je douterai si ces miracles sont des châtiments ou des grâces ; car d'aller croire, avec nombre de gens bien sentant, que c'est un jeu, il y aurait trop de personnes dans le secret et le mot de l'énigme aurait échappé à quelque faux frère.

J'attendrai le résultat de votre conversation avec M. Orry, et je suis très persuadé que les intérêts de mon clergé n'auront rien perdu entre vos mains. Je ne refuse pas l'imposition courante, mais pour les arrérages, je ne les dois pas ; je suis même dans l'impuissance absolue de les payer.

Votre dernière ordonnance a fourni à une compagnie oiseuse (la Cour des Aides) quelque matière à délibération ; car vous savez que notre aréopage, comme autrefois celui d'Athènes, ne demande pas mieux que de trouver quelque chose de nouveau qui occupe son profond loisir ; mais je puis vous assurer que de toutes ses séances il n'est sorti dans le public que des éloges de votre sage administration, une crainte réelle de vous perdre et un désir en vérité universel de vous revoir dans la province.

Donnez-moi de vos nouvelles, mon cher Intendant, le plus souvent que vous pourrez. Ne craignez point pour vos lettres ; vous serez le seul qui saurez que je les ai reçues, et ce qui n'y devra être que pour moi n'y sera jamais pour personne. Mille respects à notre chère Intendante. Je vous embrasse de tout mon cœur : vous connaissez les sentiments tendres et respectueux que je conserverai toute ma vie pour vous.

† J.-B., évêque de Clermont.

Ce 25 janvier 1732.

Archives départementales.

Lettre à M. Trudaine, alors à Paris.

Je vous envoie, mon cher Intendant, une copie de la lettre que je me suis enfin déterminé d'écrire à M. Orry. J'y prends le personnage de suppliant, et je vous avoue que cette humilité m'a beaucoup coûté à son égard. Vous y verrez les raisons que je lui allègue pour obtenir la remise des arrérages que je demande. Il me semble que je lui prouve évidemment que mon clergé n'est pas en faute sur le retard, et que la négligence des fermiers généraux, qui, pendant six ou sept ans, depuis le rétablissement de ces nouveaux droits, n'en ont fait ni fait faire aucune demande à mon diocèse, que cette négligence doit tomber sur eux et non pas sur nous ; qu'il n'est pas juste d'abîmer un clergé parce que leur incurie seule l'a mis hors d'état de payer, et qu'ils ne doivent pas être reçus à demander que le roi les indemnise, faute par nous de satisfaire à une taxe qu'ils ont été si longtemps sans avoir même eu le soin de nous la notifier. Si la raison et l'équité décident ce différend, la décision doit nous être favorable. Il est important, mon cher Intendant, que vous ayez la bonté de lire la copie de ma lettre à M. Orry, pour être au fait de mes raisons, s'il vous reparle de cette affaire quand vous le reverrez.

J'ai enfin reçu mes lettres patentes avec les arrêts du parlement et de la chambre des comptes, qui ordonnent une information pour la maison que je vais établir, qui doit servir d'asile aux prêtres vieux ou infirmes. Je renvoie ces lettres patentes, avec les arrêts et l'information, à M. du Cornet, secrétaire du roi et greffier en chef de la chambre des comptes, qui a conduit toute cette affaire avec beaucoup de zèle. Comme ce paquet est d'une grande conséquence, M. Sadourni a cru que vous ne trouverez pas mauvais qu'il l'adressât à votre secrétaire sous l'adresse ordinaire, afin qu'il fût rendu plus sûrement en main propre à M. du Cornet (Cour du palais).

M. Champflour m'assura hier que la Cour des Aides avait envoyé des mémoires pour l'affaire des échevins. Le premier président et le lieutenant général étaient venus chez moi sans doute pour m'en parler; mais malheureusement ils s'y trouvèrent ensemble, de sorte qu'il ne fut question de rien : je ne les ai plus vus depuis, et je ne sais à quoi en est cette tracasserie, toujours occupation sérieuse pour gens aussi désœuvrés que nos graves sénateurs. Ce que je sais, mon cher intendant, c'est que tous les cœurs vous redemandent, et que la consternation sera générale si nous sommes assez malheureux que de vous perdre. Vous ne m'avez pas encore écrit un seul mot là-dessus, ce qui me persuade que la chose est encore douteuse, car vous n'auriez pas, je m'assure, la dureté de me laisser dans l'incertitude, s'il n'était décidé que vous devez revenir. Je vous embrasse mille fois ; vous connaissez mon respect et mon attachement tendre pour vous.

† J.-B., évêque de Clermont.

Ne me laissez pas longtemps, je vous en supplie, sans me donner de vos nouvelles. Dès que j'aurai reçu la réponse de M. Orry, j'aurai l'honneur de vous envoyer l'état des décimes de mes paroisses d'Auvergne.

15 février 1732.

Entièrement autographe.

Arch. dép. Finances. Fermes générales. Clergé. Série C.

Ces lettres de M. Trudaine offrent un certain intérêt historique ; c'est à ce titre que nous les publions.

Lettre de M. Trudaine, intendant d'Auvergne, adressée de Paris, où il se trouvait, à Messieurs les députés de la Chambre ecclésiastique de Clermont.

A Paris, le 5 mars 1732.

MESSIEURS,

J'ai reçu les lettres que vous m'avez fait l'honneur de m'écrire le 27 du mois passé, au sujet de la répartition qui a été faite entre les diocèses de Clermont et de Saint-Flour, de l'abonnement qui est dû par le clergé de la province d'Auvergne, pour les nouveaux droits des inspecteurs aux boissons et aux boucheries.

Je joins à cette lettre un mémoire qui vous justifiera que M. de la Grandville (*prédécesseur de M. Trudaine*), en faisant cette répartition, a approché de l'égalité le plus près qu'il a été possible. Il ne se trouve, entre mon calcul et le sien, que 81 livres 5 sols de différence, qu'il a apparemment jeté de plus de votre côté pour faire des sommes plus rondes et ne pas tomber dans les fractions.

D'ailleurs mon calcul n'est pas absolument juste, parce que, comme je l'ai remarqué au commencement de mon mémoire, le diocèse de Clermont porte quelque chose de plus que les trois quarts de la totalité des décimes des deux diocèses.

Ainsi je ne pense pas qu'il convienne de réformer la répartition faite par M. de la Grandville.

A l'égard des fonds de l'affaire, j'aurais fort souhaité qu'il eût plu au Roi de vous dispenser de cette contribution; mais vous avez vu, par la disposition de l'arrêt du conseil du 11 septembre 1731, que l'intention de S. M. est que cet abonnement et tous les arrérages qui en seront dus soient imposés au plus tôt sur le clergé. Cependant Monsieur le contrôleur général m'a dit en dernier lieu qu'il serait content si vous vous imposiez présentement l'année courante, et, outre cela, une somme pareille, acompte des anciens arrérages. Cette grâce est regardée ici comme considérable, et je puis vous assurer que vous en êtes uniquement redevables aux vives et pressantes remontrances de Mgr l'évêque de Clermont.

Profitez, je vous prie, de la grâce qu'il vous a obtenue, et pressez-vous de faire l'imposition de ces deux années, afin qu'en en rendant compte à M. le contrôleur général, je puisse travailler à obtenir encore quelque chose de mieux pour vous. Si vous ne le faites pas incessamment, les fermiers généraux et les receveurs généraux vont renouveler leurs poursuites contre vous et me presseront de faire moi-même l'imposition de la totalité des arrérages, conformément à l'arrêt. Je suis bien fâché d'être obligé d'exécuter une pareille commission, mais il me serait impossible de m'en dispenser.

Je suis, avec un respectueux attachement…

Arch. dép. Fermes générales. Privilèges du clergé.

Lettre écrite par M. Trudaine à Monseigneur l'évéque de Saint-Flour.

A Clermont, ce 4 octobre 1732.

Le directeur des fermes de cette province m'a présenté une requête, Monseigneur, par laquelle il demande que, faute par vous d'avoir fait l'imposition ordonnée par l'arrêt du conseil du 11 septembre 1731, j'aie à faire moi-même le rôle de répartition, ainsi qu'il est porté par cet arrêt. Vous avez vu ce que M. le contrôleur général me mande à ce sujet, et je ne puis me dispenser d'avoir égard à cette requête, qui ne tend qu'à l'exécution d'un arrêt du conseil. Néanmoins, j'ai voulu vous donner encore un nouveau délai, et j'ai ordonné que cette requête serait communiquée au syndic de votre diocèse, afin qu'il eût à déclarer si l'imposition a été faite. Profitez-en, je vous en supplie, pour faire vous-même cette imposition. Votre clergé ne peut, au fond, se dispenser avec justice de payer l'abonnement d'un droit qui eût été perçu sur lui en nature s'il n'eût pas été abonné. Dans la forme, vous ne pouvez refuser de déférer à un arrêt du conseil rendu en connaissance de cause, et dans la place où vous êtes, vous devez montrer l'exemple de l'obéissance qui est due aux ordres du roi. Enfin, ce délai une fois expiré, je ne pourrais me dispenser de faire moi-même l'imposition. Votre clergé n'en paiera pas moins, et vous aurez le regret éternel d'avoir laissé donner une atteinte à vos privilèges en laissant imposer par un autre que par vous et par votre bureau diocésain, exemple qui pourrait tirer à conséquence pour les suites. C'est votre propre intérêt qui doit vous déterminer en cette occasion. Mgr l'évêque de Clermont, qui a senti la force de ces raisons, s'y est rendu après avoir vu l'inutilité de son opposition. Tous les autres évêques, qui sont dans le même cas, ont obéi il y a longtemps. Serez-vous le seul à vouloir soutenir une contestation jugée depuis si longtemps, et voudrez-vous, pour la soutenir sans espérance de succès, perdre le plus beau privilège du clergé, qui consiste à imposer sur lui-même les sommes dont il doit contribuer pour le bien de l'Etat? Faites-y encore de sérieuses réflexions, je vous prie, et épargnez-moi le chagrin d'exécuter la commission qui m'est donnée par le conseil.

Je suis, etc.

Lettre adressée, le 4 novembre 1732, par M. Trudaine à M. Orry, contrôleur général des finances, à Paris.

Je n'ai point négligé de suivre l'imposition de l'abonnement des nouveaux droits de courtiers-jaugeurs, inspecteurs aux boissons, sur le clergé de cette généralité; et si vous n'avez point trouvé de réponse à la lettre que m'avez écrite le 10 janvier dernier sur ce sujet, c'est parce que j'ai eu l'honneur de vous en rendre compte verbalement, étant alors à Paris. J'ai déterminé Mgr l'évêque de Clermont à faire cette imposition; il a fait la répartition de l'année courante à la dernière assiette et d'une autre année acompte des anciens arrérages, suivant l'arrangement que vous avez bien voulu approuver. A l'égard de Mgr l'évêque de Saint-Flour, il m'a été impossible jusqu'à présent de le vaincre, quelques représentations que je lui aie faites. Je vous avais mandé, par ma dernière lettre du dernier décembre 1731, que je ne pouvais moi-même suivre l'exécution de l'arrêt du conseil, et qu'il était juste que les fermiers généraux, que cette affaire regarde, s'y rendissent partie pour la suivre.

J'ai suivi ce même projet et j'ai ordonné au directeur des fermes de me présenter requête pour me demander que j'eusse à faire le rôle de répartition, en exécution de l'arrêt du conseil. Je ne perdrai pas cette affaire un moment de vue, et vous pouvez être assuré que l'imposition sera faite dans le courant de ce mois-ci, soit par Mgr l'évêque de Saint-Flour, soit par moi.

Je suis, etc.

XI. — Assiette et département contenant l'imposition de la somme de onze mille cinquante et une livres pour être payée en conséquence des arrêts du conseil des 22 décembre 1732 et 11 septembre 1731, par le clergé de ce diocèse compris dans la généralité de Riom, pour partie de sa quote-part de l'abonnement accordé par Sa Majesté à la province d'Auvergne, pour tenir lieu des droits attribués aux offices de courtiers-jaugeurs, inspecteurs aux boissons et aux boucheries, ladite somme de 11,051 livres payable en entier dans le courant du mois d'octobre de la présente année 1732, par tous les ecclésiastiques bénéficiers, corps et communautés séculières et régulières, comprises dans ladite généralité de Riom.

Se trouve ensuite la protestation suivante écrite et signée de la main de Massillon :

« Je proteste tant en mon nom qu'en celui de toute la chambre ecclésiastique de mon diocèse, que je ne consens à la susdite imposition que malgré moi et uniquement pour ne pas désobéir aux ordres réitérés qui m'ont été signifiés de la part du roi, et que je regarde cette imposition comme absolument contraire aux anciens règlements et aux prérogatives les plus incontestables du clergé.

» † J.-B., évêque de Clermont. »

Suivent les signatures de MM. Ribeyre, chanoine de la cathédrale; Moranges, prieur de Saint-Sandoux; Sabbatier, Gilbert, Vernet, syndic; l'abbé Delaire; Guérin, doyen et chanoine; G. Cognot, prieur d'Anglars.

» Fait, clos et arrêté dans le bureau tenu dans le palais épiscopal, le dix-huitième août mil sept cent trente-deux. »

Suivent les signatures de l'évêque et des membres ci-dessus indiqués, composant la chambre ecclésiastique du diocèse.

Lettre de M. Trudaine, adressée de Paris, où il se trouvait, à Mgr l'évêque de Clermont.

Paris, ce 20 juillet 1734.

Voici, Monseigneur, que l'on remet sur le tapis l'imposition faite sur le clergé, pour l'abonnement des droits de courtiers-jaugeurs. J'ai assuré que le diocèse de Clermont avait payé déjà ses deux années en 1732; mais on m'a assuré qu'il n'a rien payé pour 1733; c'est ce que je vous supplie de faire vérifier et de me mander. Je ne doute pas que vous n'ayez eu la bonté d'imposer aussi cette double année pour 1734. Je me suis fait fort, sur la parole que vous avez bien voulu me donner, que votre diocèse paierait; et vous me feriez une querelle tout à fait sérieuse en ce pays-ci, si cet arrangement n'était pas exécuté. Vous savez que ce fut par ce moyen que je sauvai au clergé, avec bien de la peine, les poursuites rigoureuses dont il était menacé.

Je suis, etc.

Lettre à M. le président de Lamoignon.

A Clermont, le 24 février 1736.

MONSIEUR,

Je ne me flatte pas qu'il vous reste encore quelque souvenir d'un évêque retiré depuis longtemps dans son diocèse, mais qui a fait profession toute sa vie d'honorer votre nom et votre personne, et qui a été honoré autrefois de l'amitié de toute votre maison.

Le diocèse de Clermont, un des plus vastes du royaume, est aussi celui où le clergé est le plus pauvre et le plus nombreux. Mes prédécesseurs y ont établi deux séminaires dans la ville épiscopale, l'un qu'on appelle le *grand* pour disposer les ecclésiastiques aux saints Ordres, et le *petit* pour élever dans l'innocence les jeunes aspirants à la cléricature. Ce dernier n'a subsisté jusqu'ici que des libéralités des directeurs eux-mêmes qui se consacrent à une œuvre si sainte, établie dans un grand nombre de diocèses, et dont tout le royaume a senti l'utilité. Un pieux ecclésiastique, touché des besoins et de l'utilité de ce petit séminaire, se trouvant titulaire en commende d'un petit prieuré, ordre de Saint-Benoît, situé près de Clermont, a offert de l'unir à cette maison. Monsieur le cardinal de Rohan, collateur de ce bénéfice en qualité d'abbé de la Chaise-Dieu, a consenti à cette union. Les lettres patentes, nécessaires à cet effet, ont été expédiées et présentées au parlement. Il est intervenu, en conséquent, un arrêt qui commet le lieutenant général de Clermont, pour informer de *commodo* et *incommodo*. Son procès-verbal a été envoyé, et il s'est trouvé que les PP. bénédictins de la Chaise-Dieu, les plus riches religieux de mon diocèse, où ils ne rendent aucun service, et où l'on n'entend parler d'eux, dans les cinq monastères qu'ils ont dans ce diocèse, que par les procès éternels qu'ils suscitent de toutes parts, sont les seuls qui s'opposent à cette bonne œuvre qui va aider à l'éducation des pauvres clercs et à la consommation de cette union par l'enregistrement des lettres patentes. Ils ne sont pas collateurs de ce prieuré, ils n'en sont pas titulaires. Ils en possèdent déjà plus de quatre-vingts dans ce diocèse, qui forment le plus beau revenu de l'Eglise de Clermont où ils ne rendent aucun service, tandis que le clergé, qui n'y subsiste que très pauvrement, y porte le poids du jour et de la chaleur ; et ils viennent nous disputer, sans intérêt et de gaieté de cœur, un petit secours que la piété d'un ecclésiastique, la générosité de Mgr le cardinal de Rohan, seul intéressé et en droit de s'opposer, et l'autorité du roi nous offre pour aider à l'éducation et à la pauvreté de mes jeunes clercs. Je serais honteux de la prolixité de cette lettre, Monsieur, si je n'étais persuadé que tout ce qui intéresse l'ordre public ne saurait être indifférent à un magistrat aussi éclairé et respectable que vous l'êtes, et héritier d'un nom qui en a toujours été le plus zélé protecteur.

Jai l'honneur d'être, avec tout le respect possible, Monsieur, votre très humble et très obéissant serviteur,

† J.-B., évêque de Clermont.

Entièrement autographe.

Arch. dép., série G. Séminaire, liasse 2.

Lettre à M. l'abbé Vernet, à Clermont.

Ce 9 juillet 1737.

J'écris, Monsieur, aux trois Eglises collégiales, après avoir examiné leur procédure et celle de mon Chapitre au sujet de la procession en question, que ma décision est que toutes ces procédures, de part et d'autre, demeureront pour toujours supprimées ; que tout ce qui s'est passé à cette occasion, c'est-à-dire la nouvelle forme de procession innovée sans ma permission, l'opposition de mon Chapitre et l'ordonnance du juge royal intervenue dessus, que tout cela sera regardé comme non avenu ; qu'à l'avenir les processions des églises collégiales de Clermont se feront à la manière de tout temps usitée, sans qu'il soit permis d'y rien innover sous quelque prétexte que ce puisse être ; et que nous vivrons tous, comme nous avons vécu jusqu'ici, dans l'union de la paix et de la charité. Communiquez cette lettre au Chapitre. Je vous embrasse, mon cher Monsieur.

† J.-B., évêque de Clermont.

Autographe, avec inscription également autographe.

Arch. dép., G. 9, arm. 4.

Lettre à M. Rossignol, intendant d'Auvergne.

Ce 23 mai 1739.

J'ai chargé, mon cher intendant, M. l'abbé Ribeyre (plus tard évêque de Saint-Flour) et mon neveu (Jean-Baptiste) de vous faire les remontrances convenables sur l'excès surprenant de la somme à laquelle vous imposez chaque jour le clergé de Clermont, dont tout le monde connaît les facultés, pour la réparation des fontaines. Il paraît, en effet, bien extraordinaire que dans une ville taxée à quarante mille livres et peuplée de près de quarante mille habitants, cinq ou six cents religieux ou religieuses, prêtres ou chanoines, assez pauvres comme l'on sait, soient obligés de payer le quart de cette somme. C'est une espèce de phénomène en fait de taxe.

J'ai l'honneur d'être, avec tout le respect possible, mon cher intendant, votre très humble et très obéissant serviteur.

† J.-B., évêque de Clermont.

Autre lettre à M. Rossignol.

Ce 3 juin 1739.

Mon neveu d'Ebreuil a eu tort de vous rendre sérieusement, mon cher intendant, une réflexion qui n'avait été faite ici qu'en badinant. Il est vrai que je fus surpris de trouver le nom de l'évêque dans un rôle de ville où il n'avait jamais paru sous mes prédécesseurs; mais on est surpris tous les jours de beaucoup de choses sans en être fâché. Ce n'était donc pas la peine de m'envoyer une nouvelle édition de votre ordonnance. L'inadvertance du commis qui avait dressé la première ne méritait ni votre attention ni la mienne. Je suis si éloigné, mon cher intendant, de soupçonner la droiture de vos intentions à mon égard, que, quand même vous m'assureriez que vous avez eu en vue de me faire de la peine, vous ne parviendriez jamais à me le persuader. Ne doutez donc jamais aussi de la sincérité du respect et de l'attachement avec lequel je serai toujours, mon cher intendant, votre très humble et très obéissant serviteur.

† J.-B., évêque de Clermont.

Arch. dép. du Puy-de-Dôme. — Fonds de l'intendance.

Donation à la ville de Clermont, par Massillon, d'un emplacement dans le jardin épiscopal pour y bâtir un château-d'eau, en 1739.

Par-devant les notaires royaux en la ville de Clermont-Ferrand, soussignés, a été présent Monseigneur Jean-Baptiste Massillon, conseiller du roi en ses conseils, évêque de Clermont; lequel, considérant le mauvais état des fontaines de cette ville, qui est cause que ses habitants manquent souvent d'eau pour leur boisson et pour porter secours aux incendies; informé d'ailleurs que pour la solidité du rétablissement de ces fontaines, auquel on travaille actuellement, il est nécessaire d'avoir un magasin d'eau dans l'endroit le plus élevé de la ville, où les eaux des sources de Royat puissent être rendues directement, pour être de là distribuées avec facilité dans les différents quartiers de la ville, et d'avoir dans le même endroit un réservoir à contenir la quantité d'eau nécessaire pour porter secours aux incendies; qu'il soit placé de manière que l'eau qui en sortira avec abondance puisse aisément couler dans toute la ville; et que cependant il n'est point de lieu plus élevé et plus propre à y construire ce magasin et ce réservoir que dans les dépendances de son palais épiscopal; pour témoigner son affection paternelle envers les habitants de cette ville et son zèle pour le bien public, de son gré et franche volonté, il a, audit nom d'évêque de Clermont, concédé, accordé et donné par donation entre-vifs, perpétuelle et irrévocable, aux habitants de cette ville de Clermont-Ferrant et corps commun d'icelle, pour eux acceptant et très humblement remerciant, Dominique Montaigne, avocat en Parlement; Gabriel Gras, bourgeois; Henri Sauzet, procureur, et Claude Bérard, marchand, échevins en charge la présente année mil sept cent trente-neuf; et David Dufour, écuyer, procureur du roi en la sénéchaussée et siège présidial de cette ville, en exécution de la délibération prise au conseil de ville, le premier décembre présent mois de la présente année, homologuée par Monseigneur l'intendant, le treize dudit présent mois, et contrôlée le douze du même mois; l'expédition duquel, signée par M. Barthomivat Dépalaines, secrétaire de l'hôtel-de-ville, demeurera annexée à la présente minute ci-présente et stipulant pour et au nom du corps commun de ladite ville. C'est à savoir une espèce de chambre voûtée servant de lessivière, étant au rez-de-chaussée de la rue, joignant l'auditoire de l'officialité de midi, le jardin et le palais épiscopal de nuit et bise, et la rue qui conduit de l'église cathédrale dans le quartier de Saint-Genès de jour, pour y construire un magasin et recevoir les eaux venant directement des sources de Royat et du regard Taillandier et servir à la distribution aux fontaines des différents quartiers de la ville; et un espace à prendre dans le jardin de son palais épiscopal, de la largeur de vingt-cinq pieds et demi sur la longueur de soixante-six pieds, attenant à la chambre voûtée ci-devant mentionnée, tout le long de la muraille de clôture joignant ladite rue de jour, la chambre ci-devant donnée de midi et le jardin du palais épiscopal de nuit et bise, pour y construire un réservoir à contenir l'eau nécessaire pour porter secours aux incendies; laquelle chambre voûtée et espace ci-dessus donnés sont placés dans l'endroit le plus élevé de la ville et le seul où puisse être construit utilement ledit magasin et réservoir. Laquelle concession et donation le seigneur évêque ne fait qu'aux charges et conditions que lesdits magasin et réservoir seront construits et entretenus de toutes réparations aux frais et dépens du corps commun de cette ville, sans que le seigneur évêque et ses successeurs y puissent être tenus et obligés dans aucun temps, n'étant plus propriétaires desdits lieux ; et aussi aux charges et conditions que le seigneur évêque pourra prendre et faire conduire, de ladite chambre où sera construit le magasin d'eau, dans son palais épiscopal, la même quantité d'eau à lui accordée par acte passé par-devant Lacrotas, notaire en cette ville; ce que lesdits sieurs échevins et procureur du roi ont accepté. Et en conséquence ont promis construire et édifier ledit magasin d'eau et réservoir, aux frais et dépens du corps commun de ladite ville, et les entretenir de toutes réparations tant pour le présent que pour l'avenir, sans que le seigneur évêque et ses successeurs y puissent être tenus pour quelque cause et occasion que ce puisse être, dont ils seront et demeureront pleinement et entièrement déchargés, etc., etc. L'entretenement de ce que dessus lesdits sieurs échevins et procureur du roi ont obligé tous les revenus de la ville; déclarent lesdites parties que les choses ci-dessus concédées peuvent être en valeur de la somme de trois cents livres. Car ainsi promis, fait et passé audit Clermont-Ferrand, dans le palais épiscopal, l'an mil sept cent trente-neuf et le treizième jour du mois de décembre avant midi, et ont signé à la minute : † J.-B., évêque de Clermont; Montaigne, Gras. Dufour, Sauzet et C. Bérard, avec Charen et Chaudessolles. notaires royaux; restée audit Chaudessolles, qui est contrôlée et insinuée en son entier à Clermond-Ferrand, le 19 décembre 1739, par Chauty, qui a reçu six livres.

S'ensuit la déclaration du conseil de ville.

CONSEIL DE VILLE.

Convoqué et tenu par MM. les échevins de la ville de Clermont-Ferrand, principale et capitale de la province d'Auvergne, le premier décembre mil sept cent trente-neuf, auquel ont assisté :

MESSIEURS

Montaigne, avocat,
Sauzet, procureur,   } Echevins.
Bérard, marchand bourgeois,

Maulhot, avocat,
Savignat, marchand, } Ex-échevins.
Tiolier, procureur,

Dufour, procureur du roi,
Chazelède, } Election.
Cassière, procureur du roi,

Verdier,
Perrier, } Procureurs.

Neyras, marchand.
Girard, marchand.
Guérin, bourgeois.

A été exposé par Messieurs les échevins que Monseigneur l'évêque a bien voulu accorder à la ville un endroit voûté, situé dans les appartenances de son palais épiscopal, attenant à l'officialité qui est le lieu le plus haut de cette ville, pour y faire un magasin des eaux qui y seront distribuées commodément aux fontaines de tous les quartiers de cette ville; qu'il a pareillement accordé un espace considérable de son jardin pour y faire un réservoir capable de contenir une quantité d'eau suffisante pour porter secours aux incendies; que Monseigneur l'évêque offre de passer un acte, mais aux conditions que lui et ses successeurs évêques sont et seront pleinement déchargés de l'entretien et réparations à faire auxdits magasin et réservoir d'eau, pour quelque cause et occasion que ce puisse être, qui seront totalement à la charge de la ville.

Sur quoi a été délibéré que Messieurs les échevins, conjointement avec Monsieur le procureur du roi, sont autorisés pour passer acte avec Monseigneur l'évêque, par lequel, au nom de la ville, ils acceptent la concession, faite par Monseigneur l'évêque, de l'endroit voûté situé près de l'officialité pour en faire un magasin des eaux pour être distribuées aux fontaines des différents quartiers de cette ville ; un espace de son jardin pour y faire un réservoir pour contenir la quantité d'eau nécessaire pour porter secours aux incendies ; s'obliger à y faire toutes les réparations nécessaires à l'entretien desdits lieux, et y stipuler que Monseigneur l'évêque et ses successeurs en sont et seront entièrement et pleinement déchargés dans tous les temps, sans qu'ils puissent y être obligés pour aucune cause.

Et pour signer et parapher la présente délibération ont été nommés MM. Verdier et Perrier, procureurs en cour. Fait, clos en la salle du conseil de ville, lesdits jour et an ; signé, Verdier et Perrier. Vu la présente délibération, nous entendant, avons homologué le présent délibératoire pour être exécuté suivant la forme et teneur, le 13 décembre 1739 : et signé Rossignol. Contrôlé à Clermont-Ferrand, le 12 décembre 1739; reçu douze sols; signé Chauty. Et plus bas y a expédié sur la minute qui est au greffe de l'hôtel-de-ville de Clermont-Ferrand, par nous soussigné, secrétaire-greffier de ladite ville, et est signé par Barthomivat Despaleines.

Expédié pour Monseigneur l'évêque de Clermont, en quatre rôles, le présent compris, paraphé, au bas de chaque page, par nous Chaudessoles, notaire soussigné, recevant.

Signé : Chaudessolles, notaire royal.
Signé : Charen, notaire royal.

Monseigneur l'évêque de Clermont au cardinal de Fleury.

A Clermont, ce 8 avril 1740.

Monseigneur,

Je crois faire plaisir à V. E. de l'informer des fruits prodigieux qu'opère ici le zèle de M. Bridaine et des missionnaires qui l'accompagnent, si dignes de la protection dont vous les honorez. Clermont est une ville toute renouvelée, et je mourrai sans regret après avoir été témoin des bénédictions incroyables dont Dieu favorise cette mission. J'avais besoin que ces saints ouvriers vinssent suppléer ici, avant ma mort, à tout le bien que j'aurais dû y faire moi-même.

M. Bridaine, qui en est le chef, a un talent d'apôtre. Il n'est pas possible de résister à la voix de Dieu qui parle par sa bouche. Son talent est pour les grands comme pour le peuple. Il le diversifie et le met à la portée de l'état et du caractère de ses auditeurs. Son zèle, et je n'en ai pas encore vu de semblable, est pourtant sage et décent; et je suis persuadé, Monseigneur, que si V. E. l'appelait à la cour pour y prêcher tout seul, et sans aucun appareil de mission, le carême prochain, je connais assez cet auditoire pour vous assurer qu'il y serait respecté, admiré, et que V. E. aurait la consolation de voir toute la cour renouvelée. Et quelles suites ne pourrait pas avoir le renouvellement d'une cour? V. E. le sent mieux que je ne pourrais avoir l'honneur de le lui dire.

Je compte mener tous nos missionnaires à Beauregard et les y garder pour les laisser reposer après leur mission, qui ne finira qu'à la fin de ce mois.

Je me crois encore obligé de ne pas laisser ignorer à V. E. que M. l'abbé Ribeyre (1), depuis qu'il a pris la place de M. de Champflour (2), qu'il est devenu premier grand-vicaire et chargé des principales affaires du diocèse, passe en bien tout ce qu'on pouvait attendre de lui. Nous lui avions toujours trouvé plus de fonds d'esprit et d'usage des

---

(1) L'abbé Ribeyre, nommé d'abord à l'évêché de Digne, et depuis à l'évêché de Saint-Flour le 12 mai 1742.

(2) L'abbé de Champflour, vicaire général de l'évêché de Clermont, nommé à l'évêché de Mirepoix le 7 septembre 1737.

hommes qu'à M. de Mirepoix; mais je n'aurais pas cru qu'il lui fût encore très supérieur pour l'expédition des affaires et le gouvernement d'un diocèse. M. l'abbé Couturier (1), informé par les directeurs de mon grand séminaire de tout ce détail, pourra confirmer à V. E. le témoignage que je crois devoir rendre à l'abbé Ribeyre. Il est docteur de Sorbonne, très bon théologien, grand vicaire et official depuis quinze ans. Ses mœurs honorent sa place. J'ai cru qu'il était de mon devoir d'en informer V. E., qui ne cherche qu'à connaître des sujets dignes d'être mis en place.

J'ai l'honneur d'être, avec le dévouement le plus tendre et le plus respectueux, Monseigneur, de Votre Eminence le très humble et très obéissant serviteur.

Arch. des aff. étrang. Prov. de France. Série Brune. Auvergne, tome 72.

Récit de la mission donnée à Clermont, en 1740, par le père Bridaine.

Le 6 mars 1740 a commencé à Clermont une mission qui avait pour chefs et directeurs les sieurs Bridaine, Teissonier, Desrobert, tous missionnaires royaux dans le diocèse d'Aleth. Ils avaient pour adjoints les sieurs Deus, curé de Meilhau, diocèse de Rodez; Dufraisse, curé de Caire; Valmieu, curé. Ladite mission a été annoncée par un mandement de Mgr Massillon, et par le bruit de toutes les cloches de la ville et des faubourgs. Elle fut ouverte par une procession générale. Les exercices ont commencé le lundi, 7 mars, à quatre heures du matin, et à dix heures, et à quatre heures du soir, et ont continué de même dans les

(1) M. l'abbé Couturier, supérieur du séminaire de Saint-Sulpice.

églises cathédrale, Saint-Genès et celle de l'Hôpital général. On y prêchait, faisait des conférences et des instructions. Les demoiselles Lécuyer, Barbe, Pagnat, Fervingaud, Amblard et autres chantaient des cantiques français; on fit une procession générale des femmes et des filles, le 24 mars, qui s'assembla à la place des Jacobins, où Mr Desrobert prêcha. Le 3 avril il y eut une autre procession générale, où le Saint-Sacrement fut porté; les filles, en très grand nombre et en habit blanc, un voile et une couronne de fleurs sur la tête, avec un cierge à la main, y assistèrent, suivies des femmes en habits propres et ordinaires, ayant aussi un cierge à la main; les hommes et les garçons, ayant un cierge à la main, suivaient au nombre d'environ trois mille; les religieuses en habit de leur ordre; les séminaristes en surplis et en camail; les quatre chapitres en chapes; vingt-quatre ecclésiastiques en aubes très fines, avec des écharpes d'or et d'argent, portaient des encensoirs et des corbeilles de fleurs. Le Saint-Sacrement était porté sous un dais magnifique. Huit chanoines ou habitués le soutenaient, et Monseigneur l'évêque officiait. La Cour des Aides en robes rouges, le présidial, les échevins, l'élection, les juges des marchands suivaient en robes. Les rues étaient tapissées, les reposoirs magnifiques. Deux trompettes marchaient devant les filles avec un chœur de symphonie; un semblable chœur précédait les garçons; trois tambours et autant de fifres allaient devant les hommes. Mlle de Frédeville portait la croix des filles, Mme de Chazerat celle des femmes, M. de Montredon celle des garçons, et M. le capitaine de Ribeyre celle des hommes. Le lendemain de cette procession (4 avril) on commença la retraite des hommes, qui dura trois jours et fut terminée, le 7, par une procession solennelle où tous les hommes assistaient avec des cierges à la main. Toutes les rues étaient illuminées. Elle se fit à neuf heures du soir. M. Teissonier prêcha dans la place de Jaude.

Le dimanche du Bon-Pasteur il y eut une procession générale qui se fit autour des murs de la ville, et qui s'arrêta à la place du Taureau pour la bénédiction de la croix qui y fut plantée. Le jeudi suivant, on fit un service solennel pour les défunts. On avait fait un superbe catafalque au milieu de la nef de la cathédrale; elle était toute tendue de noir; on avait dressé un autel magnifique à l'entrée du chœur. Le luminaire était très beau, et le nombre des chandeliers et des cierges était prodigieux. Ce fut par là que cette célèbre mission se termina, à la satisfaction du public, heureux s'il en a retiré les fruits que Mgr Massillon lui promettait. Le tout fut fort critiqué par l'auteur de la *Gazette ecclésiastique*, qui n'approuve que ce qui vient des jansénistes.

Manuscrit. Journal de Tiolier, procureur à Clermont. — Bibliothèque de Clermont.

Lettre de M. Orry à Massillon.

Versailles, le 16 mars 1742.

Les religieux de l'abbaye d'Ebreuil ayant demandé, Monsieur, d'être reçus opposants à l'arrêt du conseil d'Etat du 3 février 1837, qui a permis la suppression et réunion de la manse conventuelle et des offices claustraux de cette abbaye au grand séminaire de Clermont; attendu qu'il n'avait été fait aucune poursuite de votre part pendant le délai de six mois qui vous avait été accordé, Sa Majesté a cru devoir rendre un arrêt portant que cette demande vous serait communiquée. Comme vous n'avez fait aucune réponse et qu'ils sollicitent les conclusions qu'ils ont prises dans la requête, qu'ils vous ont fait signifier, j'ai cru devoir vous en informer, et vous observer que si, dans trois semaines, il ne paraît rien de votre part, je ne pourrai me dispenser d'en parler au conseil, où certainement leurs conclusions leur seront adjugées faute par vous de vous être mis en règle. On ne peut vous honorer plus parfaitement que je le fais.

G. 10. — Grand et petit séminaires de Clermont.

Pour se conformer à cet avis d'Orry, Massillon, tout à fait au déclin de l'âge, chargea son neveu, Jean-Baptiste Massillon, vicaire général et abbé d'Ebreuil, de faire de nouvelles démarches pour obtenir cette union tant désirée. Il l'envoya même à Paris poursuivre cette affaire; et c'est à cette occasion que l'abbé d'Ebreuil écrivit à son oncle les lettres suivantes.

Aigueperse, 16 juillet 1742.

MONSEIGNEUR, MON TRÈS HONORÉ ONCLE,

J'étais uniquement occupé hier au soin de la découverte que j'avais le bonheur de vous faire. Cet objet absorba tous les autres et me fit oublier de vous parler de la commission dont il vous a plu m'honorer. J'arrive pour la remplir à Aigueperse; je vous rendrai compte de son exécution par le premier courrier. Celui d'aujourd'hui va partir dans peu. Je profite de ce temps pour satisfaire à mes intérêts les plus pressants, que les vôtres me firent perdre de vue dans ma dernière lettre.

J'ai eu l'honneur de vous parler dans le temps d'un jugement injuste de M. de Sauvigny. Je voulus me pourvoir au conseil contre le jugement; M. de la Porte me força de plaider devant lui. L'affaire était depuis plus d'un an en état de ma part d'être jugée. Les religieux, prévoyant leur condamnation certaine, en ont éloigné le jugement et ont pris tout ce temps pour surprendre au conseil, sur requête non communiquée et sur un faux exposé, un arrêt qui ne peut se soutenir, pour valider le jugement irrégulier de M. de Sauvigny. Cet arrêt du conseil ne saurait avoir lieu, parce qu'il est fondé sur des faits supposés, et que je n'ai pas été entendu. Je m'y suis opposé, et dans le temps je poursuis mon opposition au conseil où j'ai envoyé toutes mes pièces. Mes religieux sollicitèrent un jugement de M. de la Porte qui, quoique nul, pourrait me jeter dans de grands embarras. Si j'en crois mon procureur, ce magistrat doit donner, avant le 26, satisfaction entière aux religieux à cet égard. Je lui écris pour lui représenter ce qu'il y a d'injuste dans la tentative des religieux, et lui demander le délai juste et nécessaire pour me défendre au conseil. Si mes religieux ont pris un an pour y surprendre un arrêt, peut-on, avec quelque apparence d'équité, me refuser quelques mois pour combattre cette surprise? Je ne présumerais pas le refus de sa part, si les voies dont les religieux ont accoutumé de se servir auprès des secrétaires ne me le faisaient appréhender. Je vous supplie, Monseigneur, de me délivrer d'une crainte si bien fondée, en lui demandant cette justice par le premier courrier. Il vous l'accordera sûrement, surtout si vous estimiez pouvoir lui dire un mot des pratiques dont les religieux se servent pour parvenir à leurs fins. Je n'ai osé toucher cette corde, parce que vous jugerez peut-être qu'on ne doit pas lui confier cette découverte. La peur que j'ai de vous donner trop de peine m'inspire la liberté de vous envoyer la lettre que vous auriez la bonté de faire copier à M. Guillen, si vous jugez à propos de m'accorder cette grâce. Il est question d'affaires, dont celle-ci ne peut vous mettre au fait; c'est ce qui me fait imaginer que vous ne trouverez pas mauvais que j'écrive moi-même là-dessus.

Il est une affaire, Monseigneur, pour laquelle j'ai pris aussi la liberté d'implorer votre crédit et vos bontés. Elle me tient à loisir au delà de tout ce que je pourrais vous exprimer. La tendresse, la reconnaissance, le mérite, l'esprit de l'état, la vertu : tout m'a entraîné à vous solliciter en faveur de M. l'abbé Montanier, pour la place d'un autre respectable ami que j'ai eu le malheur de perdre, et dont je regretterai la perte toute ma vie. Vous m'avez fait espérer beaucoup en faveur de cet autre. Je vous aurai, Monseigneur, la plus grande des obligations si je vous en dois une si sensible à mon cœur.

J'ai l'honneur d'être, avec un respect infini, Monseigneur, mon très honoré oncle, votre très humble et très obéissant serviteur et neveu.

L'abbé MASSILLON, vic. gén.

Lettre rédigée par l'abbé d'Ebreuil au nom de son oncle, et qu'il demande à ce dernier de vouloir bien faire copier par son secrétaire, M. Guillen, et adresser à M. de la Porte, intendant de la généralité de Moulins.

MONSIEUR,

J'avais eu l'honneur de vous informer que dom Feularde, religieux d'Ebreuil, malgré l'ordre du roi, que vous eûtes la bonté de lui faire signifier par une lettre de cachet, qui lui défend de recevoir aucun nouveau religieux dans sa maison, a eu la témérité d'y agréger publiquement un moine inconnu, en lui faisant obtenir de Rome des provisions pour un office claustral de ce monastère.

J'étais persuadé, supposé que la cour continue à souhaiter l'union de la manse monacale de cette maison à mon séminaire, qu'un mépris si formel et si public des ordres du roi ne demeurerait pas impuni. Je n'ai pris la liberté de m'en plaindre qu'à vous seul, Monsieur, de qui l'ordre du roi était émané, et dont l'infraction blessait également et l'autorité de Sa Majesté et le respect dû à son ministre.

Si l'impunité d'une démarche si insolente dénote que la cour cesse de souhaiter que je continue de procéder à cette union, au premier avis que vous me feriez l'honneur de m'en donner, ou sur votre simple conseil de m'en désister, je vous réponds que dans le moment je cesse toute poursuite : votre conseil sera pour moi un ordre absolu.

Mais si la cour persiste à souhaiter que je termine cette union qui ne tardera pas, depuis que j'ai levé tous les obstacles qui, par les chicanes des moines, l'avaient retardée, voici les inconvénients qui suivront de l'impunité où on laisserait la désobéissance de dom Feularde et du moine Vernoy, son intrus, aux ordres du roi :

1º Je ne parle pas de l'indécence qu'il y aurait de tolérer un mépris si public de l'autorité du roi, et de l'audace qu'un tel succès inspirerait aux moines de tout oser.

2º Le monastère d'Ebreuil n'est composé que de cinq religieux. Cette petite communauté n'est unie à aucune congrégation ; elle est soumise immédiatement à l'évêque, et aucun religieux ni novice ni profès n'y peut être reçu sans sa permission ; aussi l'intrusion du moine Vernoy viole autant les lois de l'Eglise que celles de l'Etat.

3º Si l'on tolère que les moines introduisent de nouveaux religieux dans leur maison, au mépris des ordres du roi et des droits de leur évêque, ils ne s'en tiendront pas à un seul : au lieu d'un seul brouillon, il s'en formera beaucoup d'autres, et l'union deviendra plus difficile.

4º Outre l'office claustral que le moine Vernoy a *dévoluté*, il y a encore d'autres places vacantes dans ce monastère. L'abbé seul avait droit de nommer et à l'office claustral de Vernoy et aux autres places vacantes ; il s'en est abstenu par soumission aux ordres du roi, qui lui défendaient d'y mettre de nouveaux religieux. Il serait triste pour l'abbé d'Ebreuil de ne s'être départi de ses droits par respect pour Sa Majesté, que pour laisser remplir ce monastère de moines vagabonds et dévolutaires.

De toutes ces réflexions vous jugerez vous-même, Monsieur, que si le moine Vernoy ne reçoit pas un ordre du roi pour retourner à son monastère et d'y rester jusqu'à nouvel ordre, avec injonction à son prieur d'envoyer à la cour un certificat de sa résidence; et si dom Feularde, brouillon de profession et qui a agrégé et entretient dans le monastère d'Ebreuil le moine Vernoy, malgré les défenses du roi et sans la permission de son évêque, auquel il est soumis, demeure tranquille et triomphant à Ebreuil, et ne reçoit pas un ordre de se retirer à la maison de l'Hermitage des prêtres missionnaires de mon diocèse, et d'y rester jusqu'à nouvel ordre, l'union si utile, si nécessaire à ce grand diocèse, qui laisse les moines d'Ebreuil dans la jouissance de tous leurs revenus leur vie durant, qui par là ne leur porte aucun préjudice et à laquelle ils ne s'opposent que par pur entêtement de vanité; cette union, dis-je, pratiquée par les ordres de la cour dans plus de vingt diocèses du royaume à l'égard de ces petits monastères isolés qui ne sont agrégés à aucune congrégation régulière, cette union deviendrait impraticable, si vous n'avez pas la bonté de m'aider de votre autorité, et d'envoyer à M. Rossignol les ordres du roi qui me paraissent ici absolument nécessaires. Je les attends de la protection dont vous m'avez toujours honoré et du respect infini avec lequel j'ai l'honneur d'être votre, etc.

Lettre de Massillon à M. de la Porte, intendant de la généralité de Moulins.

Juillet 1742.

MONSIEUR,

Il y a eu plus de deux mois que j'ai eu l'honneur de vous écrire pour me plaindre que, contre l'ordre du roi du

30 mars 1736 qui fait défense aux religieux d'Ebreuil de recevoir aucun novice ni aucun religieux profès pour les incorporer dans leur monastère et qui leur enjoint de renvoyer ceux qu'ils auraient reçus sans ma permission depuis le décès de leur dernier abbé, ces religieux n'avaient pas laissé de recevoir et d'agréger à leur maison un certain religieux nommé Vernoy, sous prétexte qu'il avait obtenu en cour de Rome un des offices claustraux vacants, et que, sur mon refus de lui donner un *visa*, il avait obtenu, sur requête, un arrêt du parlement qui lui a permis de prendre possession de ce bénéfice ; et comme cette entreprise était non seulement une désobéissance formelle aux ordres du roi, mais qu'elle avait encore pour objet d'embarrasser l'union de la manse conventuelle de ce monastère à mon grand séminaire, je vous suppliai, Monsieur, de ne point dissimuler une contravention aussi hardie aux ordres de Sa Majesté. J'espérais, Monsieur, que vous m'honoreriez au moins d'une réponse sur une plainte aussi importante ; mais comme je n'en reçois aucune, permettez-moi de vous représenter que je n'ai entrepris cette union à mon séminaire que parce qu'elle m'a été inspirée par le cardinal de Fleury, qui, par la lettre même par laquelle il eut la bonté de m'apprendre que le roi avait nommé mon neveu à l'abbaye d'Ebreuil, me conseilla de travailler à l'union de la manse conventuelle et des offices claustraux de cette abbaye à mon séminaire, qu'il savait n'avoir point de revenus, et à qui il faut que mon clergé paye une pension pour aider à la subsistance des directeurs. J'ai regardé cette lettre comme un témoignage que l'intention du roi était que je ne négligeasse rien pour parvenir à cette union ; en conséquence, j'ai employé d'abord toutes les voies de douceur pour engager le petit nombre de religieux qu'il y a dans cette abbaye d'y donner leur consentement ; et, pour l'obtenir, je lui ai meme fait les propositions les plus avantageuses et les plus convenables. Mais un esprit inquiet et brouillon qu'il y a

parmi eux les a tous révoltés ; ce qui m'obligea d'en rendre compte à M. le cardinal qui, en attendant que mon neveu eût obtenu les bulles de son abbaye, jusques auquel temps je ne pouvais pas commencer cette union, eut la bonté de me faire envoyer la lettre de cachet qui contient les défenses et l'ordre dont je viens d'avoir l'honneur de vous rendre compte.

Après l'expédition des bulles de l'abbaye, j'ai obtenu un arrêt du conseil par lequel Sa Majesté me permet de procéder à cette union par les voies canoniques. L'abbé y a aussitôt donné son consentement par un concordat qu'il a passé entre les supérieurs et directeurs du séminaire, et j'ai fait faire ensuite les informations sur l'utilité de cette union ; et j'ose dire qu'il n'y en eut peut-être jamais de plus convenable, puisque, d'un côté, ces religieux ne rendent aucun service à l'Eglise, et qu'ils ne peuvent jamais être en nombre requis par les ordonnances pour établir la conventualité dans cette maison, et que, d'un autre, depuis près d'un siècle qu'on a établi un séminaire dans un diocèse d'une aussi vaste étendue que celui-ci, il n'a pas été possible de trouver d'autre bénéfice à y unir pour la dotation de ce séminaire ; ce qui fait que non seulement il n'y a aucun revenu pour y recevoir de bons sujets que la pauvreté de leurs parents ne leur permet pas d'y entretenir, mais qu'il n'y en a pas même suffisamment pour fournir à la subsistance des directeurs.

A peine la procédure pour l'union a été commencée que j'ai été arrêté par différentes oppositions que les religieux ont causées, et qui ont en même temps employé toutes sortes de chicanes pour lier les mains à mon official, et l'empêcher de prononcer sur ces oppositions. Je suis parvenu enfin à lever tous ces obstacles, et on travaille sans perdre temps à instruire ces oppositions pour les mettre en état d'être jugées incessamment. Mais je dois, Monsieur, vous observer que le procédé des religieux a cependant paru si peu raisonnable au conseil, et Sa Majesté a regardé cette union si favorable, que, par provision, elle a, par un arrêt de son conseil, ordonné le séquestre des deux places monacales vacantes et des offices claustraux qui ne seraient pas remplis.

C'est dans ces circonstances que celui des religieux d'Ebreuil qui a excité les oppositions de ses confrères se trouvant à Paris a engagé Vernoy à demander, en cour de Rome, un des offices claustraux vacants. Il me fit demander ensuite son *visa* que je ne pouvais pas lui accorder sans contrevenir moi-même à l'ordre du roi, et ce fut aussi le motif que je donnai de mon refus, qui était même d'autant plus juste que cet office claustral n'avait demeuré vacant que parce que l'abbé commendataire, à qui appartient le droit de collation, n'avait pas cru pouvoir y nommer, au préjudice des défenses du roi d'introduire aucun nouveau religieux dans le monastère de son abbaye.

Quoi qu'il en soit, l'arrêt du parlement pouvait tout au plus donner à Vernoy un droit provisoire aux revenus particuliers de cet office claustral, pour en jouir dans toute autre communauté que dans celle d'Ebreuil; mais il n'a pas pu autoriser les religieux d'Ebreuil à l'agréger et à l'incorporer à leur monastère pour en augmenter le nombre des religieux, contre les défenses expresses que le roi en avait faites, et sans en obtenir même ma permission, puisque je suis leur supérieur immédiat.

C'est dans ces circonstances, Monsieur, que j'ai cru vous donner avis de l'intrusion de ce nouveau religieux, pour obtenir un ordre qui l'oblige de se retirer; et j'ai d'autant plus lieu d'insister sur cet ordre que, d'un côté, un religieux qui cherche une pareille place par une telle voie dans une maison uniquement soumise à l'évêque, et sans son agrément, ne prévient pas en sa faveur, et que d'ailleurs il n'a pas encore voulu me justifier de ses lettres de prêtrise ni des lettres testimoniales de sa vie et mœurs, et qu'il ne laisse pas cependant de célébrer la messe au préjudice des défenses que lui en a fait mon grand vicaire jusques à ce qu'il aurait représenté ses lettres; et que, d'un autre côté, c'est directement anéantir l'ordre du roi, qui fait défense de recevoir de nouveaux religieux, et l'arrêt du conseil, qui a ordonné le séquestre des places monacales vacantes, si on tolère que les religieux d'Ebreuil emploient ces sortes de voies pour les remplir.

Dans cet état, je ne puis, Monsieur, qu'avoir encore recours à vous pour faire cesser ce désordre, et je suis persuadé que vous ne le dissimulerez pas davantage, à moins que l'intention du roi n'ait changé sur l'objet de cette union et qu'elle ne lui fût plus agréable; auquel cas je vous supplie de me le faire savoir, parce que je serais fâché de continuer mes procédures pour l'union, si je savais qu'elle fût contraire à la volonté du roi; et, en ce cas, il ne me resterait qu'à écrire à M. le cardinal de Fleury, pour lui rendre compte des motifs qui m'obligeraient d'y renoncer.

Arch. dép.

Paris, le 27 août 1742.

MONSEIGNEUR, MON TRÈS HONORÉ ONCLE,

Voici la copie de la consultation de M. d'Héricourt; j'en envoie l'original à M. Cognol (*avocat de la chambre ecclésiastique de Clermont*). Elle est conforme aux maximes établies dans son livre, universellement adoptées. Il est inutile de faire juger les oppositions des religieux et des habitants; après les avoir entendus ou seulement appelés, s'ils ne se sont pas présentés dans le délai prescrit, vous pouvez passer outre à la prononciation de votre décret, à moins que les moyens des opposants ne fussent de nature à exiger une discussion au tribunal contentieux. Mais je connais les moyens; j'en ai fait le rapport à M. d'Héricourt, qui ne les juge pas tels. Au reste, s'il en était proposé qui fissent naître quelque scrupule à M. Sadourny, il n'y aurait qu'à consulter ici; M. d'Héricourt règlerait la marche. Mais le canoniste le plus célèbre du royaume ne peut prévoir ni imaginer dans notre union aucun moyen d'opposition de cette espèce.

L'opposition de M. de Veauce, dont mon homme d'affaires m'a donné la nouvelle, mérite encore moins d'attention que les autres.

Il est inutile de faire nommer un syndic aux habitants d'Ebreuil, parce que leur comparution sur les sommations faites à leurs consuls couvre l'irrégularité de ces sommations. J'ai appris la circonstance de leur comparution par la même lettre de mon homme d'affaires. Ainsi la consultation de M. d'Héricourt lève toutes les difficultés de la lettre de M. Cognol et celles même qu'il n'a pas prévues. Rien n'arrête donc aujourd'hui, Monseigneur, la prononciation de votre décret que le non-examen de la procédure par des yeux éclairés. Assurons-nous sans délai de la régularité ou procurons-la avec la même activité, si elle en a besoin. Pourquoi irions-nous après suivre un plan de formalités inutiles et nuisibles, qui nous jetteraient dans des longueurs à ne jamais finir? Si vous désirez l'union, Monseigneur, si vous voyez qu'il doit en revenir un si grand bien à votre séminaire, à votre clergé, à votre diocèse, soyez enfin le maître. Elle dure depuis sept ans, malgré vous et malgré les règles ordinaires; elle peut être terminée dans un mois. M. d'Héricourt mérite sans doute plus de confiance que M. Sadourny; ils se trouvent de sentiment contraire. Je suis persuadé que vous n'hésiteriez pas de vous livrer au premier, surtout ayant des preuves récentes des fautes de celui-ci. L'intérêt aujourd'hui n'est point mon mobile. Je suis peu inquiet du parti que la chambre prendra des frais de mon séjour ; mais, sur la foi de vos lettres, Monseigneur, M. le cardinal et M. Couturier pensent que ma présence ici doit assurer le succès et accélérer la fin de l'union. Le succès présent semble répondre à leur idée et à celle que vous avez eue en me voyant partir. Le plus célèbre canoniste nous dessille les yeux sur les lenteurs de M. Sadourny, et nous propose une voie courte et conforme aux règles ; les dispositions de la cour nous favorisent. Appuyez-moi, Monseigneur, et je partirai bientôt comblé de voir l'affaire disposée à une prompte et heureuse fin.

Je n'ai reçu encore ni la procuration ni les copies de la procédure. Réitérez vos ordres pour me les faire tenir, et surtout ces dernières. Ordonnez même, je vous en supplie, qu'on m'envoie la procédure en original, si l'on doit être si longtemps à la copier. Il est essentiel, Monseigneur, en attendant, de surseoir à tout. La moindre démarche de votre official ou de M. Sadourny nous jetterait dans des embarras terribles et dans des longueurs interminables. Nous sommes au point critique et décisif de l'affaire. Ordonnez, je vous en conjure, qu'il ne se fasse rien absolument jusqu'à ce que M. d'Héricourt ait vu ce qui s'est fait, et nous ait prescrit la route que nous devons tenir pour ce qu'il reste à faire. Recevez seulement, Monseigneur, les moyens des opposants afin qu'on puisse me les envoyer, mais surtout n'en renvoyez pas l'examen et la discussion devant votre official. M. d'Héricourt m'a parlé d'un projet récent d'union auquel on a été obligé de renoncer parce que, avant la prononciation du décret, on avait jugé l'opposition d'un titulaire, et que la sentence de l'official diocésain avait occasionné un appel au métropolitain et du métropolitain au pape. Enfin, Monseigneur, un avocat de province n'est pas fait pour conduire une affaire de cette espèce et de cette importance. Il s'en trouve, dans la capitale du royaume, à peine quatre ou cinq capables de donner des lumières sûres. Je prends la liberté de vous envoyer la copie de la lettre que j'ai écrite à M. Cognol, celle-ci, par l'ouverture que vos bontés m'inspirent, devant être pour vous seul.

J'ai eu l'honneur de voir ce matin M. le comte de Saint-Florentin, qui m'a dit avoir envoyé à Moulins les ordres qu'il m'avait promis et avoir même parlé à M. de la Porte. Je n'ai point reçu de lettres d'Ebreuil par le dernier courrier, ce qui prouve que les ordres sont arrivés à temps. D'ailleurs, l'autre précaution que j'avais prise parait à tout. Je comptais apprendre du ministre l'exposition de l'arrêt que j'attends; mais il n'y eut point encore de conseil de dépêches samedi dernier. Les fréquents voyages du roi rendent le conseil si rare qu'il n'en a pas été tenu depuis plus d'un mois. On assure qu'il y en aura un samedi prochain, parce que le roi, qui partit hier de Versailles, doit y être de retour jeudi et y demeurer jusqu'au dimanche au soir. Au reste, je suis sûr d'avoir cet arrêt et tranquille en attendant, par les précautions que j'ai prises et par les ordres que le ministre a donnés; et mes intérêts ne me retiendront plus ici qu'autant que je pourrai vous y être de quelque utilité.

Je change demain le quartier reculé, où je suis depuis mon arrivée pour être près de mon avocat au conseil, pour celui du Palais-Royal pour être plus à portée des autres affaires auprès de M. le chancelier et de M. de Saint-Florentin. Quand la procédure sera examinée, ce qui ne tiendra pas huit jours, et le décret prononcé immédiatement après, si vous jugez à propos de suivre en cela l'avis de M. d'Héricourt, vous souhaiterez que je sollicite les lettres-patentes d'enregistrement à l'adresse du tribunal qui vous conviendra davantage.

J'ai l'honneur d'être, avec un respect infini, Monseigneur, mon très honoré oncle, votre très humble et très obéissant serviteur et neveu.

L'abbé MASSILLON, vic. gén.

A Paris, le 27 août 1742, à l'*Hôtel du Languedoc*, rue du Bouloir.

Permettez-moi de vous observer encore que l'on veut, à

Clermont, procéder à l'union comme à une saisie réelle dans laquelle on ne prononce le décret que lorsque les oppositions ont été ou levées ou jugées.

Minute des lettres portant nomination de vicaire général du diocèse de Clermont pour Jean-Baptiste Massillon, archidiacre et chanoine de l'église cathédrale de Clermont, par Mgr Jean-Baptiste Massillon, son oncle.

Johannes-Baptista, permissione divinâ et auctoritate sanctæ-sedis apostolicæ episcopus Claromontensis, regis à sanctioribus consiliis, dilecto nostro magistro Joanni-Baptistæ Massillon, presbytero, archidiacono et canonico ecclesiæ nostræ cathedralis Claromontensis, salutem et benedictionem. Nos de tuis doctrinâ, pietate et experientiâ debitè informati, spemque habentes quòd ea quæ tibi commiserimus exercenda fideliter ac circumspectè curabis adimplere, vicarium te nostrum generalem et specialem facimus et instituimus per præsentes, ut ea quæ corrigenda erunt, prudenter corrigas, concedenda canonicè, concedas; ubi pro bono Ecclesiæ erit dispensandum, dispenses; beneficiis vacantibus seu vacaturis ac utilitati publicæ sollicitè provideas; litteras provisionis, institutionis, *De visâ* nuncupatas, dimissoriales ad tonsuram et quosvis ordines suscipiendos, commendativas et alias, prout expedierit, tribuas; omnia demum quæ sunt officii nostri, et in consilio nostro decreta erunt, eâ, quæ par est, benignitate et vigilantiâ, exsequaris; præsentibus ad libitum nostrum valituris. Datum Claromonti, in palatio nostro episcopali, sub signo sigilloque nostris, nec non secretarii nostri chirographo, die vigesimâ mensis... anno Domini 1735, præsentibus magistris Claudio Morange acolytho, sacræ facultatis parisiensis baccalaureo, theologo, et Joanne etiam Morange, cive, ibidem commorantibus, nobiscum subsignatis.

Permission à Messieurs les officiers et aux soldats du régiment de Conti en quartier à Clermont et à Montferrand.

Sur ce qui nous a été représenté par Messieurs les officiers du régiment de Conti, qui est en quartier dans cette ville et dans celle de Montferrand, qu'il serait impossible aux soldats de subsister pendant le carême s'il ne leur était permis de manger de la viande, à cause de la modicité de leur paie et du prix excessif des denrées; ayant égard auxdites remontrances, nous permettons aux soldats dudit régiment de manger de la viande pendant ce carême, excepté le mercredi, vendredi et samedi de chaque semaine et toute la semaine sainte. Nous permettons aussi à Messieurs les officiers qui ont des infirmités qui les mettent hors d'état d'observer l'abstinence du carême, de manger de la viande autant que leurs infirmités l'exigeront, à condition qu'ils feront quelque aumône aux pauvres en vue de la présente dispense.

Autographe, sans date.

Revenus et charges de l'évêché de Clermont en 1719, à la prise de possession de Massillon, d'après un inventaire conservé aux archives des domaines.

REVENUS.

	livres.	sols.
1° La terre et seigneurie de Mauzun, affermées.	4,500	

2º La terre et seigneurie de Beauregard. . 3,500
3º La seigneurie de Billom.. 2,050
4º La seigneurie de Vertaizon.. 1,500
5º La terre et seigneurie de Mazaye.. . . . 240
6º La seigneurie de Maurs (Haute-Auvergne). 220
7º La seigneurie de Courpière.. 120
8º Les dîmes de blé et de vin de Cournon, affermées. 500
9º La seigneurie de Cournon, affermée. . 1,225
10º La seigneurie de Lempdes, affermée. . 1,000
11º La seigneurie de Saint-Martin-de-Valmeroux (Haute-Auvergne).. 200
12º Une rente foncière sur un pré-verger, à Lezoux. 85
13º Une rente sur l'hôtel-de-ville de Paris. 748
14º Une rente sur le clergé du diocèse. . . 537 9
15º Une rente sur une maison à M. de Saint-Angel.. 50
16º Une rente sur une maison dans le fort de Cournon.. 12
17º Le greffe de l'officialité, affermé. . . 250
18º Les droits de prestation payés par les quinze archiprêtrés du diocèse. 237 12

Savoir :

	livres.	sols.
L'archiprêtré de Clermont. . . .	2	
— de Cusset.	30	
— de Souvigny. . . .	23	18
— de Limagne.. . . .	9	
— de Blot.	15	
— de Menat.	10	15
— de Billom.	15	
— de Livradois. . . .	19	

—	de Sauxillanges.	5	14
—	d'Ardes.	12	6
—	de Mauriac.	36	
—	de Rochefort.	14	15
—	de Merdogne.	14	
—	d'Issoire.	15	12
—	d'Herment.	13	15
	Total.	237	12

19° Les décimes payées à l'évêque par la chambre ecclésiastique. 700

20° Le produit du secrétariat. 5,500

21° La prébende de l'évêque comme chanoine, non évaluée.

22° Le produit de la coupe des bois-taillis de Mauzun. 400

Total des recettes. 23,274 21

Redevances eu grains.

23° La dîmerie de Joze, rapportant 170 setiers de blé conseigle.

24° Une redevance de 5 setiers de blé, exigible du curé de Poizat.

CHARGES.

1° L'évêque est tenu d'acquitter, chaque année, les décimes ordinaires et extraordinaires variant entre 1,500 et 1,600 l.; la capitation, qui est de 320 l.; la dîme royale 36 l., et le don gratuit 160 l. Ensemble. 2,156 l.

2° Redevance annuelle à l'église cathédrale pour certaines prestations. 300

3° Redevance annuelle à la mère

église de 60 setiers de froment et de 60 de semoule.

4º Redevance annuelle à l'église cathédrale pour l'entretien de l'un des sacristains. 120

5º Pour la portion congrue du curé de la cathédrale. 150

6º Pour le curé de Beauregard. . 412 10 s.

7º Pour la portion congrue du curé de Vertaizon. . . . . 49 6 3 d.

8º Au curé d'Eglise neuve. . . . 150

9º Au curé de Joze. 142 10

10º Au curé de Mauzun. 100

11º Pour la portion congrue du curé de Mezel. 60

12º Au curé de Saint-Loup, archiprêtre de Billom. 159

13º Pour la portion congrue du curé de Saint-Saturnin-de-Billom. . . 45

14º Au curé de Saint-Cerneuf-de-Billom. 15

15º Au curé de Saint-Jean-de-Glaine. 49 9

16º Au curé de Trézioux. . . . 13 6 6
Et à son vicaire. 15 19 9

17º Au curé de Fayet. 60

18º Au chapitre de Vertaizon, une rente annuelle. 6

19º Au titulaire du prieuré de Turluron ou au vicaire, 6 setiers de blé.

20º Aux pères jacobins de Clermont, 90 setiers de conseigle sur la dîmerie de Joze.

21º Aux pères cordeliers de Clermont, 80 setiers de conseigle sur la même dîmerie.

22° Aux maçons-couvreurs des bâtiments de l'évêché. 50

23° Au garde du bois de Mauzun. . 80

24° Au chapitre de Lezoux, une redevance annuelle de 10 setiers de froment rouge.

25° Au vicaire de Sugères, pour sa pension. 30

Total des charges. . . . 4,162 l. 20 s. 18 d.

Revenu net, 19,112 livres.

Extrait du registre de l'état civil de la commune de Beauregard-l'Evêque, canton de Vertaizon (P.-de-D.).

L'an mil sept cent quarante-deux et le vingt-neuvième septembre, ont été inhumées dans cette église les entrailles de l'Illustrissime et Révérendissime Jean-Baptiste Massillon, évêque de Clermont, très recommandable pendant sa vie et à sa mort par sa grande piété, religion, science et ses charités. Son corps a été inhumé dans l'église cathédrale de Clermont. Il est mort le jour précédent, à dix heures du soir.

Ont été présents à sa sépulture : M. Pierre Segret, prêtre et chanoine de Pont-du-Château, et Jean Bonvoisin, prêtre et vicaire de ladite paroisse, qui ont signé.

Au registre sont les signatures de SEGRET, chanoine ; BONVOISIN, vicaire, et DELORME, curé.

Copie authentique du procès-verbal dressé à l'occasion de l'invention des restes de Mgr Massillon.

Aujourd'hui, vingt-huit novembre mil huit cent soixante-deux, MM. Vindry, curé; Chastanier, maire; Jarrier; Champrigaud; Moussat notaire; Courson; membres du conseil municipal de la commune de Beauregard-l'Evêque, accompagnés d'un grand nombre des habitants, se sont transportés dans l'église paroissiale de cette commune en voie de réparation, où des fouilles avaient été ordonnées pour retrouver les entrailles et le cœur de l'illustre évêque Massillon qui y avaient été inhumés lors de sa mort arrivée dans cette paroisse le vingt-huit septembre mil sept cent quarante-deux.

Les ouvriers, sous la direction de M. Maudry, entrepreneur des travaux de restauration de l'église, après avoir pratiqué une tranchée se dirigeant de l'entrée du chœur au premier escalier du maître-autel, où la tradition et des écrits de l'époque assignaient l'emplacement de cette inhumation, ont mis à découvert, à un mètre de profondeur, une ouverture de forme carrée, figurant un caveau de quatre-vingts centimètres de longueur sur une largeur de quarante centimètres, contenant une caisse en planches, jointes au moyen de clous oxydés, dont quelques-uns présentent des pas-de-vis, renfermant une matière coagulée, presque noire, qui a été reconnue pour être les précieux restes que l'on cherchait.

Malheureusement l'état de vétusté de cette caisse était tel, qu'il n'a pas été possible de la retirer intacte, et, ses parois étant tombées en poussière, M. le curé et MM. les administrateurs, réunis sur ce point, ont fait immédiatement revêtir le caveau de dalles de Volvic, et tout ce qu'il a été possible de réunir de ces précieux débris y a été religieusement réintégré. Et, afin de perpétuer le souvenir de cette importante découverte, il a été déposé dans le caveau une lame de plomb, avec l'inscription suivante : « *Cœur de Massillon, enseveli en 1742, retrouvé le 28 novembre 1862, lors de la restauration de l'église, en présence de MM. le curé, le maire, les membres du conseil municipal, du notaire et d'un grand nombre d'habitants.* »

De tout ce que dessus, il a été rédigé le présent procès-verbal, qu'ont signé toutes les personnes précédemment dénommées.

CHASTANIER, maire ; MOUSSAT, notaire ; CHAMPRIGAUD ; JARRIER ; FONTBONNE, instituteur ; MANDRY ; COURSON ; VINDRY, curé.

Ces deux extraits sont revêtus du cachet de la mairie.

TABLE DES MATIÈRES

	Pages.
Préface.	v
Première partie. Biographie de Massillon.	1
Chapitre premier. De la naissance de Massillon à sa promotion au siège de Clermont.	1
Article premier. De sa naissance à sa venue à Paris.	1
§ 1. — Ses premières années.	1
§ 2. — Son entrée à l'Oratoire.	3
§ 3. — Sa retraite à Septfonts.	8
Article deuxième. Massillon à Paris.	11
§ 1. — Ses débuts dans la chaire.	11
§ 2. — Est-il janséniste ?	16
§ 3. — Le *Petit Carême*.	22
Chapitre deuxième. Massillon à Clermont.	26
Article premier. Etat du diocèse de Clermont sous l'épiscopat de Massillon.	26
§ 1. — Etendue du diocèse.	26
§ 2. — Etat religieux du diocèse.	30
Article deuxième. Administration épiscopale de Massillon.	44
§ 1. — Prise de possession.	44
§ 2. — Visites pastorales.	48
§ 3. — Ordonnances épiscopales.	51
§ 4. — Institutions.	55
§ 5. — Affaire des abonnements.	58
§ 6. — Affaires ecclésiastiques.	61
Article troisième. Vie intérieure de Massillon.	67
§ 1. — Embellissements aux résidences épiscopales.	68

§ 2. — Ses occupations littéraires................ 72
§ 3. — Sa modestie et sa simplicité................ 75
§ 4. — Sa charité...................... 79
    Deuxième partie. Eloquence de Massillon............ 85
        Chapitre premier. Qualités oratoires............ 85
            Article premier. Méthode et composition......... 85
            Article deuxième. Ton et action............ 92
§ 1. — Ton général de ses sermons.............. 92
§ 2. — Débit oratoire.................... 100
        Chapitre deuxième. Enseignement de Massillon........ 104
            Article premier. Il a prêché la morale.......... 104
§ 1. — Pourquoi a-t-il prêché la morale ?........... 105
§ 2. — Caractères de la morale de Massillon.......... 111
            Article deuxième. Peinture morale............ 119
§ 1. — Peinture générale................... 119
§ 2. — Peinture particulière................. 125
    Troisième partie. Style de Massillon.............. 139
        Chapitre premier. Du style en général de Massillon...... 139
            Article premier. Traits généraux de son style....... 139
§ 1. — Education littéraire de Massillon........... 139
§ 2. — Défauts de son style................. 142
§ 3. — Qualités de son style................. 146
            Article deuxième. Traits particuliers de son style..... 152
§ 1. — La période du style de Massillon............ 152
§ 2. — Défaut de naturel.................. 155
§ 3. — Ton de mélancolie et de tristesse du style de Massillon...... 157
        Chapitre deuxième. Du style particulier aux différentes œuvres de
            de Massillon..................... 162
§ 1. — Oraisons funèbres, sermons, paraphrase des Psaumes....... 162
§ 2. — Conférences ecclésiastiques et discours synodaux........ 166
        Conclusion...................... 167
Lettres et documents inédits................... 169

FIN DE LA TABLE DES MATIÈRES.

ERRATA

Page 2, ligne 21, *au lieu de* : Aussi beau qu'il était éloquent, la nature avait donné à, *lisez* : Aussi beau qu'il était éloquent, Massillon avait reçu de la nature.

Page 7, dernière ligne, *au lieu de* : Ce qui doit nullement, *lisez* : Ce qui ne doit nullement.

Page 19, ligne 27, *au lieu de* : Jusqu'à ce moment, ses mœurs avaient été celles d'un saint, *lisez* : On aimait à proclamer la sainteté de sa vie.

Page 26, ligne 1re, *au lieu de* : L'évêché de Clermont était un des diocèses, *lisez* : Le diocèse de Clermont était un des plus étendus de France.

Page 64, ligne 20, *au lieu de* : édifiaient nullement, *lisez* : n'édifiaient nullement.

SUPPLÉMENT AUX DOCUMENTS INÉDITS

Nous ajoutons à cette étude quelques nouveaux documents que nous avons puisés aux archives départementales. N'auraient-ils pas l'importance et l'intérêt des précédents, que nous les aurions néanmoins recueillis avec soin, afin, suivant la pensée que nous avons vue exprimée dans un éloquent opuscule (1), « de ne rien laisser périr de tout ce qui touche à la mémoire d'un de nos plus éloquents orateurs ; » mais ils contribuent encore à faire mieux connaître la vie de Massillon, son administration et l'époque où il vivait.

L'inventaire du palais épiscopal, commencé le 26 novembre 1742 et clos le 19 avril 1743, dressé par les soins de M. David, chanoine de la cathédrale, rappelle que le *titre clérical* de l'illustre prélat, c'està-dire la dot sacerdotale que son père lui avait constituée, était un jardin planté d'orangers, d'arbres fruitiers et de vignes. Nous avons emprunté au même document les détails qui suivent :

(1) *Grandes dates et principales époques de la vie de Massillon*, par M. l'abbé Daniel.

Les frais de ses bulles pour l'évêché de Clermont s'élevèrent à 25,319 livres.

Nommé évêque au mois de novembre 1717, il ne prêta cependant serment de fidélité au roi que le 3 janvier 1719 : en conséquence, il ne fut fait qu'à ce moment pleine et entière mainlevée de la temporalité de l'évêché de Clermont, et, le 2 mars, les scellés furent levés au palais épiscopal. Quelques mois après, en mai 1719, le lundi de la Pentecôte, M. de Massillon, comme on l'appelait alors, vint prendre possession de son évêché. Son palais, comme les résidences de la campagne, Mauzun et Beauregard, se trouvaient dans un complet état de délabrement et de détérioration, Mgr Bochard de Saron n'y ayant fait, pendant plus de vingt-neuf ans, aucune réparation. De plus, on avait aliéné des propriétés de l'évêché et coupé des bois de haute futaie. Massillon avait cru pouvoir demander, à l'héritier du prélat défunt, 25,000 livres de dédommagement; et par jugement du 2 juillet 1718, il lui fut adjugé, sur les plus clairs deniers appartenant à la succession du dit sieur Saron, la somme de 10,201 livres, pour être employées aux plus urgentes réparations.

Le palais épiscopal était alors situé place de la Cathédrale. Il occupait l'emplacement compris aujourd'hui entre la rue Royale à l'est, la rue Terrasse à l'ouest, la place Royale au sud, et la place de la Cathédrale au nord. Au-devant, à l'est, s'étendait un jardin fermé par une balustrade, au milieu duquel jaillissait un jet d'eau; au fond, côté nord, on voyait un berceau de charpente fait en dôme, et une ancienne chapelle; de l'autre côté, à l'ouest, était une vaste cour, dominée par une longue terrasse, d'où la vue embrassait les monts Dômes. L'entrée donnait sur la place de la Cathédrale. Le palais comprenait un vaste bâtiment couvert d'ardoises, à deux façades : l'une à l'est, et l'autre à l'ouest; à deux plans inclinés, du côté du midi et du nord; avec deux pignons, l'un à l'ouest et l'autre au levant. Au milieu, et communiquant à la porte d'entrée, s'élevait une tour, par où montait l'escalier qui donnait accès aux différents appartements, et au sommet de laquelle était placée une statue de saint Michel. Le bâtiment n'avait que le rez-de-chaussée, un premier étage et les greniers. Au rez-de-chaussée, en allant du nord au sud, on voyait la chambre du portier, une chambre à côté, les cuvages, les caves, une glacière, une fontaine, la cuisine, les offices, puis la salle appelée « la salle du commun; » de l'autre côté, il y avait une infirmerie, différentes remises; à la suite, le greffe de l'officialité, plusieurs chambres continuées par un couloir qui aboutissait au greffe des insinuations. Au-dessus et à droite, il y avait la bibliothèque, un cabinet contigu, la chambre où l'évêque couchait, le cabinet de son valet de chambre Chouvy, la salle à manger et une grande salle de réception, précédée d'une antichambre; de l'autre côté de l'escalier se trouvaient la chapelle, de 41 pieds de longueur sur 27 pieds de largeur; une petite sacristie; la salle des archives, séparée du rez-de-chaussée par une voûte; puis, plusieurs chambres de réserve; en haut, étaient les greniers et divers appartements pour le personnel de la maison.

Nous ne suivrons pas l'inventaire dans l'énumération des meubles et des objets qui ornaient chacun de ces appartements; le détail en pourrait paraître long et fastidieux. Notons, en passant, seulement quelques articles. Dans la galerie où était la bibliothèque, on voyait une pendule, un prie-dieu, sept tableaux représentant sept différents papes, un bureau en bois noirci, sur lequel écrivait l'évêque. Le long de la galerie, il y avait des tablettes servant à placer les livres; léguées à l'église cathédrale, elles ont été portées depuis à la bibliothèque de la ville. Dans le cabinet voisin, on trouva les manuscrits des sermons de Massillon. A leur occasion, il se passa un fait que nous croyons bon de signaler : M. de Saint-Florentin, secrétaire d'Etat, écrivit à M. Rossignol, intendant d'Auvergne, de se faire remettre tous les papiers manuscrits du prélat, et de ne les rendre à l'héritier, au père Joseph Massillon, qu'après les avoir visés et paraphés. « Il est nécessaire, disait le ministre, que vous paraphiez tous les sermons que vous trouverez; c'est un héritage dont il ne faut pas priver ses héritiers, mais vous ne les rendrez qu'après avoir pris cette précaution. »

L'autel de la chapelle était en bois de chêne; au-dessus, un grand tableau représentait saint Austremoine. Les boiseries avaient cinq pieds et demi de hauteur ; il y avait quatre grands tableaux figurant la cène, la tradition des clés, la descente du Saint-Esprit, la communion de saint Jérôme ; deux bas-reliefs, représentant, l'un la consécration des prêtres (c'était dans cette chapelle que Monseigneur faisait les ordinations), et l'autre la confirmation ; le lambris était en plâtre, aux armes de Massillon.

Dans la cour, on remarquait une berline, une chaise à porteurs, plusieurs tas de bois. On trouva dans le trésor une croix pectorale d'or, une tabatière, une bague en même métal, et, en argent comptant, 12,720 livres, somme très minime, si on songe qu'outre les revenus de son évêché, évalués à peu près à 20,000 livres, Massillon jouissait des revenus de l'abbaye de Savigny, de 6 à 7,000 livres, et d'une rente sur l'Hôtel-de-Ville de Paris. Mais le saint prélat ne se réservait presque rien, aimant à faire aux pauvres les plus abondantes aumônes.

L'inventaire contient encore différentes quittances des fermes de l'évêché, des portions congrues des curés de Trézioux, Mauzun, Saint-Jean-des-Plains, Joze, Beauregard, Isserteaux, Vertaizon, Mezel, Saint-Loup, Saint-Cerneuf et Saint-Saturnin de Billom, Eglise-Neuve, Sugères, Fayet, etc.

Massillon avait la seigneurie, comme évêque de Clermont, de plusieurs localités. Voici ces endroits, avec les qualifications que leur donne un annuaire de l'année 1751 :

Mauzun. — La terre de Mauzun est de grande

étendue et des plus seigneuriales du royaume; quantité de gentilshommes en relèvent; c'est une place forte qui, dans la guerre, fait trembler toute la province.

Billom. — Billom est une petite ville fort polie et bien peuplée. Il y avait à Billom, un juge de la ville et un juge d'*appeau* (appel), de toutes les terres de l'évêché : Vertaizon, Mauzun, Cournon, Beauregard. A Billom encore était la prison de la justice épiscopale.

Vertaizon. — Vertaizon est le premier bourg de la province.

Cournon. — L'évêque n'est seigneur qu'en partie de Cournon, qui est un fort grand bourg et fort riche.

Beauregard. — Beauregard est un bourg fort beau, et une maison fort agréable; la situation est belle et saine entre Clermont et Thiers; et la maison de plaisance des évêques.

Un autre état, du même temps, porte que le diocèse de Clermont est composé de 15 archiprêtrés; de 857 cures, dont il y a 80 à la nomination de l'évêque; 23 abbayes; 79 prieurés; 17 chapitres, dont 3 sont à la nomination de l'évêque; 6 commanderies; 22 maladreries.

Les ordonnances de Massillon, que nous publions, ne méritent pas moins d'attirer l'attention. Comme tout ce qui précède, elles proclament la vigilance épiscopale du saint prélat, dont la sollicitude et les soins s'étendaient à ses prêtres comme à ses diocésains, aux maisons religieuses comme aux tout petits enfants.

Dans l'ordonnance de 1720, Massillon prescrit l'usage des conférences, et renouvelle, sur ce sujet, les règlements de ses prédécesseurs. Cette police de l'Eglise était destinée à maintenir l'observance des statuts et une sage discipline dans les rangs du clergé. Par ces conférences, l'évêque communiquait avec ses prêtres, et imprimait à tous la direction qu'il voulait; d'autant plus que le directeur et le promoteur de chaque conférence étant nommés au synode de l'année précédente, l'évêque pouvait compter d'une manière absolue sur leur prudence et leur fidélité.

Par l'ordonnance de l'année 1724, où il rend d'abord hommage au zèle et à la fidélité de ses coopérateurs dans le saint ministère, Massillon prescrit les règles les plus sages pour assurer à l'Eglise d'Auvergne l'innocence et l'honneur. On aime aussi à voir la vigilance et le zèle qu'il déploie dans l'ordonnance suivante, afin de conserver, dans chaque paroisse, les registres des actes de baptême, de mariage et de sépulture. « Faisons défense, dit-il, à toutes sortes de personnes de quelque qualité ou condition qu'elles soient, d'emporter ou retenir les registres de la cure ou autres titres et papiers, le tout à peine d'excommunication majeure ou de suspense encourue par le seul fait. »

Le mandement pour la seconde visite générale du diocèse confirme pleinement tout ce que nous avons dit plus haut des visites pastorales, des fabriques des églises, des bureaux de charité, des chapelles domestiques.

Plein de sollicitude, comme nous l'avons vu, pour les maîtres et les maîtresses d'école, il traita, dans une remarquable lettre de l'année 1736, la grave question des écoles. Il rappelle d'abord un des grands faits de l'instruction et de l'éducation des enfants en France : c'est qu'à une époque où personne ne s'en préoccupait, « l'éducation des enfants a toujours été précieuse à l'Eglise et un des principaux objets de ses soins. » Pendant de longs siècles de notre histoire, c'est le prêtre seul qui a fait parvenir le bienfait de l'instruction jusqu'au plus humble et au plus déshérité des enfants de la campagne : à toutes les époques, c'est sous l'inspiration et par la générosité et le dévouement de l'Eglise que se sont multipliées les écoles.

Massillon expose ensuite la direction qu'il entend donner à l'école : le curé est constitué par lui le maître et l'inspecteur de l'école. « Les permissions ne seront renouvelées pour les maîtres et maîtresses d'école que sur les attestations des curés des paroisses. » « Les maîtres et les maîtresses d'école rendront compte, chaque mois, au curé de la paroisse, de l'assiduité, sagesse et progrès de chaque enfant. » En tête du programme scolaire cet esprit éminent place l'instruction religieuse : « Les maîtres et maîtresses d'école seront tenus d'accompagner les dimanches et les fêtes les enfants dont ils sont chargés, à la messe de paroisse et au catéchisme, et de veiller à ce qu'ils s'y comportent chrétiennement. » « Ils commenceront tous les jours l'école du matin par la prière du matin, et ils feront entendre la messe chaque jour aux enfants autant qu'il se pourra, et ils finiront toujours l'école du soir par la prière du soir. »

Une dernière prescription est que « les maîtres d'école ne pourront, sous quelque prétexte que ce soit, enseigner ni dans l'école, ni hors de l'école, des filles ; ni les maîtresses, des garçons. » Voilà ce que Massillon prescrivait si sagement, il y a cent cinquante ans. C'est ainsi qu'il voulait qu'on jetât dans le cœur des enfants, dès l'âge le plus tendre, les précieuses semences de la vertu, et qu'on éloignât de ces jeunes âmes les moindres atteintes du vice.

Mais s'il veillait à l'instruction et à l'éducation des enfants, il n'avait pas moins à cœur le bien-être et la moralité des grandes personnes, et en particulier des gens de la campagne. On en trouve une nouvelle preuve dans son ordonnance du 29 août 1736, *sur le retranchement de quelques fêtes*. L'Eglise avait jadis établi des fêtes chômées en l'honneur de quelques saints : mais la foi s'étant refroidie dans les âmes, ces fêtes devinrent onéreuses aux hommes des champs, à qui elles interdisaient le travail, unique ressource de leur misère, « et le repos ordonné dans ces jours saints n'était pour beaucoup qu'une occasion de les profaner par les jeux, la fréquentation des cabarets et d'autres excès. » Il supprima donc ces fêtes, à l'exemple, dit-il, de la plupart des évêques de l'Eglise de

France. C'est grâce à ces sages ordonnances des évêques qui prévenaient les désordres réprouvés par la religion et funestes à la vertu, que l'intégrité des mœurs se maintint dans les campagnes même pendant le dix-huitième siècle; et à ceux qui pourraient croire que nous avons retracé, dans notre étude, sous un jour trop favorable les mœurs des habitants de l'Auvergne, nous répondrions par ces lignes d'un écrivain qui connaît parfaitement la vie rurale de l'ancienne France : « Tandis que la cour et quelques salons de Paris donnaient le spectacle du relâchement des mœurs, celles-ci se conservaient intactes dans les classes moyennes des villes, dans une partie de la noblesse de province, dans la majorité de la magistrature, et surtout dans ces humbles campagnes, où le christianisme avait relevé la dignité de la famille (1). »

Enfin certains des documents que nous publions intéressent l'histoire de l'Auvergne à l'époque du dix-huitième siècle. Les quelques lignes de l'ordonnance de 1741, où Massillon recommande à la charité publique les quêteurs de l'hôpital des Quinze-Vingts, nous rappellent ces quêteurs de toutes sortes qui jadis parcouraient les campagnes, prétextant des malheurs, exposant des images à la vénération publique, et dont les quêtes et les sollicitations ne pouvaient être réprimées par les interdictions réitérées des évêques.

---

(1) Albert Babeau, *Vie rurale de l'ancienne France* (*Correspondant*, livraison du 10 novembre 1882).

Les lettres du cardinal de Rohan dénoncent le dépérissement et la décadence où étaient tombés beaucoup de monastères au dix-huitième siècle.

La lettre des échevins de la ville de Thiers reste comme une éclatante preuve de la charité du prélat, non moins que beaucoup d'autres qui ont trait au même sujet, contenues dans les mêmes liasses des archives.

Tels sont ces nouveaux documents inédits que nous sommes heureux d'avoir rencontrés et de publier aujourd'hui.

Lettre du cardinal de Noailles au chapitre cathédral de Clermont.

A Paris, ce 21 mars 1718.

J'ai prévenu votre désir et votre lettre, Messieurs ; car, dès que j'ai appris la vacance de votre canonicat, j'ai représenté à M. le duc d'Orléans le droit et l'usage de votre compagnie. S. A. R. n'a pas eu de peine à vous laisser dans votre liberté, et a donné en même temps ses ordres pour charger M. l'intendant d'Auvergne de porter la voix du roi à votre élection. Je ne doute pas qu'elle ne se passe paisiblement et que vous ne fassiez un bon choix. Ne doutez pas aussi, s'il vous plaît, de la considération et de l'estime que j'ai pour votre Chapitre. J'aurais bien de la joie, si j'avais des occasions de vous en donner des marques et de vous faire connaître que je suis à vous, Messieurs, avec tous les sentiments que vous méritez,

Le cardinal de NOAILLES.

Règlements pour les conférences du diocèse de Clermont. — Ordonnance synodale de Monseigneur l'évêque de Clermont, publiée au synode de l'année 1720.

Jean-Baptiste Massillon, par la grâce de Dieu et du siège apostolique, évêque de Clermont : à tout le clergé séculier et régulier, et généralement à nos diocésains, salut.
Comme c'est un devoir indispensable à tous les prêtres de s'instruire parfaitement de leurs obligations et de se mettre en état de pouvoir conduire sûrement les fidèles dans les voies de la vérité et du salut, nous avons jugé devoir employer pareillement nos soins et notre autorité pour maintenir l'usage des conférences ecclésiastiques, établi depuis longtemps dans notre diocèse, comme étant un moyen des plus efficaces pour rendre les pasteurs capables de remplir dignement les fonctions de leur ministère ; et pour les faire tenir de la manière qui pourra être la plus utile, nous avons renouvelé et renouvelons ici les ordonnances et règlements de nos prédécesseurs touchant les conférences, et par exprès l'ordonnance de feu M. Bochard, du mois d'août 1694. Ordonnons à tous les curés, vicaires, prêtres et autres ecclésiastiques qui résident dans les paroisses de notre diocèse d'assister exactement aux conférences de leur canton suivant l'ordre et la distribution qui leur sera marquée, et d'y observer les règles portées par la susdite ordonnance, et, afin que ces conférences se tiennent d'une manière uniforme, nous marquerons pour chaque année et pour chaque mois le sujet de piété et les questions de morale qui doivent être traitées, qui seront les mêmes pour toutes les conférences ; et parce qu'il serait trop difficile, dans la plus grande partie de notre diocèse, de s'assembler pendant l'hiver, nous ne donnerons des sujets que pour huit conférences pendant l'année, dont la pre-

mière se tiendra au mois d'avril et la dernière au mois de novembre.

† Jean-Baptiste, évêque de Clermont.

Les conférences étaient établies à : Aigueperse, Allanche, Saint-Allyre-ès-Montagnes, Saint-Amant-la-Chaire, Saint-Amant-Roche-Savine, Ambert, Auzat, Ardes, Arlanc, Banelle, Besse, Besson, Billom, Ceyrat, Saint-Bonnet-le-Chastel, Champeix, Charroux, Saint-Christophe, Combronde, Condat-en-Feniers, Cournon, Courpière, Croc, Cunlhat, Cusset, Davayat, Ebreuil, Eglisolles, Fontanges, Gannat, Saint-Géraud-le-Puy, Saint-Germain-Lembron, Saint-Gervais, Herment, Jaligny, Issoire, Lanobre, La Palisse, Laqueuille, Lezoux, Maillat, Manzat, Marchastel, Mareughol, Maringues, Mauriac, Mayet-ès-Montagnes, Montaigut-en-Combrailles, Montel-de-Gelat, Montferrand ou Cébazat, Mauzun, Neuilly-le-Réal, Olliergues, Orcival, Saint-Pardoux-Latour, Pionsat, Pléaux, Pont-du-Château, Pontgibaud, Saint-Pourçain, Randan, Riom, Ris, Saignes, Salers, Sauxillanges, Sénectaires, Thiers, Torzie, Trizac, Varennes-sur-Allier, Vernet près Chaméane, Vertaizon, Vic-le-Comte.

Les chapitres, paroisses et communautés des divers archiprêtres assistaient à tour de rôle au synode.

Dispositif du jubilé accordé en 1724 par Notre-Saint Père le pape Benoît XIII.

Ordre pour l'ouverture du jubilé et ce qu'il faut faire pour le gagner.

I. L'ouverture du jubilé dans cette ville et dans ses faubourgs se fera le premier dimanche de l'Avent, 3 du mois de décembre prochain, après Vêpres, par le *Veni Creator* dans la cathédrale et autres églises où il y aura station, et finira le dimanche, 17 du même mois inclusivement, et dans les autres villes, bourgs et paroisses de ce diocèse, il commencera le second dimanche de l'Avent, 10 décembre, à l'issue des vêpres, et finira le dimanche veille de Noël aussi à l'issue des vêpres.

II. On n'exposera point le Saint-Sacrement dans les églises où il y aura station (excepté au jour de l'ouverture et de la clôture, qu'on l'exposera pour la bénédiction), mais on pourra exposer la vraie croix et autres reliques.

III. A l'exception de ce qui est dit des reliques dans l'article précédent, on ne changera rien, dans les églises, pour tout le reste, à raison du jubilé ; mais elles demeureront parées selon la qualité du temps et du jour.

IV. Pour gagner ce jubilé, on sera obligé de faire les choses prescrites dans la bulle et de les faire toutes dans l'espace d'une desdites deux semaines, savoir : 1° confesser ses péchés à un prêtre approuvé de notre autorité ; 2° faire quelques aumônes aux pauvres, chacun selon sa dévotion ; 3° jeuner le mercredi, vendredi et samedi ; 4° visiter au moins une fois une des églises désignées et y prier pendant quelque espace de temps pour les motifs contenus dans la bulle ; 5° communier le dimanche d'après les jeûnes ou l'un des deux autres jours de la même semaine.

V. Les fidèles sont exhortés de faire le plus d'aumônes qu'ils pourront aux hôpitaux, et spécialement à l'hôpital général et aux pauvres communautés religieuses.

VI. En visitant les églises, ils prieront Dieu pour notre saint-père le pape, pour l'exaltation de la foi, pour l'humiliation des ennemis de l'Eglise, pour le roi, pour nous et pour tout ce qui est exprimé dans la bulle de Sa Sainteté.

VII. Pour satisfaire à ce qui est dit dans la bulle, *que l'on priera pendant quelque espace de temps*, on pourra réciter cinq fois le *Pater* ou l'*Ave* ou quelques-unes des prières marquées dans le petit livre imprimé sur ce sujet par notre autorité, à quoi nous exhortons particulièrement ceux qui savent lire, faisant défense à tous particuliers de publier aucunes instructions et prières que celles que nous aurons approuvées.

VIII. Les confesseurs par nous approuvés pourront assigner un autre temps et d'autres œuvres de piété aux malades prisonniers et autres qui ont des empêchements légitimes ; ils différeront aussi le jubilé à ceux à qui ils auront été obligés de différer l'absolution.

IX. Tous religieux et religieuses, soi-disant exempts et non-exempts, pourront choisir des confesseurs extraordinaires, séculiers ou réguliers, pendant le temps du jubilé seulement, pourvu, néanmoins, qu'ils soient approuvés de nous. Enjoignons très expressément aux supérieurs et supérieures de leur accorder cette liberté, suivant les intentions de Sa Sainteté.

X. Les stations pour la ville et les faubourgs de Clermont et autres principales villes de ce diocèse sont marquées au bas du présent mandement, et, à l'égard des autres villes, bourgs et paroisses du diocèse, nous désignons pour stations la principale église du lieu et hôpital s'il y en a.

XI. Ceux et celles qui gardent clôture auront leur église pour station. Tout confesseur, pourvu qu'il soit approuvé de nous ou de nos vicaires généraux, peut, durant le temps du jubilé, absoudre de toute sorte de péchés et de crimes, quelque énormes et réservés qu'ils soient, même au pape, comme aussi de toute sorte de censures, même de celles qui sont portées par sentences contre les particuliers, pourvu qu'ils satisfassent ou qu'ils s'accordent avec les personnes intéressées dans les deux semaines du jubilé.

Il peut aussi commuer toute sorte de vœux simples, excepté les vœux d'entrer en religion et de garder chasteté perpétuelle ; mais il ne peut dispenser d'aucune irrégularité publique ou occulte.

Afin que nos diocésains soient parfaitement instruits de

tout ce qu'ils doivent faire pour bien gagner le jubilé, nous ordonnons à tous les vénérables curés de notre diocèse de le publier le dimanche avant l'ouverture ou le jour même de l'ouverture à leur messe de paroisse, où ils liront la bulle du pape et notre présent mandement, et expliqueront ensuite à leurs paroissiens ce qu'ils doivent faire pour en profiter. Nous les exhortons, et particulièrement ceux de la campagne, de continuer, depuis ce jour-là jusqu'à la conclusion dudit jubilé, à faire à leurs paroissiens une petite instruction sur ce sujet, ou le matin avant leur travail ou le soir à leur retour. Ils pourront se servir à cet effet d'un livre intitulé *Traité des indulgences et du jubilé*, qui a été imprimé en 1707 par l'ordre de notre prédécesseur. Nous supplions le Dieu d'indulgence et de miséricorde qu'il nous fasse trouver grâce et miséricorde devant lui.

Donné à Clermont dans notre palais épiscopal le quinzième novembre 1724.

Signé, † JEAN-BAPTISTE, évêque de Clermont.

Par Monseigneur, FORNERET, secrétaire.

Églises désignées pour les stations du jubilé dans les principaux endroits de ce diocèse.

Clermont : L'église cathédrale, Notre-Dame du Port, Saint-Genès, Saint-Pierre, l'Hôtel-Dieu, l'hôpital général, l'hôpital de Saint-Joseph, les Hospitalières, les Bernardines, les Bénédictines, le Refuge.

Riom : Saint-Amable, l'Hôtel-Dieu, l'hôpital général, les Carmélites, le Refuge.

Montferrand : L'église paroissiale, la chapelle du chapitre, l'hôpital.

Billom : Saint-Cerneuf, Saint-Loup, les Bénédictines, la Visitation, l'hôpital.

Thiers : Saint-Genès, Saint-Jean, le séminaire, les Ursulines, la Visitation, l'hôpital.

Aigueperse : Notre-Dame, la Sainte-Chapelle, l'hôpital.

Cusset : La paroisse, le chapitre, l'abbaye, l'hôpital.

Issoire : La paroisse de Saint-Paul, Saint-Avit, l'abbaye, les religieuses de Notre-Dame, l'hôpital.

Saint-Pourçain : La paroisse, les Bénédictins, les religieuses, l'hôpital.

Gannat : Sainte-Croix, Saint-Etienne, les religieuses, l'hôpital.

Mauriac : La paroisse, les Bénédictins, les religieuses de Saint-Dominique.

Sauxillanges : La paroisse, les Bénédictins, l'hôpital.

Courpière : La paroisse, les Minimes, l'hôpital.

Salers : La paroisse, Saint-Mathieu, les religieuses, l'hôpital.

Ordonnance de monseigneur l'évêque de Clermont publiée au synode tenu le cinquième septembre, mil sept cent vingt-sept.

Jean-Baptiste, par la permission divine et l'autorité du Saint-Siège apostolique, évêque de Clermont, conseiller du roi en tous ses conseils ; sur ce qui nous a été représenté par notre promoteur, que plusieurs personnes laïques de ce diocèse, sous prétexte qu'elles sont héritières des défunts curés leurs parents, ont emporté et emportent les minutes des registres des actes de baptême, mariage et sépulture pour ensuite en délivrer des extraits aux parties, se taxant eux-mêmes les droits pour expédition desdits extraits, ainsi qu'elles jugent à propos ; que par là elles font non seulement préjudice aux successeurs desdits défunts curés, en retenant ainsi injustement lesdits registres, appartenant à leurs bénéfices, comme les autres titres et papiers de la cure, et les privant du droit qui leur est légitimement acquis par les ordonnances du royaume, pour délivrances desdits extraits ou certificats, en quoi lesdites personnes sont coupables de vol et de larcin ; mais ce qui est encore plus important, c'est que cet abus fait un très grand tort au bien public, puisque plusieurs personnes se trouvent par là dans l'impossibilité de faire preuve de leur état et naissance, et perdent par cette raison leurs biens ou même leur établissement ; d'autres sont obligés à faire de grands frais pour pouvoir faire une preuve qui leur aurait été très facile s'ils avaient pu avoir recours auxdits extraits ; à ces causes, requérait notre promoteur qu'il nous plût ordonner à toutes sortes de personnes qui peuvent avoir chez eux des minutes desdits registres de baptême, mariage et sépulture ou autres titres et papiers appartenant à l'Eglise, de les remettre incessamment entre les mains des curés des paroisses que concernent lesdits registres ; et quant aux autres titres et papiers entre les mains des titulaires des bénéfices, sous peine d'excommunication pour les laïques et clercs tonsurés ou constitués aux ordres mineurs, et de suspense pour les ecclésiastiques constitués aux ordres sacrés ; lesdites peines encourues par le seul fait dans un mois au plus tard après la troisième et dernière publication des présentes ; faire pareillement défense à l'avenir à toutes sortes de personnes, se disant héritiers des défunts curés, ou sous quelque autre prétexte que ce puisse être, d'emporter ou retenir lesdits registres de baptême, mariage et sépulture, ou autres titres et papiers appartenant à l'Eglise, comme aussi aux curés et bénéficiers qui quittent une cure ou autre bénéfice pour prendre un autre établissement, d'emporter pareillement ou retenir les minutes des registres de la cure qu'ils quittent ou autres titres et papiers appartenant au bénéfice ou à l'église qu'ils quittent, le tout à peine d'excommunication majeure encourue par le seul fait s'ils sont laïques ou clercs tonsurés ou constitués aux ordres mineurs, et de suspense encourue pareillement par le seul fait, s'ils sont prêtres ou constitués dans les ordres sacrés.

Nous, ayant égard aux remontrances de notre promoteur, ordonnons à toutes sortes de personnes, de quelque qualité et condition qu'elles soient, qui ont entre leurs mains des minutes des registres des actes de baptême, mariage et sépulture, ou autres titres appartenant à l'Eglise, de les remettre entre les mains des curés des paroisses que concernent lesdits registres, et les autres titres et papiers entre les mains des titulaires des bénéfices, et ce dans un mois au plus tard après la troisième et dernière publication de notre présente ordonnance, sous peine d'excommunication majeure encourue par le seul fait (ledit temps passé) par les laïques et clercs tonsurés ou constitués aux ordres mineurs, et de suspense encourue pareillement par le seul fait (ledit temps passé) par les prêtres ou autres ecclésiastiques constitués aux ordres sacrés. Faisons défense à l'avenir à toutes sortes de personnes, de quelque qualité et condition qu'elles soient, se disant héritiers ou légataires des défunts curés ou sous quelque autre prétexte que ce puisse être, d'emporter ou retenir lesdits registres des actes de baptême, mariage et sépulture, ou autres titres et papiers appartenant à l'Eglise, comme aussi aux curés et autres bénéficiers qui quittent leurs bénéfices, pour prendre un autre établissement, d'emporter ou retenir les registres de la cure ou autres titres et papiers du bénéfice qu'ils quittent, le tout à peine d'excommunication majeure encourue par le seul fait par les laïques ou clercs tonsurés ou constitués aux ordres mineurs, et de suspense encourue pareillement par le seul fait par les prêtres ou autres ecclésiastiques constitués aux ordres sacrés.

Enjoignons à tous les curés de notre diocèse de publier notre présente ordonnance aux prônes de leurs messes de paroisse pendant trois dimanches consécutifs, aussitôt après qu'ils l'auront reçue, et d'en envoyer un certificat à notre promoteur. Donné à Clermont, dans notre palais épiscopal, le troisième septembre mil sept cent vingt-sept.

Signé, † Jean-Baptiste, évêque de Clermont.

Et plus bas :

Par Monseigneur, Thouron.

<small>A Clermont, de l'imprimerie de P. Boutandon, imprimeur du roi, de monseigneur l'évêque et du clergé, etc.</small>

Dispositif du mandement pour la seconde visite générale du diocèse en 1732.

A ces causes nous déclarons que nous allons continuer la visite générale de notre diocèse. Elle sera commencée le mercredi 23 avril 1732 par la paroisse de Pérignat-outre-Allier et continuée dans chaque église au jour marqué au bas du présent mandement. Nous indiquerons ensuite les jours pour les autres paroisses à mesure que nos autres occupations nous permettront de continuer jusqu'à la fin de cette seconde visite. Nous espérons trouver dans nos paroisses l'ordre que nous y avons établi par les ordonnances de notre première visite.

Mandons et enjoignons à tous les abbés, chapitres, collèges, communautés séculières et régulières soumises à notre juridiction ordinaire, à tous prieurs, curés, vicaires perpétuels ou amovibles, à tous chapelains obituaires ou autres bénéficiers, et à tous prêtres ou ecclésiastiques, comme aussi à tous marguilliers, fabriciens, syndics ou autres administrateurs des hôpitaux ou des bureaux de charité, et généralement à tous ceux et celles qui ont quelque charge, emploi ou administration du spirituel ou du temporel des églises ou des lieux de piété, de se trouver au jour marqué pour la visite, afin de nous rendre compte de leur gestion ou administration, chacun en ce qui le concerne.

Ordonnons aux marguilliers, fabriciens, et autres chargés des deniers appartenant aux Eglises ou lieux de piété, de tenir leurs comptes prêts à nous être rendus, ou aux prêtres commis par nous dans le cours de notre présente visite, sous la peine portée par l'article XVII de l'édit du mois d'août 1691.

Déclarons aux officiers des lieux que par la publication et l'affiche du présent mandement, ils sont dûment appelés à la visite pour se trouver à la reddition des comptes des fabriques et des autres lieux de piété et pour nous représenter tout ce qui peut être de leur ministère.

Ordonnons aux curés et vicaires de préparer les fidèles à recevoir le sacrement de confirmation, et de mettre en état tout ce qui nous doit être exhibé et représenté dans la visite.

L'étendue de notre diocèse ne nous permettant pas de faire par nous-mêmes la visite de chaque paroisse, nous nous contenterons de nous transporter aux principales marquées ci-après en lettres majuscules ; les autres seront visitées de notre part par des prêtres commis par nous, qui chaque jour nous rapporteront les procès-verbaux.

Ceux qui ont des chapelles domestiques dans lesquelles on célèbre la sainte messe seront tenus de nous rapporter les titres desdites chapelles, pour être examinés par nous ou par ceux que nous commettrons à cet effet, le tout à peine d'interdiction desdites chapelles.

Messieurs les curés des paroisses dans lesquelles on doit faire la visite auront soin et seront exacts de venir ou d'envoyer prendre de grand matin messieurs les visiteurs aux endroits où ils auront couché pour les conduire à leurs paroisses, et d'observer leurs rangs pour la confirmation, comme il est marqué ci-après. Et sera le présent mandement lu et publié par lesdits curés ou autres faisant les fonctions curiales au prône des messes de paroisse, le premier dimanche après qu'il aura été par eux reçu, et ensuite affiché à la principale porte de chaque église, afin que nul n'en ignore. Donné à Clermont, dans notre palais épiscopal, le premier février 1732.

Signé, † Jean-Baptiste, évêque de Clermont.

Et plus bas :

Par Monseigneur, Moranges, secrétaire.

ORDRE DE LA VISITE.

Le mercredi 23 avril 1732, MM. les visiteurs partiront de Clermont : deux iront à Pérignat-outre-Allier, à Saint-Bonnet, et coucher à Chauriat; deux à Dreuil-en-Laroche, à Saint-Georges, et coucher à Billom.

Le jeudi 24, MM. qui auront couché à Chauriat y feront la visite et à Busséol. MM. qui auront couché à Billom iront à Espirat, à Tinlhat, et tous coucher à Billom.

Le vendredi 25, deux à Eglise-Neuve, à Bongheat et y coucheront; deux à Fayet, à Saint-Dier et y coucheront.

Le samedi 26, MM. qui auront couché à Bongheat iront à Neuville, à Trézioux et y coucheront. MM. qui auront couché à Saint-Dier iront à Estandeuil, à Saint-Jean des Ollières et y coucheront.

Le dimanche 27, MM. qui auront couché à Trézioux iront à Saint-Flour et à Mauzun. MM. qui auront couché à Saint-Jean des Ollières iront à Isserteaux, à Sallède, et tous coucher à Billom.

Le lundi 28, deux à Montmorin, deux à Saint-Julien de Coppel et tous coucher à Billom.

Le mardi 29, deux à Laps et à Pignols, deux à Mirefleurs et à Saint-Maurice, et tous coucher à Vic-le-Comte.

Le mercredi 30, deux à Manglieu, à Sugères et y coucheront ; deux à Yronde et Saint-Babel et y coucheront.

Le jeudi 1ᵉʳ mai, MM. qui auront couché à Sugères iront à Eglise-Neuve-des-Liards, à Condat près Montboissier et coucher à Saint-Genès près Chaméane. MM. qui auront couché à Saint-Babel iront à Aulhat, à Flat et coucher à Sauxillanges.

Le vendredi 2, MM. qui auront couché à Saint-Genès près Chaméane y feront la visite, à Chaméane, et y coucheront. MM. qui auront couché à Sauxillanges iront à Brenat, à Saint-Privat et coucher à Sauxillanges.

Le samedi 3, MM. qui auront couché à Chaméane iront à Saint-Etienne-sur-Usson et à Saint-Jean-en-Val. MM. qui auront couché à Sauxillanges iront à Orbeil, à Parentignat et tous coucher à Sauxillanges.

Le dimanche 4, deux à Chargnat et ses annexes ; deux à Usson et à Saint-Germain-sous-Usson, et tous coucher à Sauxillanges.

Le lundi 5, deux à Saint-Martin des Plains, à Nonette et y coucheront ; deux à Bansat, à Malhat et coucher à la Monge.

Le mardi 6, MM. qui auront couché à Nonnette iront au Breuil et à Beaulieu. MM. qui auront couché à la Monge iront à Auzat-sur-Allier, à Orçonnette et tous coucher à Saint-Germain-Lembron.

Le mercredi 7, deux à Mauriat près Charbonnières et à Vichel ; deux à Saint-Gervazy, à Collanges, et tous coucher à Saint-Germain-Lembron.

Le jeudi 8, deux à Villeneuve, deux à d'Auzat-sous-Chalus, et tous coucher à Saint-Germain-Lembron.

Le vendredi 9, deux à Madriat, à Boudes et coucher à Saint-Germain-Lembron ; deux à Saint-Hérant, à Mareughol et y coucheront.

Le samedi 10, MM. qui auront couché à Saint-Germain-Lembron iront à Gignat, à Grézin-le-Broc et y coucheront.

MM. qui auront couché à Mareughol iront à Auzat-sur-Vodable, à Chassaigne et coucheront à Vodable.

Le dimanche 11, MM. qui auront couché au Broc iront à Bergonne, à Antoingt, à Solignat et y coucheront. MM. qui auront couché à Vodable feront la visite à Ronzières, ses annexes ; à Colamine-en-Vodable et coucher à Vodable.

Le lundi 12, MM. qui auront couché à Vodable iront à Saint-Vincent, à Saint-Floret et y coucheront. MM. qui auront couché à Solignat iront à Saint-Cirgues près Meillaud, à Meillaud et coucher à Issoire.

Le mardi 13, MM. qui auront couché à Saint-Floret iront à Clémensat, à Chidrac. MM. qui auront couché à Issoire iront à Saint-Yvoine, à Sauvagnat son annexe, et tous coucher à Issoire.

Le mercredi 14, deux à Perrier, à Champeix et y coucheront ; deux à Pardines, à Chadeleuf et coucher à Neschers.

Le jeudi 15, MM. qui auront couché à Champeix iront à Montaigut-sur-Champeix, à Saint-Julien-d'Aydat et coucher à Saint-Barthélemy-d'Aydat. MM. qui auront couché à Neschers y feront la visite à Coudes, Montpeyroux et coucher à Authezat.

Le vendredi 16, MM. qui auront couché à Saint-Barthélemy-d'Aydat y feront la visite, à Montredon et coucher à Saint-Saturnin-la-Chaire. MM. qui auront couché à Authezat y feront la visite, à la Sauvetat son annexe, à Saint-Sandoux et y coucheront.

Le samedi 17, MM. qui auront couché à Saint-Saturnin iront à Tallende-le-Majeur et à Tallende-le-Mineur. MM. qui auront couché à Saint-Sandoux iront à Ludesse, à la Chapelle Saint-Pierre-de-Cournol et tous coucher à Saint-Saturnin.

Le dimanche 18, deux à Monton et y coucheront ; deux au Crest, à Chanonat et y coucheront.

Le lundi 19, MM. qui auront couché à Monton iront aux

Martres-de-Veyres et à Orcet. MM. qui auront couché à Monton iront à Jussat, à Merdogne et à la Roche son annexe.

ORDRE DE LA CONFIRMATION.

Le dimanche 27 avril 1732, Monseigneur ira à Billom le matin ; le soir, il donnera la confirmation à ceux de Pérignat-ès-Allier, de Dreuil-en-la-Roche et de Saint-Georges.

Le lundi 28, à Billom, à ceux de Saint-Bonnet, de Chauriat et de Busséol, le matin ; le soir, à ceux de Tinlhat, d'Espirat et d'Eglise-Neuve près Billom.

Le mardi 29, à Billom, à ceux de Bongheat, de Neuville et de Trézioux, le matin ; le soir, à ceux de Saint-Flour, de Saint-Dier et de Mauzun.

Le mercredi 30, à Billom, à ceux de Fayet, d'Estandeuil et de Saint-Jean-des-Ollières, le matin ; le soir, à ceux d'Isserteaux, de Sallèdes et de Montmorin.

Le jeudi 1er mai, à Billom, à ceux de cette ville et de Saint-Julien-de-Coppel.

Le vendredi 2, à Vic-le-Comte, le matin ; le soir à ceux de Mirefleurs, de Laps et de Saint-Maurice.

Le samedi 3, à Vic-le-Comte, à ceux de Pignols, d'Yronde et de Saint-Babel, le matin ; le soir, à ceux de Vic-le-Comte.

Le dimanche 4, à Sauxillanges, le matin ; le soir, à ceux de Manglieu, de Sugères et d'Aulhat.

Le lundi 5, à Sauxillanges, à ceux de Saint-Privat, d'Eglise-Neuve-des-Liards et de Condat près Montboissier, le matin ; le soir, à ceux de Flat, d'Orbeil et de Brenat.

Le mardi 6, à Sauxillanges, à ceux de Saint-Etienne-sur-Usson, de Chaméane et de Saint-Genès près Chaméane, le matin ; le soir, à ceux d'Usson, de Saint-Germain-sous-Usson et de Saint-Jean-Enval.

Le mercredi 7, à Sauxillanges, à ceux de Parentignat, de

Chargnat ses annexes et de Saint-Martin-des-Plains, le matin ; le soir, à ceux de Bansat, de Malhat et de Sauxillanges.

Le jeudi 8, à Saint-Germain-Lembron, le matin ; le soir, à ceux d'Auzat-sur-Allier, de Nonette et d'Orçonette.

Le vendredi 9, à Saint-Germain-Lembron, le matin ; à ceux de Vichel, de Mauriac près Charbonnières et de Charbonnières, le matin ; le soir, à ceux de Saint-Gervazy, de Beaulieu et du Breuil.

Le samedi 10, à Saint-Germain-Lembron, à ceux de Beaulieu, de Madriat et de Saint-Hérant, le matin ; le soir, à ceux de Mareughol, de Villeneuve et de Boudes.

Le dimanche 11, à ceux de Saint-Germain-Lembron, à ceux d'Auzat-sur-Vodable, de Chassaigne et d'Auzat-sous-Chalus, le matin ; le soir, à ceux de Grézin-le-Broc, de Bergonne et de Gignat.

Le lundi 12, à Saint-Germain-Lembron, à ceux de cette ville et de Colamines-en-Vodable, le matin, et le soir à Issoire.

Le mardi 13, à Issoire, à ceux d'Antoingt, de Solignat et de Vodable, le matin ; le soir, à ceux de Ronzières, ses annexes, de Saint-Floret et de Saint-Vincent.

Le mercredi 14, à Issoire, à ceux de Chidrac, de Saint-Cirgues et de Clémensat, le matin ; le soir à ceux de Meillaud, de Saint-Yvoine et de Sauvagnat.

Le jeudi 15, à Issoire, à ceux de Perrier, de Pardines, et de Chadeleuf, le matin ; le soir, à ceux de la ville d'Issoire.

Le vendredi 16, à Plauzat, le matin ; le soir, à ceux d'Olloix et de Champeix.

Le samedi 17, à Plauzat, à ceux de Neschers, de Coudes, Montpeyroux, d'Anthezat et son annexe, le matin ; le soir, à ceux de Montaigut-sur-Champeix et de Plauzat.

Le dimanche 18, à Plauzat, à ceux de Saint-Sandoux, de Ludesse et de Cournol, le matin ; le soir à Saint-Saturnin-la-Chaire.

Le lundi 19, à Saint-Saturnin, à ceux de Montredon, de Saint-Barthélemy et de Saint-Julien-d'Aydat, le matin ; le soir à ceux du Crest, de Tallende-le-Majeur, de Tallende-le-Mineur et de Saint-Saturnin.

Le mardi 20, à Saint-Saturnin, à ceux de Monton, des Martres-de-Veyre et d'Orcet, le matin, et le soir à ceux de Merdogne, la Roche son annexe, de Jussat et de Chanonat.

Le mercredi 21, à Saint-Saturnin, à ceux de Saint-Amant, le matin.

Ordonnance rendue par Mgr Massillon, évêque de Clermont, portant règlement pour la nomination à la bourse fondée par M. Fouet au séminaire de Saint-Louis de Paris.

Le 29 décembre 1733.

Jean-Baptiste, par la permission divine et l'autorité du Saint-Siège apostolique, évêque de Clermont, conseiller du roi en tous ses conseils.

Vu par nous l'expédition du contrat de fondation de deux places ou bourses dans le séminaire de Saint-Pierre et de Saint-Louis en la ville de Paris, fait par défunt François Fouet, prieur de Saint-Romain et ci-devant curé de Riom et d'Aigueperse de ce diocèse, en date du 19 mars 1728 ; vu aussi l'arrêt du Parlement, rendu le 28 juin 1697 entre les doyen, chanoines et chapitre de l'église de Saint-Amable de la ville de Riom, le sieur Fouet, curé de la ville, les marguilliers et les consuls et habitants de la même ville, sur les contestations et difficultés qui se sont formées entre le sieur doyen du chapitre de leur église de Saint-Amable et le sieur Gillet, curé de la même église, au sujet de la nomination d'une desdites places ou bourses actuellement vacantes, et après avoir entendu l'une et l'autre des parties sur leurs différends et contestations, nous ordonnons que, conformément et en exécution dudit contrat de fondation, le sieur Gillet, curé, sera tenu, si fait n'a été, de publier ou faire publier au prône de la messe de paroisse, pendant trois dimanches consécutifs, la vacance de ladite bourse, pour que tous les sujets capables de la remplir puissent se présenter pour y être nommés, et que, le mardi après la troisième publication ou le premier jour suivant non empêché, le sieur doyen, député du chapitre de Saint-Amable, le sieur curé et le député des marguilliers de ladite église s'assembleront, à l'heure de deux, dans la sacristie de ladite église, dans laquelle assemblée le sieur doyen, député du chapitre, recueillera les voix pour la nomination du sujet qui doit être présenté pour remplir ladite bourse vacante, et que l'acte de nomination sera signé en premier par le sieur doyen, député du chapitre, ensuite par le curé et après par le député des marguilliers; et que, dans la qualité de l'acte de nomination, lesdits présentateurs seront nommés dans le même ordre, savoir le doyen du chapitre le premier en la qualité de député, le sieur curé le second et le sieur député des marguilliers le troisième.

Fait et donné dans notre palais épiscopal, à Clermont, le 29 décembre 1733.

† J.-BAPTISTE, évêque de Clermont.

Par Monseigneur :

MORANGES, secrétaire.

Lettre du cardinal de Rohan à Massillon.

A Paris, le 29 janvier 1734.

Comme vous avez paru approuver, monsieur, les projets que MM. les commissaires ont formés et qui vous ont été communiqués, par rapport à la suppression de quelques-unes des Maisons de votre diocèse, je ne doute pas vous n'entriez avec le même esprit dans les vues de la commission, qui toutes ne tendent qu'au bien général des communautés religieuses. C'est en conséquence de l'avis que vous avez donné qu'on a fait expédier quelques lettres de cachet portant défense de recevoir des novices : c'était le premier pas nécessaire pour parvenir à votre objet et au nôtre. Comme vous me marquez, dans votre dernière lettre, qu'il est important de supprimer celles qui ne pourraient pas se rétablir, qui sont à la campagne, privées de tout secours et qui se sont relâchées de la régularité qu'elles doivent observer, MM. les commissaires ont examiné de nouveau les réclamations qui leur ont été fournies, et ont cru remarquer qu'il y en a plusieurs dans votre diocèse dont la pauvreté est extrême, et auxquelles les secours qu'on pourrait accorder ne seraient pas une ressource suffisante pour les empêcher de périr. Telles sont l'abbaye de Sainte-Claire de Clermont, à laquelle la commission a accordé 400 fr. par an ; les religieuses de Notre-Dame d'Issoire, qui ont 200 fr. ; celles du même ordre de la ville de Riom ; les Bénédictines de Souvigny pour lesquelles M. de Vanolles demande, et qui, par un nouvel état qu'elles ont envoyé, paraissent n'avoir que 1000 fr. environ de revenu, toutes charges déduites, ce qui est peu pour vingt-cinq religieuses ; les Bénédictines de Saint-Pourçain, les Hospitalières de la Palisse et celles de Notre-Dame de Gannat ; les religieuses urbanistes de Châteldon, les religieuses du prieuré de Marsat et les religieuses de Fontevrault à Fontratier. Ces dernières n'avaient point fourni d'états an 1727 ; elles en ont envoyé depuis peu à la commission, qui ne peut cependant y avoir égard qu'autant que vous jugerez vous-même qu'ils doivent mériter attention. Il y a encore une grande quantité de maisons religieuses de votre diocèse qui demandent des secours ; mais il faut vous observer qu'on n'est moins en état à présent d'en accorder, parce que les fonds diminuent plutôt que d'augmenter ; et la commission, dont un des principaux objets est la suppression de quelques maisons religieuses, parce qu'elle la regarde avec raison comme un grand bien et pour celles qu'on supprime et pour celles qui demeurent, se porte beaucoup plus volontiers à accorder à celles qu'elle veut laisser éteindre qu'aux autres. Je crois pouvoir compter, Monsieur, que ces raisons vous paraîtront solides, et qu'en conséquence vous vous porterez à la suppression de celles des maisons qui vous sont indiquées que vous trouverez moins utiles et encore plus mal dans leurs affaires, d'autant plus qu'il y en a quarante-deux dans votre diocèse dont un très grand nombre sont dans un état très fâcheux, et qu'on n'en a supprimé que trois desquelles il y en a une qui fait de fortes instances pour la levée des défenses : c'est la Visitation de Thiers; les consuls ont même écrit en sa faveur. Il y a une des maisons auxquelles on a fait défense qui paraît être actuellement dans le cas d'être supprimée : ce sont les Bernardines de Lezoux ; dès 1727 il n'y avait plus qu'une religieuse âgée et une autre d'un autre ordre, et vous aviez marqué vous-même, dans l'avis joint à l'état, qu'il fallait la transférer aux Bernardines de Clermont et y réunir les biens de cette Maison. Cet objet peut être rempli en très peu de temps ; mais il est nécessaire auparavant d'être au fait des changements qui peuvent être arrivés depuis plus de dix ans que l'état a été envoyé, et de savoir si la religieuse vit encore et est toujours dans la maison ; ce qu'est devenue celle qui n'était pas du même ordre, et quelle est la valeur et l'état des biens de la Maison de Lezoux, lesquels, en 1727, étaient fort médiocres. MM. les commissaires attendent de vous ces éclaircissements, et d'abord qu'ils les auront reçus, si vous jugez qu'il n'y ait nul obstacle à la réunion, on obtiendra un arrêt du conseil portant suppression de la Maison des Bernardines de Lezoux et réunion des biens aux Bernardines de Clermont. Je vous prie instamment de vouloir bien donner tous vos soins à la consommation de cette affaire et me dire vos sentiments sur les différents objets dont je vous parle, le plus tôt qu'il vous sera possible, parce que la commission est actuellement dans le plus fort de son travail, et que MM. les commissaires, qui connaissent vos lumières et votre zèle, sont bien aises de marcher de concert avec vous. Vous ne doutez pas, Monsieur, de la sincérité des sentiments qui m'attachent très profondément à vous.

Le cardinal DE ROHAN.

M. l'abbé Couturier vous mandera instamment des nouvelles de l'affaire qui intéresse votre séminaire.

Lettre du cardinal de Rohan à Massillon.

A Paris, le 2 mars 1735.

il serait à désirer, Monsieur, si la commission prenait le parti de lever les défenses dont les religieuses de Marsat demandent la mainlevée, que vous puissiez, ainsi que j'ai déjà eu l'honneur de vous le mander, indiquer une ou deux maisons de votre diocèse dont l'extinction pût remplacer celle qu'on avait projetée du prieuré de Marsat. Vous en proposez deux : l'une des Clarisses de Châteldon, et l'autre des Clarisses de Saint-Amant. Ces deux communautés ne sont ni dans le cas de la suppression ni dans le cas du secours, les religieuses mendiantes n'entrant point dans l'objet de la commission. Ainsi il n'est pas possible d'adopter ce que vous proposez à cet égard. Je vous prie donc, Monsieur, de vouloir bien rechercher, dans le nombre des quarante-deux communautés existantes dans votre diocèse, celles dont la suppression vous paraît plus convenable, soit par le peu d'utilité, soit par l'indigence, le défaut de régularité ou le petit nombre de religieuses. Vous savez quelles sont les vues de la commission, et que c'est se prêter au bien que d'y entrer avec zèle; vous paraissez plus à portée qu'aucun autre prélat de vous y prêter, par le grand nombre de communautés religieuses dont votre diocèse est chargé. Je vous prie, Monsieur, d'être bien persuadé que personne ne vous honore plus parfaitement que le cardinal de Rohan.

Conservez-moi vos bontés, mon cher seigneur, et votre précieuse amitié.

Police faite entre MM. les chanoines d'Orcival et M. Charrier, curé d'Orcival; le tout fait de l'avis et en présence de MM. Moranges et Aragonnès, chanoines de la cathédrale, dans le cours de la visite de Mgr Massillon, évêque de Clermont.

1° Pendant la quinzaine de Pâques, M. le curé ou celui qui lui aidera dans ses fonctions donneront seuls la communion.

2° Les dimanches et fêtes on dira la première messe dans la chapelle souterraine, et à l'évangile de cette messe on fera un catéchisme d'une demi-heure.

3° Les dimanches on ne sonnera point les messes avant la messe de paroisse, si ce n'est les messes à haute voix que les étrangers font dire par dévotion.

4° Depuis Pâques jusqu'au premier dimanche d'octobre, M. le curé aura fini la messe de paroisse à dix heures pour donner à MM. les chanoines le temps de faire leurs offices; et depuis le premier dimanche d'octobre jusqu'à Pâques, MM. les chanoines auront fini leur grand'messe à dix heures pour donner le temps à M. le curé de dire la messe de paroisse.

5° On tintera dix ou douze coups de la grosse cloche avant

que de sonner la messe de paroisse; ensuite on sonnera la messe de paroisse avec la seconde cloche pendant un temps convenable.

6º On sonnera les prônes de l'Avent et du carême comme on sonne les sermons. Les fêtes annuelles, on sonnera le sermon avec la cloche ordinaire, soit que M. le curé prêche, soit que ce soit quelque autre.

7º On ne confessera point les paroissiens pendant le temps du prône.

Fait double, à Orcival, ce 21 mai 1735, et ont signé ladite police MM. Moranges et Aragonnès, les chanoines dudit chapitre et le curé.

Nous, Jean-Baptiste, évêque de Clermont, avons approuvé et approuvons, dans le cours de notre visite, les articles ci-dessus qui règlent les différends survenus entre le chapitre et le curé d'Orcival.

† JEAN-BAPTISTE, évêque de Clermont.

Ce 25 mai 1735.

Lettre autographe de Massillon (sans signature).

Le curé de Maringues étant chargé essentiellement par son titre de l'instruction de son peuple, et obligé de connaître ceux qui viennent partager avec lui le soin de cette instruction, nous ordonnons :

1º Que le curé assistera et présidera à l'assemblée de la paroisse où les habitants et les marguilliers nomment un prédicateur pour l'Avent et pour le carême, et qu'il donnera son suffrage à la nomination du prédicateur.

2º Qu'il sera fait mention expresse, dans l'acte de nomination qu'elle a été faite du consentement du curé et des habitants.

3º Si le curé refuse son suffrage au prédicateur nommé par la paroisse, la nomination ne laissera pas d'être valide, pourvu que Monseigneur l'évêque trouve le prédicateur capable de remplir son ministère et lui donne sa mission.

Mars 1736.

Ordonnance de Monseigneur l'évêque de Clermont sur les maîtres et maîtresses d'école, et sur la première communion des enfants, donnée à Clermont le 23 août 1736.

Jean-Baptiste, par la miséricorde de Dieu et la grâce du Saint-Siège apostolique, évêque de Clermont, au clergé et aux fidèles de son diocèse, salut en Notre-Seigneur.

Nous avons été informé depuis longtemps que plusieurs particuliers de l'un et de l'autre sexe s'érigeaient en maîtres et en maîtresses d'école de notre diocèse, sans être autorisés de nous ou de nos vicaires généraux; que beaucoup d'écoles étaient mal gouvernées; et comme l'éducation des enfants a toujours été précieuse à l'Eglise, et un des principaux objets de ses soins, parce que de ces premières impressions naissent toujours les vices ou les vertus qui se manifestent dans la suite de leur âge, nous avons cru que nous ne devions pas différer de remédier à cet abus.

Sur les plaintes qui nous ont été souvent portées par les curés de notre ville épiscopale, au sujet des instructions établies dans les paroisses, pour la première communion des enfants, et du devoir où sont les enfants de la faire dans leur paroisse, même hors du temps pascal, la qualité du pasteur exigeant que la première union réelle de son paroissien avec le corps de Jésus-Christ, le souverain pasteur dans la participation aux saints mystères, et que le premier acte public et solennel de religion se passe sous ses yeux et par son ministère, Nous avons jugé qu'il était de notre devoir de confirmer là-dessus la règle commune de l'Eglise.

A ces causes, nous ordonnons qu'à l'avenir nulle personne de l'un ni de l'autre sexe ne pourra tenir école pour l'instruction des enfants sans en avoir obtenu la permission de Nous ou de nos vicaires généraux, laquelle ne sera donnée ordinairement que pour un an.

2° Que les permissions pour les maîtres et maîtresses d'école ne seront renouvelées que sur les attestations des curés des paroisses, où elles sont établies, que les maîtres ou maîtresses d'école s'acquittent bien de leur emploi.

3° Les maîtres d'école ne pourront, sous quelque prétexte que ce soit, enseigner, ni dans l'école ni hors de l'école, des filles; ni les maîtresses, des garçons.

4° Les maîtres et maîtresses d'école seront tenus d'accompagner, les dimanches et les fêtes, les enfants dont ils sont chargés, à la messe de paroisse et au catéchisme, et de veiller à ce qu'ils s'y comportent chrétiennement.

5° Ils commenceront tous les jours l'école du matin par la prière du matin, et ils feront entendre la messe chaque jour aux enfants autant qu'il se pourra, et ils finiront toujours l'école du soir par la prière du soir.

6° Il sera fait dans chaque classe, trois fois la semaine, une leçon de catéchisme.

7° Les maîtres et maîtresses d'école rendront compte chaque mois, au curé de la paroisse, de l'assiduité, sagesse et progrès de chaque enfant.

8° Et quant à ce qui concerne la première communion des enfants, Nous ordonnons que, même hors du temps de Pâques, ils ne pourront la faire que dans l'église paroissiale, à moins qu'on ait obtenu le consentement du curé ou notre permission pour la faire ailleurs. Faisons défense aux supérieurs et supérieures des communautés séculières et régulières d'admettre personne en leur église, à la première communion, sans ladite permission.

9° Les catéchismes pour préparer les enfants à la première communion, se feront dans les paroisses, à la manière ordinaire, et tous les enfants de l'un et l'autre sexe seront obligés d'y assister, excepté les pensionnaires des couvents ; et quant aux écoliers étant suffisamment instruits par les régents qui en sont chargés, ils ne seront tenus d'y assister que les dimanches et les fêtes.

Ordonnons que notre présent règlement sera lu aux prônes des messes de paroisse, dans les endroits où il y a des écoles, et qu'il sera affiché dans chaque école.

Donné à Clermont, dans notre palais épiscopal, le 29 août 1736.

Signé : † Jean-Baptiste, évêque de Clermont.

Et plus bas :

Par Monseigneur, Moranges, *secrétaire*.

De l'imprimerie de P. Boutandon, seul imprimeur du roi, de Monseigneur l'évêque, du clergé, de la ville et du collège.

Ordonnance de Monseigneur l'évêque de Clermont sur le retranchement de quelques fêtes, Donnée à Clermont le 29 août 1836.

Jean-Baptiste, par la miséricorde de Dieu et la grâce du Saint-Siège apostolique, évêque de Clermont, au clergé et aux fidèles de notre diocèse, salut en Notre-Seigneur.

L'Eglise, toujours attentive à ménager à ses enfants de nouveaux moyens de salut, leur a proposé, dès le commencement, les exemples des saints dont les vertus ont le plus éclaté sur la terre ; et, afin que ces grands exemples fissent sur nous encore plus d'impression, elle a consacré par un saint repos et par un culte public les jours destinés à honorer leur triomphe ; mais à mesure que la foi du peuple s'est refroidie et que ces solennités saintes se sont multipliées', une loi si sage et si utile n'a fait que multiplier les transgressions ; elle est devenue onéreuse et comme impraticable aux gens de la campagne, en leur interdisant le travail, l'unique ressource de leur misère ; et le repos ordonné dans ces jours saints n'a été, pour beaucoup d'autres, qu'une occasion de les profaner par les jeux, la fréquentation des cabarets et d'autres excès, suite ordinaire de l'oisiveté et de la grossièreté des peuples dans les campagnes : ce sont ces inconvénients si publics et si honteux à la religion que nous avons résolu de prévenir, à l'exemple de la plupart des évêques de l'Eglise de France.

A ces causes nous ordonnons que les fêtes de Saint-Philippe et de Saint-Jacques, apôtres, 1er mai ; celle de Saint-Jacques, apôtre, 23 juillet ; de Saint-Laurent, 10 août ; de Saint-Louis, 25 août ; de Saint-Simon et Saint-Jude, 28 octobre ; et celle de Saint-Matthieu, 21 septembre, ainsi que celle du mardi de la semaine de la Pentecôte, demeureront à l'avenir supprimées, comme nous les supprimons ; permettons à tous les fidèles de l'étendue de notre diocèse de vaquer en ces jours-là à leurs travaux ordinaires ; les exhortons néanmoins d'assister ces jours-là au saint sacrifice de la messe, quand leurs occupations le leur permettront ; quant à celle de Saint-Louis, elle sera chômée dans la ville capitale et les autres villes principales du diocèse, où il y a présidial, bailliage royal ou élection.

N'entendons néanmoins supprimer ces fêtes dans les paroisses où elles se trouveront être la fête du principal patron de la paroisse, dans lesquelles elles seront chômées à la manière ordinaire.

Et quant aux jeûnes des vigiles de Saint-Laurent, de Saint-Matthieu et de Saint-Simon et Saint-Jude, attendu qu'ils se trouvent dans des temps où ils ne peuvent être observés aussi exactement qu'il conviendrait, à cause des travaux de la moisson et des vendanges, nous les supprimons.

Exhortons tous les fidèles d'observer avec une plus grande dévotion le petit nombre de fêtes qui leur reste, et de les sanctifier avec plus de soin par l'assiduité aux saints offices, et par la fréquentation des sacrements.

Ordonnons que notre présente ordonnance sera lue et publiée aux prônes des messes paroissiales, et dans les communautés séculières et régulières, exemptes et non exemptes ; et exécutée selon la forme et teneur dans toute l'étendue de notre diocèse.

Donné à Clermont, dans notre palais épiscopal, le 29 août 1736.

Signé : † JEAN-BAPTISTE, évêque de Clermont.

Par Monseigneur :

MORANGES, *secrétaire*.

———

Lettre des échevins de la ville de Thiers à Massillon.

7 août 1741.

MONSEIGNEUR,

Nous avons l'honneur de remercier très humblement Votre Grandeur des deux ordres qu'elle vient de nous remettre pour le soulagement des pauvres malades de cette ville. Comme leur nombre et leurs misères augmentent chaque jour, nous nous flattons que vous voudrez bien leur continuer des secours qui leur deviennent plus nécessaires que jamais, qu'ils ne peuvent plus trouver que dans votre zèle et votre charité.

Nous vous supplions aussi, Monseigneur, de vouloir bien accorder l'attention la plus particulière aux motifs pressants de la requête que nous avons l'honneur de vous envoyer. Il n'est pas question de moins que du salut de tous les habitants de cette ville et du voisinage.

Nous avons l'honneur d'être, avec le plus profond respect, Monseigneur, vos très humbles et très obéissants serviteurs.

HÉRAUD, BORDES, BODIMENT,
Echevins de Thiers.

Thiers, 7 août 1741.

Lettre de M. Orry à l'intendant d'Auvergne.

Septembre 1741.

MONSIEUR,

Son Em. M. le cardinal de Fleury ayant été informé de la misère dans laquelle se trouvent les habitants de la ville de Thiers, à cause d'une maladie épidémique dont ils sont attaqués, le roi a bien voulu leur accorder un secours de deux mille livres, pour être remis à M. l'évêque de Clermont qui en fera faire la distribution ainsi qu'il jugera à propos. Je vous prie de lui faire remettre à cet effet votre ordonnance que vous tirerez sur le sieur Dufraisse, commis à la recette générale des finances, à qui le sieur Boutin en fera le remplacement des fonds ci-devant destinés aux hôpitaux.

Je suis, Monsieur, votre très humble et très affectionné serviteur.

ORRY.

Louis XV, par une lettre donnée à Fontainebleau, au mois de novembre 1726, avait autorisé les administrateurs de l'hôpital des Quinze-Vingts à faire une quête dans tout le royaume. Massillon les autorisa dans son diocèse par la lettre suivante :

« Nous recommandons à la charité des fidèles les quêteurs commis pour la subsistance des pauvres de l'hôpital
des Quinze-Vingts.

» † J.-B., évêque de Clermont.

« A Clermont, le 12 mars 1741. »

IMPOSITIONS SUR LE CLERGÉ D'AUVERGNE. 1773.

	Décimes.	Dons gratuits.	Abonnement.	Total.
Archiprêtré de Clermont.	7,841	25,147	1,593	34,581
Arch. de Limagne.. . .	3,590	11,427	92	15,109
Arch. de Souvigny. . .	2,024	8,041		10,065
Arch. de Cusset. . . .	4,100	13,480		17,580
Arch. de Billom. . . .	5,148	17,310	1,136	23,594
Arch. de Livradois. . .	3,589	15,168	953	19,710
Arch. de Sauxillanges. .	2,539	8,960	591	12,090
Arch. d'Issoire.. . . .	1,437	4,813	328	6,638
Arch. de Merdogne. . .	1,552	4,696	328	6,576
Arch. d'Ardes.	1,558	4,171	281	5,610
Arch. de Mauriac.. . .	1,898	17,156	481	9,535
Arch. de Rochefort. . .	856	2,564	187	3,607
Arch. d'Herment. . . .	1,002	3,032	88	4,122
Arch. de Blot.	1,618	4,871	263	6,752
Arch. de Menat. . . .	1,608	5,753	24	7,352
	39,960	136,649	6,345	182,954

Le clergé de France accorda au roi un don gratuit, l'année 1723, de huit millions.

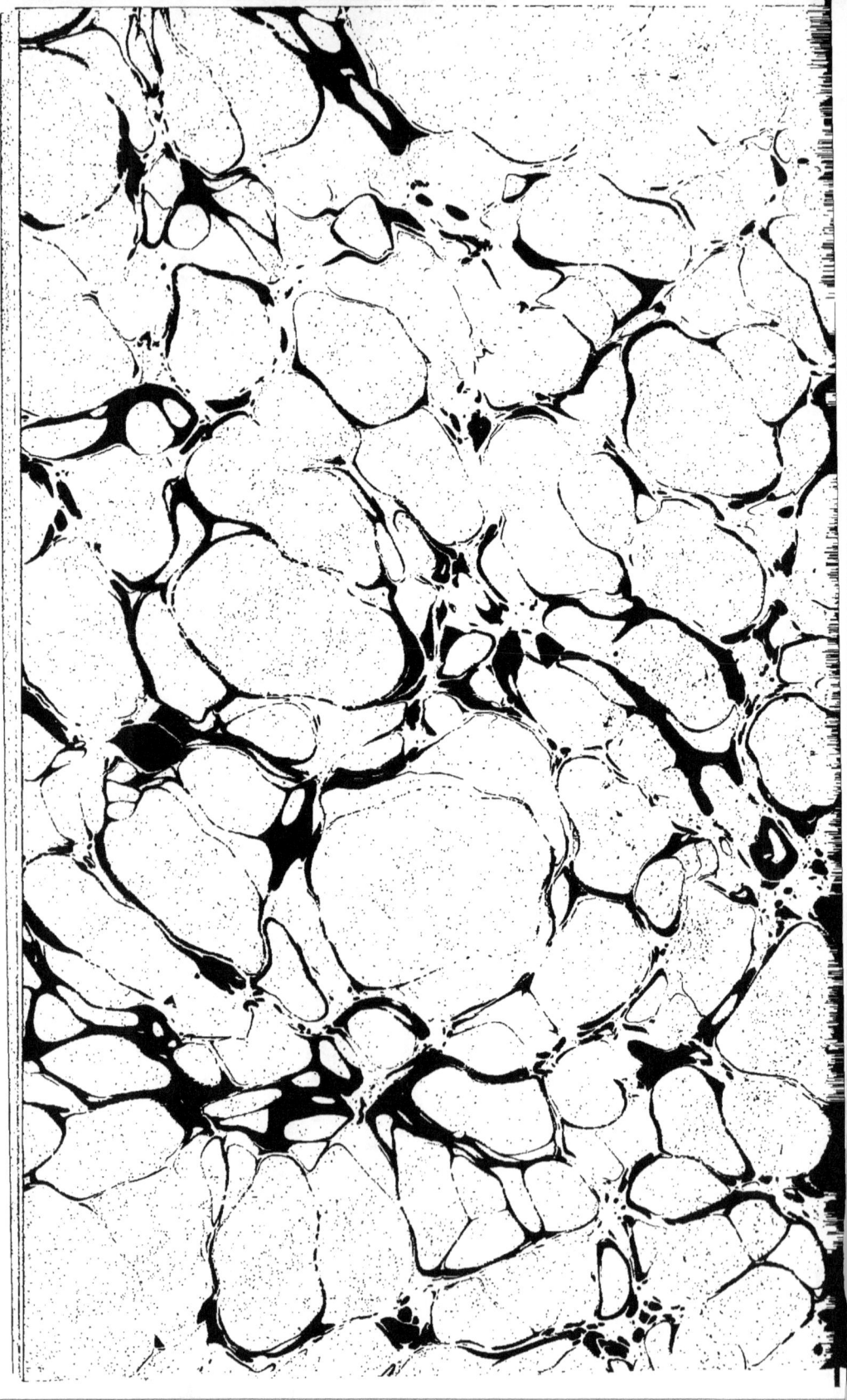

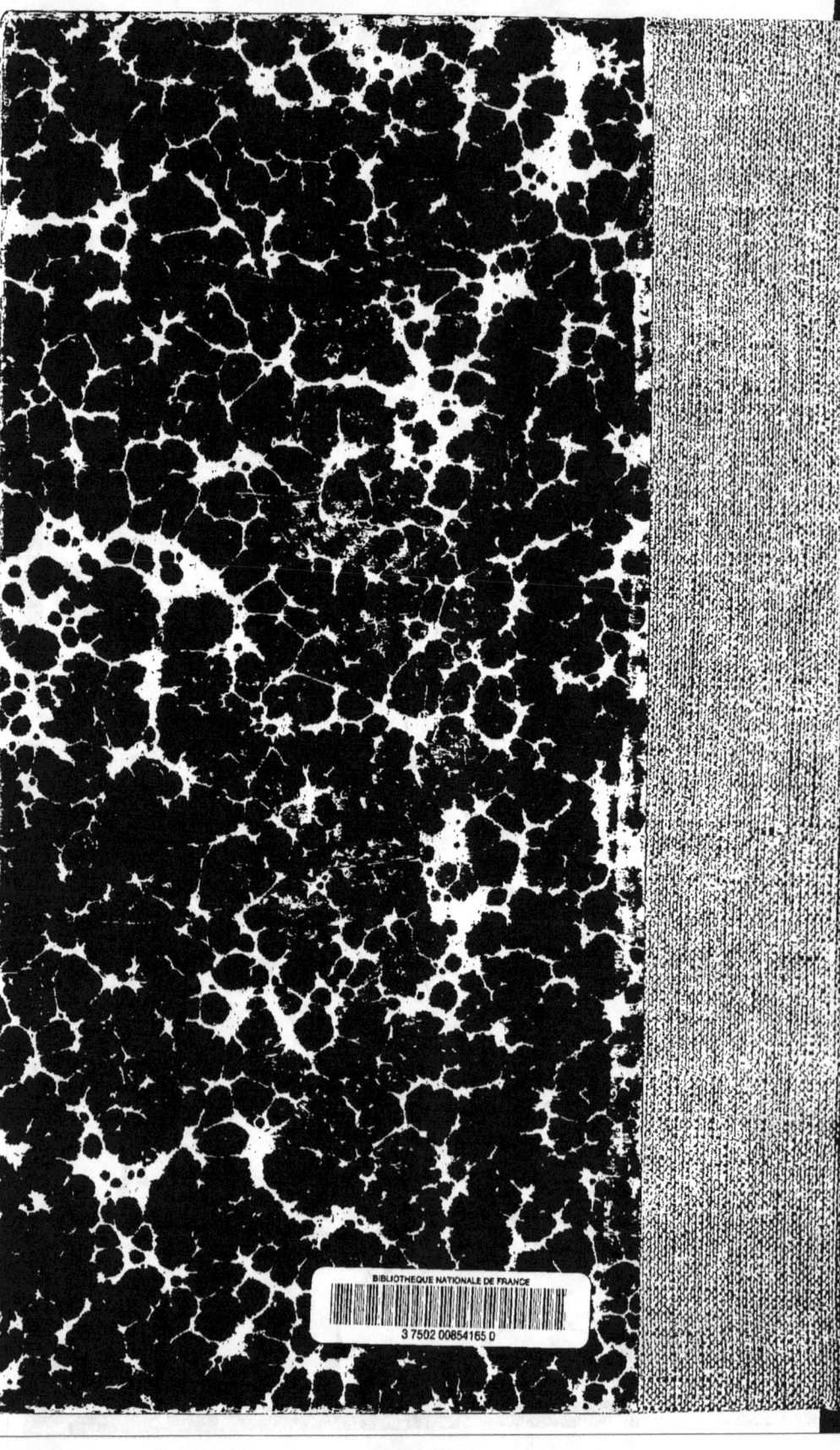

www.ingramcontent.com/pod-product-compliance
Lightning Source LLC
Chambersburg PA
CBHW070625160426
43194CB00009B/1373